南昌大学"中西部高校综合实力提升工程"资助研究成果

南昌大学"区域经济与绿色发展创新研究平台"资助研究成果

南昌大学中国中部经济社会发展研究中心"中部发展研究丛书"研究成果

深圳主导产业选择研究

钟无涯 著

中国社会科学出版社

图书在版编目（CIP）数据

深圳主导产业选择研究/钟无涯著 . —北京：中国社会科学
出版社，2016.3

ISBN 978 - 7 - 5161 - 7837 - 9

Ⅰ.①深… Ⅱ.①钟… Ⅲ.①主导产业—产业发展—研究
—深圳市 Ⅳ.①F127.653

中国版本图书馆 CIP 数据核字（2016）第 057547 号

出 版 人	赵剑英	
责任编辑	卢小生	
特约编辑	林　木	
责任校对	周晓东	
责任印制	王　超	

出　　　版	中国社会科学出版社	
社　　　址	北京鼓楼西大街甲 158 号	
邮　　　编	100720	
网　　　址	http://www.csspw.cn	
发 行 部	010 - 84083685	
门 市 部	010 - 84029450	
经　　　销	新华书店及其他书店	

印刷装订	三河市君旺印务有限公司
版　　次	2016 年 3 月第 1 版
印　　次	2016 年 3 月第 1 次印刷

开　　本	710 × 1000　1/16
印　　张	13.75
插　　页	2
字　　数	231 千字
定　　价	50.00 元

摘　要

　　工业化以来，经济发展从某种意义上说就是微观市场的分工深化、中观视角的产业分化和宏观环境的区域经济增长异化过程。其中，不同区域、不同层次的主导产业兴衰更替是这一经济现象的例证。主导产业的形成和发展有其历史背景、区域特征和战略契机，在契合市场演化路径趋势中选择合适的主导产业，顺应世界分工机制并积极介入产业链环节，以此明确产业发展坐标并获得发展先机，最终转化产业优势为区域经济竞争优势。正因如此，区域主导产业选择研究成为世界诸多国家和地区产业结构政策制定的重要依据和内容。

　　基于历史和过程视角考察，先发资本主义国家英国、法国、德国、美国以及第二次世界大战后的日本和韩国等，甚至包括社会主义国家苏联，这些国家的经济能够在特定历史阶段迅速崛起，一定程度与其承认客观背景差异，并选取契合彼时国际产业结构变迁的主导产业有直接关系。主导产业对于现代经济增长的积极作用，已被主流学术界以及各国政府承认和接受，尤其对于后发国家与地区而言，这一关系的客观性与可复制性成为其发展区域经济、缩小差距提供具有可操作性借鉴的客观基础。这也是国际和国内大量学者致力于此领域进行研究和探索的重要原因之一。

　　深圳与有关国家相比，其产业发展既有共性也存在差异。所谓共性，即经济快速发展、产业结构优化、行业持续领先、就业状态良好、自然生态和谐等区域经济发展的共同表征；而差异性则体现在诸多不同方面，本书初步将其归纳为经济发展阶段的特殊性、功能定位的特殊性、城市结构的特殊性以及区域位置的特殊性四个方面。

　　深圳经济阶段特殊性包括绝对经济梯度和客观经济优势两方面。深圳目前的人均个人可支配收入和人均 GDP 相比发达国家和地区而言，显然存在较大差距；基于"国际标准结构"的发展维度定位，目前深圳仍处于工业化高级阶段。但即便如此，深圳在区域范围的客观经济优势仍显而易见：深圳目前的人均可支配收入甚至高于全国的人均 GDP，深圳的生产能力和消费能力超出我国整体平均水平较多等。因此，作为一个省域范围内的非省会城市，深圳不可能也无必要趋向功能完整、层次复杂的大产业体系，而对特定的产业群发展模式具有显性偏好，如经济绩效、技术绩效以及就业效率等方面。正是这一功能定位的特殊性，使深圳的城市结构具有相应的特殊性：深圳目前产业结构中不存在第一产业，第二产业和第三产业结构趋向固化，就业结构亦相对稳定，流动人口数倍于就业人口等。这一因素对于深圳主导产业选择具有重要影响。正如欧美先发国家与东亚后发国家工业体系建构思路不同，深圳主导产业选择也应基于其空间和自然资源禀赋进行规划，而现阶段对深圳乃至整个珠三角区域而言，从国家大战略到深圳近郊城市，倾向发展协同规划式"湾区经济"，这无疑是深圳主导产业发展过程再次选择和主动调整的战略契机。

基于深圳这一具有显著特殊性的城市作为研究载体，以其主导产业选择为研究内容，在对相关文献的研究对象、研究方法和研究特色梳理之后，本书对深圳产业发展的效率、行业和结构，采用从微观、中观再至宏观的递进式分析评价方式，以此作为进一步对深圳主导产业选择理论分析和量化分析构建相应的事实基础。

在对现阶段深圳主导产业选择的理论分析部分，基于深圳产业发展历史沿革和现状基础，本书将深圳目前阶段的特点概括为四个方面，并结合现有研究理论与分析框架与此进行匹配。显然，由于产业理论研究的时效性、阶段性、区域性以及相关选择基准复杂性等因素，必须对其分析框架和选择基准进行相应修正，才能适应现阶段深圳主导产业选择问题的探索。因此，本书理论分析从方法基础、理论基础、理论框架和基准体系等方面，为现有理论更好地应用于现阶段深圳主导产业选择进行修正与完善。

基于修正的深圳主导产业选择理论分析，沿用目前现有产业研究文献的主流做法，本书将研究对象解构为有机联系的定性分析和定量分析两个模块。根据研究对象性质和数据容量、质量及指标特征等因素，采用效率分离、就业集聚、市场绩效指标体系及能耗测度等方法对深圳产业 12 个较成熟的量化指标进行测算，得到相应侧重方向的分析结论。以此为基础，进一步采用因子分析法对相关因子提取，并初步获得基于量化分析体系的深圳现阶段主导产业选择群。

　　量化分析在分析区域产业选择问题显然存在一定局限性，诸如深圳区域经济发展的战略契机，"城市—城市群"的空间规划等难以量化的因素，无法在基准体系反映，更无法基于此获得主导产业的指向性选择。因此必须将量化分析的结论进行合理性分析，再结合相关理论、事实和发展规划进行考量。

　　通过对深圳战略发展契机、湾区经济规划以及深圳产业结构发展倾向等方面考量，尤其对目前东西半球都已取得产业选择成功的湾区经济代表，如纽约湾区和东京湾区等地区的产业选择与发展路径借鉴，深圳在目前阶段的主导产业选择思路更加清晰。根据量化分析数据和定性分析结论，深圳目前的以计算机、通信及其他电子设备，互联网和相关服务，软件和信息技术服务为核心构建的产业群具有显性的市场绩效和效率绩效，无疑是主导产业的较好选择；而纺织服装产业群，从行业类别、生产形式以及生产效率等方面，也同样具有一定发展潜力与效率。这两个产业群分别代表显性和隐性制造业主导产业升级趋势。深圳医药制造业等具有高科技研发基因和传统制造优势的产业逐渐呈现出其市场绩效。此外，深圳汽车制造业的相关优势也开始由隐性转为显性，但其发展趋势仍存在较大的市场风险和不确定性，目前市场绩效最显著的无疑是深圳的金融业和批发零售业。深圳的金融业发展历史、现状以及发展规划等，足以支撑深圳金融业未来的发展走向；但深圳的批发零售业，其主导产业发展路径仍存在较大不确定性，这与其产业性质密不可分。批发零售业的发展较大程度上依赖深圳制造业及深圳在"城市—城市群"发展过程中的空间重新规划效率。与此同时，根据分析框架的设计和测算，也筛选出文教、工美、体育和娱乐用品制造业等轻工业产业。因为传统主导产业选择普遍偏重制造业以及服务业链条的中高端部分，这一结论与预想显然具有一定差距。城市产业发展是一个动态互动过程，主观选择与客观发展必须达到相应的平衡，如果大部分区域经济发展过程中都偏向重型制造业或化工业或高端服务业，从产业发展生态以及经济结构的平衡等视角分析亦不尽合理。因此，深圳在产业选择和发展过程中，显然不应该忽略一些轻工业产业。

　　本书不可避免地存在一些局限，主要体现在对不同产业结构的行业选择偏向、量化指标体系的设计以及量化数据的质量与容量等方面，虽对结论的选择影响有限，但一定程度影响了研究的完整性和严谨性。客观上为后续研究的开展积累了一定的理论基础和实证经验。总之，深圳经济、深圳产业尤其是主导产业研究领域，仍存在大量的问题值得去思考，也有诸多的缺憾值得去完善。

关键词：深圳　主导产业　选择　发展路径

Abstract

Since industrialization process commenced, the process of economic development in a sense, is the process of deepening labour division by micro – viewd, differentiating industries by meso – viewd and expanding regional economic disparities by macro – viewd, and the rise and fall of the leading industries makes a partial proof of this process. Formation and development of leading industries always has its historical background, regional characteristics and strategic opportunity, taking proper leading industry at the right time and fitting the market opportunities can easily obtain industrial development opportunities and regional economic competitive advantage. Thus, how to find and make leading industries becoming an important part of the industrial structure policy of countries and regions around the world.

Based on the perspectives of history and processes, the reason of their rapid rise of first – mover capitalist countries, such as Britain, France, Germany, the United States and Japan and Korea after World War II, even the socialist country the Soviet Union, is a direct relationship between the objective differences based on their chosen for leading industries. The positive role of leading industries of modern economic growth has been recognized and accepted by academia and governments. The experience can be copied for the development of regional economy, which is why international and domestic scholars committed to vigorously carry out this field of research and exploration.

Shenzhen faces both similarities and differences when comparing to regional swhich are committing leading industries. The so – called commons, including rapid economic development, industrial structure optimization, leading industry performance, full employment and the harmony of regional economic development and the natural ecological; while the difference is reflected in many as pects, this book will summarize in roughly as four economic development particularity, such as particularity of functional orientation, economic stage, industrial structure and regional location of the city. Obviously, Shenzhen also has many other characteristics of himself. Based on research objectives, characteristics and other factors, this paper intends to no expand temporarily.

To Shenzhen's particularity of economic stage, including the economic development gap between the absolute and comparable economic advantage in two ways. First, gap is clear when comparing to the current developed capitalist countries and regions in disposable income per capita and GDP per capita; based dimension of "international standard structure", Shenzhen is in an advanced stage of industrialization. The comparabe advantages of economy are also obviously, the disposable income per capita of Shenzhen now is even higher than the country's GDP per capita, and production and consumption capacity of the economy are both more than national average level. As a non – capital city, Shenzhen's industrial system function tend not to be a complete industrial system but industrial clusters with a specific pattern, such as economic performance, technology and other aspects of performance and efficiency of employment. It is the exact feature that the urban structure of Shenzhen in a corresponding particularity, such as the industrial structure contain not a primary industry, while the secondary industry and tertiary industry structure in a long – term stability and so on. This has an important influence to the choice of leading industry. Different with those first – mover countries in Europe and US, Shenzhen's leading industries should also based on their spatial planning and natural resource endowments. At this stage of Shenzhen and the Pearl River Delta region, the National Strategy to the outskirts of cities such as Shenzhen, Huizhou, etc., consistent with the current development plan, "the Bay Area economy" is the dominant strategy and opportunity for industrial restructure.

Based in Shenzhen's significant particularity, the book sorts out the relevant literature of leading industry choice in the study of research methods and features, evaluates Shenzhen's industrial development by efficiency from the micro, mesp to the macro. And finaly makes further analysis of Shenzhen leading industry choice theory and quantitative analysis.

In section of theoretical analysis of Shenzhen's leading industry choice for now, this book summaries Shenzhen's special nature of the current phase in four aspects, based on the history and current status of Shenzhen industrial development, and combines the theory and practice analysis of existing research framework. Obviously, due to the timeliness of theoretical research industry, stategy, regionality as well as the complexity of the relevant selection criterion factors, framework and benchmarks must be amended in order to adapt to the Shenzhen leading industry research stage. Therefore, the theoretical analysis in the 4th chapter, the book continues rectifying and amending basis in terms of methods, rationale, theoretical framework and reference system, and so the theory is applied to the existing dominant industry in Shenzhen selected targets related correction and improvement.

Based on correction frame work of choice theory of Shenzhen's leading industry. The book follows the practice of mainstream research work to deconstruct the whole into qualitative analysis and quantitative analysis. According to the quality, quantity and characteristics of data, the book analyses the Shenzhen industry by separation efficiency, employment concentration, market performance indicator system and the energy consumption indexes, etc.. On this basis, further using factor analysis to extract the relevant factors, and obtain preliminary quantitative analysis system based in Shenzhen stage select group of leading industries.

Obviously, quantitative analysis has limitations his own, such as strategic opportunities of regional economic development, and "city – urban agglomerations" regional planning and other factors. Therefore, the conclusion must depend on the combination of quantitative analysis and qualitative analysis, and then after a reasonable analysis of relevant theories, facts and development planning considerations.

Taking these factors which the development opportunities, Bay Area Economic planning and development tendencies of industrial structure and other aspects into account, especially the Bay Area economy of eastern and western hemispheres separately, Shenzhen has clear thinking to select the path of industrial development and the leading industry choice for now. According to relevant conclusions of quantitative analysis and qualitative analysis, those which, computer, communications and other electronic equipment industry, the Internet and related services, software and IT services as the core industry group; while textile and garment industries, from industry sectors, in respect of technique and productivity, etc., also has development potential and efficiency. The two industry groups representing dominant and recessive trends of leading industries. By the way, Shenzhen's high – tech research and development work of pharmaceutical manufacturing and other genetic industries would gradually showing their competitive advantage. Traditional leading industry selection prefers to heavy – part of manufacturing and high – part of services and business. In fact, the industrial development of the city is a dynamic interactive process, the subjective and objective selection and development must reach the appropriate balance. If the industry development biased in heavy manufacturing or chemical or high – services, there is also unreasonable from the industrial development of structure and balance. Therefore, in the process of industrial development in Shenzhen should not ignore light industry.

Alike most industry studies, the book is of limitations, such as the industries selection bias, quantitative indicators designing, quality and capacity of quantitative data, etc., which affects the conclusions of this study in degrees. Thus, there are still plenty of questions worth thinking about industry of Shenzhen, especially the leading industry research.

Key Words: Shenzhen; Leading Industries; Criterions of Choice; Development Path

目　录

第一章　导论

第一节　选题背景

产业结构性质及其特点是区域经济发展阶段判定和经济发展质量衡量的重要显性特征，从某种意义上说，也是区域经济发展的原因和结果。因此，区域产业结构的研究与探索，对于区域的产业竞争升级、产业结构调整、区域经济发展及市场形态演化等方面研究具有重要意义。产业结构理论，尤其是区域主导产业选择理论的发展，发轫于西方，引入我国后在实践中得到推进和深入，总体而言，其思想、理论与方法已相对规范和成熟。但是，经典理论和模型所依据的假设条件、适应背景等因素不断发生改变，尤其是模型内相关变量增减，同时其描述状态、应用环境及适应范围也发生变化，其分析思路和结论则相应改变。因此，产业理论与研究方法针对不同研究对象需要更新。

伴随中国经济持续高速增长，城市化进程不断推进，能源约束条件的变更及众多非经济因素对经济发展进程的作用，原有非均衡式经济增长模式显然不可持续。国家层面的宏观经济结构，尤其是产业结构、城乡结构以及微观层面的区域经济形态和生产方式等都亟待改变。众所周知，当前中国正处于一个体制结构转换、市场结构转换和空间结构转换的过程与节点之中。在此节点，具有庞大经济规模、较大人口规模及复杂社会关系的现阶段国情，决定当前我国高度依赖经济增长速度，但同样不能忽视经济增长质量；既要努力提升产业发展质量，也应重视产业发展环境友好，实现产业结构及相关产业生产方式升级优化。在产业结构升级与生态环境优化背景下科学选择区域性主导产业，既具有产业研究的共性逻辑，同时又具有时间和空间特殊性。因此，不同视角下产业结构调整、优化、升级和发展等问题，仍然值得国内外学者开展持续深入研究。

从经济增长角度出发，深圳显然是我国极具特殊性的一个城市。深圳的经济发展历程对于中国的意义，不应局限为一个区域经济增长奇迹的案例，更应重视其崛起的制度、文化与发展路径。就其30多年经济发展历程而言，深圳既具有一般性也有特殊性：在国家和省域的大背景下具有区域经济环境、经济发展周期等一般性，同时又具有特区城市、经济先发城市和制度改革实验城市等特殊性。因此，作为一个产业研究样本，深圳具有特殊性。此外，从相关统计数据的系统性、透明性和完整性而言，深圳也呈现出信息丰富、性状良好样本的研究价值。

深圳经过30余年改革开放，其经济发展成绩有目共睹，但就其发展的原因、性质和特点等问题的争议一直伴随。从宏观角度分析，对于目前中国的发展成绩与发展经验，国际上有"华盛顿共识"和"中国模式"存在性与有效性的怀疑（黄亚生，2008）；而微观层次，同样有对深圳发展持"特区奇迹"和"特区不特"的相反观点（于光远，1993；鲁兵，2010）。从发展现状看，若对人均GDP和个人可支配收入等多个维度综合定位目前深圳的发展阶段，大体应将其划归工业化高级阶段（Chenery，1975；J. Waelbroeck，1998），面对能否顺利跨越"中等收入陷阱"，观点亦未能一致。

深圳是我国开放战略的实践起点与探索原点，是中国特色社会主义与市场经济实践的重要环节。与一般区域经济发展的路径、功能和目的不同，深圳有其发展阶段和发展目的的独特性，这决定了深圳的产业结构变迁路径与主导产业选择思路与其他地区有所区别。深圳经济发展的阶段性、功能定位的特殊性、城市结构的特殊性和区位优势的立体性，一方面促成深圳产业结构演进路径与发达国家和地区具有方向一致性，另一方面又具有其发展速度等方面特殊性；相比中国其他沿海开放城市和内陆地区，深圳的产业发展路径又具有前瞻性和借鉴性。深圳既有在特定历史背景下小村镇快速发展成区域中心城市①的特殊性，又具有通过改革、开放和实践实现城市经济转型发展的一定共性。随着我国城镇化建设持续推进，中国经济、政治以及相关人文环境面临"大转型"的

---

① 住房和城乡建设部城镇体系规划课题组在《全国城镇体系规划（2010—2020年）（草案）》中提出"国家级中心城市"和"区域中心城市"概念，相比"一线城市"这一日常生活用词更加准确，本书沿用这个概念。

背景，赋予本书选题较强的理论探索价值，同时也具有实践价值和现实意义。

基于此，本书选择深圳产业发展的相关数据，对其发展脉络及其主导产业选择与结构调整为研究对象，逐步展开研究，以期达到几个研究目标：首先，系统梳理当前主导产业选择和产业结构调整的国内外相关理论与方法，为深圳产业结构调整和主导产业选择提供理论基础。其次，依据深圳产业结构发展的历史沿革与个体特色，结合深圳的产业发展现状与发展阶段，通过定性和定量相结合，对深圳主导产业选择等问题进行研究，提出深圳主导产业选择的思路、方法和结论。最后，从区域发展战略、产业技术效率和环境友好等视角提出了具有可操作性的深圳产业结构调整的政策建议。

第二节　研究意义

一　理论价值

我国对产业结构领域的系统研究起始于 20 世纪 80 年代，主导产业选择的理论研究则更晚。早期研究大多沿用国外经典理论，且研究对象多为国家或省际，这使理论背景与实践现实可能脱节。实践中基于不同研究层面的主导产业选择，既有成功案例，也有失败教训。[1] 尤其在区域主导产业选择过程中，存在因国家宏观产业政策调整，或市场技术与产品快速更新等原因，使所选主导产业失去其在产业结构中应具备的导向功能和发展方向。通常，静态视角衡量主导产业的发展，必然存在动态环境适应性局限。因此，针对区域主导产业的选择，需要基于现有产业选择理论基础，适度扩展相关支撑因素的考察期。此外，对于深圳这一具特殊性城市，由于其产业结构调整和产业更新速度等方面比其他城市剧烈，现有针对国家层面和区域层面的相关研究结论，不可简单、机械地套用。因此，有必要从理论上说明，对于深圳这样的城市，其主导产业成长条件和发挥功能的基础，以及未来能够继续发挥主导功能的基本条件等，这具有一定理论创

---

[1] 20 世纪 80 年代改革开放之初，全国各地争相"上马"电视生产线；90 年代各地又大上冰箱、洗衣机等项目。类似这些行为都可视为彼时产业规划和选择混乱、无序与盲目的一个侧面。

新。从另一个角度出发，基于现有理论的研究基础，综合深圳产业发展的相关背景，既增加部分限制，也放松若干约束，在一个新基准体系下进行深圳主导产业选择。从理论上说，这是深圳主导产业选择的探索，实质上是局部资源配置与利益调整的平衡，也是整体发展与区域利益的折中。经典的理论需要不断更新，这种更新包括理论的时代化、具体化，也包括实践的多样化与多元化。

综上所述，本书试图在现有产业理论研究和主导产业研究的文献基础上，探索一个适用于深圳目前经济阶段，并具有较强前向性的区域主导产业选择框架，通过这一框架对深圳经济发展阶段性、功能定位特殊性、城市结构特殊性和区位优势立体性的区域主导产业选择进行理论分析，并对丰富和发展区域主导产业选择理论做出探索和尝试，为其他类似城市的产业选择和经济发展提供理论借鉴，体现出本书所做研究的学术价值。

二　现实意义

诸多工业化国家及发达城市的经济发展历程表明，区域经济的产业结构合理化、高级化，既是经济进步的标志和结果，也是经济增长的动力和原因之一，是促成经济发展的重要因素，其中主导产业选择的重要性不言而喻。合理的产业结构可使社会资源得到充分有效的配置，并实现区域范围资源的集聚效应和扩散效应，生产方式、生产效率具有显著正外部性。同时，也使国民经济具备良好的结构效益，促进经济与社会持续、快速、协调发展。主导产业和主导产业群在产业结构调整中发挥着引导、促进作用，一个国家或者区域经济要实现持续快速发展，必然应根据经济所处阶段、客观禀赋条件等因素，并以前瞻性视角科学选择主导产业，逐渐促成主导产业群，从而带动并促进产业结构优化和高级化，实现产业结构到经济结构的根本性变革和升级。

深圳既是我国改革开放的前沿阵地，也是技术、结构和制度等创新的试验田。20 世纪 80 年代，深圳已开始改变原有生产方式，进而在经济制度的调整上进行探索；进入 90 年代，深圳主动承接以中国香港为主、涉及欧盟、美国、日本、韩国等发达国家的劳动密集型生产行业，获得宝贵的技术基础、生产形式、管理经验、市场理念等；迈进特区建设阶段的深圳，已拥有较内地更先进的发展理念、生产方式、管理方法、技术基础和市场环境，同时聚集全国范围的人才、资源和资本，构筑了良好的产业发展基础，获得多元化资本来源，并有较灵活的制度改革，实现了经济的持续高速增长。

目前，深圳经济规模越过 1.6 万亿元人民币①，人均产出超过 15 万元人民币，社会管理人口突破 1500 万，但产业结构、就业结构近 20 年相对固化；微观上，企业创新能力及成果转化能力低于发达国家水平，企业生产形式低端化，利润水平、抗风险能力及社会效益有限，企业管理方式落后等；宏观视角下高能耗、高投入的生产方式未曾改变，国际分工体系中下游承受压力递增，同级分工的区域竞争压力加大，等等。总而言之，随着经济、制度、科技以及劳动力素质与数量等因素的改变，深圳原有的生产方式、产业结构、增长方式也必须适时而变。

以塞尔奎因和钱纳里（Syrquin and Chenery，1989）所提出的"标准结构"理论进行判断，当前的深圳已进入工业化高级阶段，在迈入发达经济阶段的过程中仍存在较大压力，经济高速增长的深圳，其发展质量仍存在较大提高空间。面对经济全球化和科技革命的新浪潮，尤其是在当前全球能源结构调整、产业结构调整和中国重新崛起于世界经济舞台的契机下，深圳如何根据已有基础和条件、如何把握机遇和面对挑战、如何实现自身产业发展与结构调整、如何继续增长以及怎样增长，是深圳必须思考并选择的战略问题。目标导向或结果导向前提下，必然存在多种可能的实现方法、实现手段以及路径选择，而最优化路径或许亦不唯一。因此，深圳的产业结构调整、主导产业选择以及主导产业发展方案必然将因为依据的基础、获得的信息、综观的视野以及分析的方法不同而存在路径选择差异。

本书现实意义在于，基于已有文献所提出的主导产业选择思路、方法和工具，建立适应于现阶段深圳这样一个具备经济发展阶段性、功能定位特殊性、城市结构特殊性以及区位优势立体性城市的主导产业选择基准体系，并采用系统和全面的测度方法与工具，对深圳的发展历程与现状进行分析、归纳和总结，使其具备应用价值。

---

① 《深圳统计年鉴》（2015）。

第三节 主要分析思路及全书结构安排

本书的主要研究目标是立足深圳目前经济发展阶段、功能定位、城市结构和区域位置等特定因素,基于其产业发展的历史、现状以及在转型期所必然面对的相应发展问题,试图从规范的经济学研究视角,沿袭传统经济学理论和产业经济研究传统,采用实证方法与工具,探索现阶段如何实现符合深圳经济发展实际的区域主导产业选择体系,从而既在理论研究领域丰富区域主导产业选择的思路,也从实践中为深圳主导产业的选择提供若干参考。

本书的结构安排如下:

第一章导论。主要对选题背景、研究意义、分析思路、研究方法以及可能的创新之处等内容进行阐述。

第二章相关研究综述。主要基于主导产业研究的起点、基础和演化,以及国际主导产业研究、国内主导产业研究、沿海开放经济研究和深圳产业研究等相关内容进行梳理、归纳和总结。

第三章深圳产业发展:效率、行业与结构。分别从效率、行业和结构视角对深圳产业发展的历史和现状进行分析与总结。

第四章深圳主导产业选择的理论分析。该部分首先对目前深圳主导产业理论的现实基础进行阐述,随后对现有主导产业研究理论针对深圳问题研究的局限性进行归纳;以此分析结论为基础,本书沿着现有区域产业选择研究的思路和方法,进行深圳主导产业选择的理论构建,建造现阶段深圳主导产业选择的理论框架和基准体系。

第五章深圳主导产业选择的量化分析。基于前文建立的深圳主导产业选择理论框架与选择基准体系,本章进一步确定定量分析模块的分析内容,包括量化指标选择、实证工具选择以及量化数据来源。随后根据量化分析模块的设计,逐一对量化指标进行测算、评价和分析,并通过因子分析最终得出深圳主导产业选择的初步范围。

第六章深圳主导产业选择的定性分析。主要是根据第四章所设定的深圳主导产业选择理论框架,并依据第五章的量化分析的结论,从诸多非市场因素,比如政府干预、区域战略等因素,进行定性分析和区域产业选择与发展解读，从而确定目前阶段深圳的主导产业选择构成。

第七章结论与展望。

图1-1是本书构思和结构安排技术路线图。

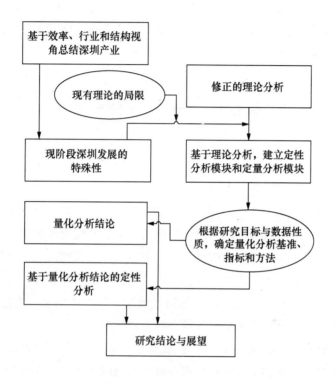

图1-1　本书技术路线

第四节　研究方法

本书对于区域主导产业选择所做的研究主要采用以下方法：

一　规范分析法

规范分析方法主要应用于文章结构中对研究范畴的界定、区域主导产业的形成背景与作用机制，以及区域主导产业选择的主体、目的与选择对象等因素；对于区域主导产业选择的原则、基准与指标等方面的研究，也部分采用规范分析法。

二 实证分析法

通常在应用规范分析法的同时，也需要实证分析法的配合与印证。本书在进行理论研究的框架和基础上，进一步采用实证分析的方法对区域主导产业选择进行相关量化，包括构建区域主导产业选择的指标体系与选择适当的量化方法，从而形成一个包含原则、基准与指标等多维度且相对完整的实证分析框架。

第五节　研究创新之处

基于众多学者的研究基础，本书力求对深圳主导产业选择问题的研究有所突破、深化和创新。本书可能的创新之处在于：

（1）基于主体比较体系分析区域经济和产业发展。本书综合宏观、中观和微观三个层次进行深圳产业发展的剖析：宏观层次基于要素效率和整体技术效率对深圳与全国进行比较；中观层次对深圳的产业结构进行规范的协整分析和格兰杰因果检验，确定其结构绩效的存在性；微观层次选择多维度的行业发展比较分析，包括发展绩效、产值比重、集群趋势等，可为其他城市的经济发展剖析提供一种范式选择。

（2）区域行业研究细化到三位数数据，结合两位数行业、一位数大类产业构建多层次的综合量化分析。数据信息的层级与完整性一定程度为产业分析提供更坚实的支撑。

（3）通过产业体系的量化分析，确认深圳产业发展过程中行业在市场竞争中自发形成、集聚并强化的集群效应；同时，肯定深圳现有产业发展政策影响下，深圳产业结构调整仍呈现较强惯性。发现深圳产业结构的演进趋势在时空上与"国际标准结构"存在差异，深圳的产业结构演化并非沿用传统意义上单纯的第三产业比重持续提升发展路径。

（4）对量化基准选择的主导产业，采用定性分析方法对非市场性质的产业发展影响因素进行综合考察，强化基础理论与逻辑合理性对量化分析结论的客观性与可行性判断。这为类似深圳空间禀赋和发展阶段的湾区城市进行主导产业选择与产业发展规划，尤其在能够强化或放松某些约束条件时进行权衡与选择参考，提供一种具有实践价值且可借鉴的功能导向型思路与发展策略。

第二章　相关研究综述

对于产业研究和主导产业选择，国内外相关研究文献较多。但大都存在研究的特定历史背景、区域发展差异及研究对象经济发展阶段不同等问题。尤其对于深圳这样具有与其他城市较多不同之处的城市，其产业研究视角和方法，以及主导产业选择基准等问题，存在特殊之处。因此，有必要沿着产业研究发展路径、逻辑基础以及发展变化脉络等进行归纳总结，并在此基础上进行深圳主导产业研究的理论修正和实证优化。

第一节　主导产业研究沿革：起点、基础及演化

分工是现代产业体系形成与发展的历史起点，分工思想则是现代产业理论研究和探索的原点。产业的形成、发展及升级等进化过程，以及产业的选择、培育和规制等产业管理等，都离不开分工理论的社会化。亚当·斯密（A. Smith，1776）发现，在并无显著技术革新前提下，仅通过对传统生产流程分工即可提高原有生产效率。他认为，"分工"可适度提高劳动生产率，并以案例描述工厂通过内部工艺流程的分解实现生产效率提升。[①] 基于此，他认为，整个社会就是"工厂"，工艺流程的分工可推广到企业分工和行业分工。随着工厂内部分工趋向合理与有效，主动进行技术改造、工艺优化并实现劳动生产率上升的企业在市场竞争中获利。诚然，这种基于小作坊分工机制可以轻易自我复制、扩大和推广，并从单个企业扩展到行业并促使产业形成。差异化的分工思想与分工方式促进了行

---

① 当然，对于"分工"与生产力提高的关系，观点亦存在多样性。比如，奥地利经济学家卡尔·门格尔（Carl Menger）认为，"分工绝不能被认为是人类解决进步的最重要的原因"，他认为，人类福利增进的原因是"对因果关系认识的进步"，即知识的增进（C. Menger, *Principles of Economics*, Ludwig von Mises Institute, 1981）。

业细化和演化。

此后，大卫·李嘉图、赫克歇尔和俄林（D. Ricardo, Heckscher and Ohlin）等学者从生产、交换、贸易等若干不同角度对宏观分工探索，形成比较优势理论、资源禀赋优势等理论。马歇尔（A. Marshall, 1890）认为，产业是由许多在技术、资源和企业规模等多方面存在差异的企业组成并相互影响相互作用。"差异"是马歇尔在定义产业与描述产业发展的理论基石。P. Groenewegen（1987）认为，企业间分工差别逐渐扩大，一定程度可能导致同一行业生产力水平差别不断扩大。换言之，即技术环节的分工促进了产业的发展。以此逻辑原点发散，最原始的企业内分工（仅是工艺流程的分解），逐渐扩展到生产形式、生产目的和配置手段更多元化的企业间分工，再扩展到行业、产业和产业链，逐渐奠定社会范围庞大分工体系基础。

必须注意到，初期具有提升生产效率作用的分工仅是工序的简单分解，其分工动力基于经济激励的管理方式调整；时至今日，最初的简单分工显然已发展为既包含纵向产业链，还包含横向的诸多旁侧行业。简单工序分解已演化成立体框架下多行业、多生产要素聚集的产业群分类。

社会分工的扩大、推进、深化和发展能促进产业发展，但绝非无限延伸扩大。当发展至一定阶段，基于效率激励的分工机制会导致产业形态和规模的收缩。施蒂格勒（Stigler, 1968）[1] 曾经明确提出分工和产业规模关系的变迁过程。他认为，在某产业的萌芽期和初创期，产品需求量必然有限，生产工艺、生产环节以及生产规模也相应有所局限，产业整体规模显然无法支撑相关环节独立分化，故而专业化分工得以在企业内部盛行。市场需求催化市场规模，当生产效率超过内部分工效率这一临界点，企业内部分工便演化为社会化分工模式，大量外部企业融入产业生产体系，生产环节的封闭性被打破；市场需求与供给在生活习惯、经济发展和文化变迁等过程中不断变化发展，作为供给方的企业自然随之调整。显然，当特定产业进入衰落期市场规模必然萎缩，外部性的社会分工转而内部化为企业分工。

从分工到产业，体现了基于生产力的生产能力、生产规模和生产组织

---

① ［美］J. 施蒂格勒：《产业组织》，王永钦、薛锋译，上海人民出版社 2003 年版，第 122 页。

的发展与演进。《新帕尔格雷夫经济学大辞典》① 对此进行阐述："产业"是为"生产同类或有密切替代关系的产品、服务的企业集合"，它综合了企业形态、企业产品和企业行为三个维度的内容：第一，该定义指出了产业不仅是企业或组织本身，而且是企业和组织的集合和聚集。在此明确指出产业实质上与企业的不同之处在于："产业"是企业发展到具有一定的数量和规模的状态，这是产业对于企业形态的一种描述。第二，"生产同类或有密切替代关系产品、服务"，这是产业对于企业产品性质的综合概括，是能够归类的众多企业或组织所具有的共性，这也是这些企业或组织能够归入"产业"的根本原因。第三，是产业对于"企业行为"的界定，即正是因为生产产品是同类商品或替代品，才使得企业之间存在并出现竞争，使企业之间或通过价格策略，或产品策略，或研发和销售策略等技术和手段，对市场份额和利润进行竞争，这些竞争行为的形式、效果和演化，使"产业"研究成为必要。

总之，分工、企业和产业是一个重合且动态发展的过程。随着分工形态、内容和范围的不断扩大，专注于生产某一环节或某一生产类别的企业不断增加。在这一动态的市场发展过程中，性质、功能和类型不同的企业不断分化、归类和聚集，形成不同形态的产业。生产方式的优化，极大提高了生产率，这种互动式的循环带来生产方式改变、生活方式变化等多种内容。在市场机制的作用下，产业形态不断演化。为了能够更有效地了解和把握宏观经济形势的变化情况和微观企业的联系与运营特点，经济学家采用产业结构对产业性质、特点和比重进行分类分析。

产业结构（industry structure）是指各产业的构成及各产业之间的联系和比例关系。由于不同地区的经济构成具有差异性，同一经济体的产业部门构成及联系、比例关系也不同，因而对经济增长贡献存在差异。产业结构既是某个产业内部企业间的关系结构，也概括了各产业间的关系结构。配第（W. Petty, 1672）通过考察发现，工业比农业收入多，商业比工业收入多，即商业相比工业而言，其生产附加值较高，而工业又比农业附加值高。他对此进行总结后认为：产业结构的不同是世界各国国民收入水平差异和经济发展不同阶段的关键原因。马歇尔、韦伯和波特（Marshall, Weber and Porter）等学者随后发现，在全世界的众多国家、地区范

---

① ［美］纽曼等：《新帕尔格雷夫经济学大辞典》，许明月等译，法律出版社 2003 年版。

围内，产业结构选择与调整是产业演化的基本特征之一，而且这种动态的调整过程对区域产业竞争力和区域经济增长发挥着十分重要的作用。库兹涅茨（Kuznets）把克拉克（Clark）"时间序列"维度的分析直接推进至"经济增长"概念，采用相对国民收入概念分析"农业部门"、"工业部门"和"服务部门"及其构成的产业结构。库兹涅茨还建立起一个产业结构测度的思想、方法、体系和指标，真正的现实化、具体化克拉克法则，并使其具有可操作性，更加适应现代经济社会。

通常认为，经济增长和经济发展既是一国总量经济、个量经济和生产能力的增长与扩张过程，也伴随着该国经济结构的调整、转换和升级过程。现有理论对产业结构与经济增长的作用机理与相互关系研究，观点和结论仍存在分歧。中国问题需要立足于中国历史背景和现代环境，西方经典理论也需要有中国化的过程。苏东水（2010）提出，从"质"和"量"的视角考察我国产业结构，"质"是产业间技术、经济联系及其方式变化趋势；而"量"则以静态方法探析一定时期内，各相关产业间要素效率与投入规模比较。这是目前产业结构状态考察相对成熟和主流的研究方法。

主导产业大都是区域经济发展过程中自然竞争形成的结果。工业化时代之后，世界形成工业化普及的浪潮。因此，从历史和过程的视角分析，深入研究主导产业的形成和发展，以及某个区域主导产业的选择和培育，对于丰富产业经济学理论，理解和解决现实经济问题，具有积极的作用。主导产业选择研究依赖产业结构理论，产业结构研究又无法脱离产业发展。本质上，产业发展通常是指一个国家或地区的各种产业历经形成、发展、成熟以及衰退等各相应阶段状态及发展过程所呈现出来的一种必然趋势，以及在此过程中不同发展阶段产业并存的状态。产业发展的规模、质量和层级也不断向前演化，从而实现区域经济的持续快速增长的过程。这种变化具体体现在产业的布局、组织、结构、类型、关联及主导产业转换等方面的变化。在此过程中，社会分工的技术演进、形式组织和效率变化不可忽视。因为产业的本质是生产力发展到一定阶段、社会分工发展到一定程度和规模后产生且不断发展的经济形态。需要强调的是，社会分工包含一般分工和特殊分工两种形式。一般分工是社会分工的初识形式和基础层级，而特殊分工则在一般分工基础上细化、组合并集成，从而分工效率更高，分工形式更加复杂。社会分工形式随生产力提高转化频繁且日益高级化，最终形成多层次的产业概念。从农业社会发展到工业时代再至现代化经济形态，社会分工发展和产业演进形式也日益多样化。

第二节　国际主导产业研究

"主导产业"概念的提出与引起重视，是产业发展到一定阶段的必然。赫希曼（A. Hirschman，1958）在《经济发展战略》一书中提出，在资源相对有限的发展中国家，采取非均衡的发展方式才能较好地实现均衡的经济发展战略目标。他认为供给和需求的"失衡"正是经济发展的促进剂和推动剂。由"平衡"到"失衡"，这就意味着需要对特定产业进行重点投资，必然造成该产业产品需求不发生较大变化时，市场供应过剩。市场的失衡形成对关联产业的压力，从而促进其加速发展；市场"平衡—失衡—平衡"的压力形成与释放过程通过关联产业发展，终将使产业整体逐渐趋于均衡，主导产业随此过程应时而生。主导产业在赫希曼的理论中本质是打破，或者说是激发非均衡式经济发展的起点。通过对主导产业进行非均衡的投资方式，激发整个产业链从非均衡到均衡的链式发展过程，最终实现整体经济发展。赫希曼用简单的原理解释复杂的理论，正如凯恩斯（Keynes）所强调的"国家干预"一样，这一思想被众多的发展中国家采用并实施，成为主导产业选择与推进的重要理论基础。与赫希曼的视角不同，创新理论的创始人、美籍奥地利经济学家熊彼特（J. A. Schumpter）并没有直接对主导产业进行研究，而是以"创新"为切入点对固有经济均衡状态变化，即"稳定—打破—均衡"这一过程解释经济发展，为主导部门的形成、演变和发展提供了另一种理论研究基础。

罗斯托（W. Rostow）是真正意义上开始系统研究主导产业问题的经济学家。他在《经济增长的阶段》一书中对经济发展理论以及主导产业理论进行系统研究，强调主导产业发展对于不同发展阶段宏观经济的突出作用，并用以解释现代经济增长。他将现代经济发展分为六个阶段，即传统经济阶段、起飞前准备阶段、经济起飞阶段、推进成熟阶段、大众稳定消费阶段和追求生活质量阶段。罗斯托的经济发展阶段论既具有探索意义，也具有现实价值，为各国在经济发展战略选择过程中实现经济现状的阶段定位、发展方向和技术策略提供一个清晰的具有可操作性的框架，也为国家之间发展状态的相互比较提供可参考的尺度和维度，从而使较为混沌的发展观点成为直观的发展目标。其各经济成长阶段特征如下：在传统经济阶段，由于生产技术的落后，农业是其主导产业，可以统称为农业社会；而在起飞前准备阶段，农业的发展状态以及为经济起飞所做的各种积累具有非常重要意义，在此阶段，手工业和轻工业，如食品、饮料、烟草等是这一阶段主导产业；在经济起飞阶段，农业发展通常能够积累较为稳定的基础生活物资资料，同时也具有相当规模的农业劳动力存量，从而为经济起飞提供稳定、廉价而有保障的劳动力供给；同时，技术的积累、投资的增加使生产在不断扩大，普通社会民众的生活水平有了进一步提高。稳步扩大的消费需求拉动供给不断增长，市场容量逐渐增加，产业形态也不断丰富。在这一经济阶段中，非耐用消费品生产行业和铁路运输业成为主导产业；在推进成熟阶段，随着产业技术的发展，科学技术也由于投入增加获得长足进步，由此，科技和产业结合使工业进一步加强，制造业和重化工业成为这一经济阶段的主导产业；在大众稳定消费阶段中，工业较之前阶段已经非常发达，主导产业从前期的重工业制造为主转向耐用消费品行业，如汽车大件消费等产业；在追求生活质量阶段中，人们在经济上具有相对自由，开始关注个体生活质量。现代服务业成为该阶段主导产业，尤其是在人均收入水平达到相应高度之后，生活质量的要求与形式必然多样化，因而对服务业的规模、数量和质量提出更多样、更细化的要求。在这若干经济阶段中，经济起飞阶段是关键，是整个社会从传统农业社会转向现代工业化社会的质的突破，具有极其重要的意义。诚然，由于社会生活和消费行为的历史阶段性，罗斯托对主导产业类型以及部门预测亦有一定局限。以汽车消费为例，在21世纪的今天，后发经济对于汽车工业的偏好将因为交通工具多样性、世界分工的格局以及产业自身特性等因素，其重要性远不如工业化进程中的欧美发达国家。同样的理由，诸多新兴的高科技产业，如基因、生物和制药等产业，其产业性质在几十年前不受重视，今天无疑是科技、工业和商业的多方位深入结合。因此，表2-1是一种仅具参考性的产业发展阶段划分。

罗斯托认为，主导产业是通过"回顾效应"、"前向效应"、"旁侧效应"三种形式的扩散效应来达到带动产业系统，进而促进国民经济整体发展。罗斯托虽强调主导产业对经济发展阶段促进和推动的意义，却未提出主导产业选择标准。正如美国经济学家库兹涅茨认为的，主导产业的识别和延续需要明确条件和相应证据。因此从这一角度评价，罗斯托的经济发展阶段论及主导产业观点，理论价值大于实践意义。

表2-1　　　　　罗斯托经济发展阶段与主导产业发展匹配①

发展层级	经济发展阶段	人均GNP（美元）	主导产业与部门
Ⅰ	传统社会形态经济阶段	140—280	传统大农业（农、林、牧、副、渔）
Ⅱ	经济起飞前准备阶段	280—560	纺织业、采掘业、简单制造业、交通物流
Ⅲ	经济起飞阶段	560—1120	纺织业、铁路业、建筑业
Ⅳ	向成熟过渡经济阶段	1120—2100	化工业、钢铁制造业、电力业
Ⅴ	大众高额消费阶段	2100—3360	汽车工业
Ⅵ	高品质消费阶段	3360—5040	金融业、服务业

注：人均GNP是平减至1970年美元购买力的数值。

　　日本经济学家赤松要（Kaname Akamatsu）结合产品生命周期理论，通过对日本棉纺工业发展史实的剖析，提出产业发展的"雁行产业发展形态"（Flying Geese Paradigm）理论。他在观察日本的产业发展过程中发现，产业发展通常经历"进口→当地生产→开拓出口→出口增长"四个阶段并呈现周期循环状态②，尤其是产品净出口变量在时间轴上表现为类似大雁飞行的状态，即出口产品从低到高，再从高到低的过程。当某一产业随着进口的不断增加，国内生产能力和出口数量逐渐形成和发展，将此四阶段变化绘制成图表，如大雁展翅翱翔，因而称为"雁行产业发展形态"。

　　"雁行产业发展形态"本质是关于通过"国外引进—国内生产—产品出口"的循环路径，如何使后发国家实现产业结构工业化、重工业化和高加工化理论。这一理论的意义在于，后发国家可先采取进口方式，利用和消化先行国家的资本和技术，同时结合自身较低劳动成本优势将产品返回先行国家市场。这种由后发国家引进先行国家资本，并通过劳动力禀赋

---

①　钱纳里：《工业化与经济增长的比较研究》，上海三联书店1989年版，第56页。
②　胡俊文：《"雁行模式"理论与日本产业结构优化升级——对"雁行模式"走向衰落的再思考》，《亚太经济》2003年第4期。

和技术吸收等途径扩张生产能力，使先行国家已有产业受到后发国家竞争威胁的现象，叫作"反回头效应"。基于这个观点，若后发国家能契合国际分工优势并且把握国际市场机遇，就能在"进口—国内生产—出口"的循环中缩短工业化乃至重工业化、高加工度化的发展过程。

"雁行产业发展形态说"具有相应实践基础，并经过总结、提炼上升到理论高度。其实践基础是日本的工业成长历程与发展模式，但又不局限于日本产业发展过程。日本第二次世界大战后迅速从废墟中转型成功并跨入高收入国家，产业政策无疑发挥着重要作用，这一事实使其理论学说具有较大的影响。赤松要认为，实现产业体系工业化和现代化的基础是本国产业与国际市场相契合，整体产业结构具有国际化标准形态。这一思想启发了很多后发经济国家，在其产业发展构思中，"雁行产业发展形态"按照不同的发展阶段，先在低附加值消费品产业出现，随后是生产资料产业，继而在传统或现代制造业结构调整中，逐渐形成雁行变化。山泽逸平（Ippei Yamazawa）在此基础上进一步提出"引进→进口替代→出口成长→成熟→逆进口"五阶段思想①，提出后发国家可以通过进口先进国家产品和引进技术并进行投入生产，从而逐渐替代国内的产品需求，而后发展出口业务，产业成熟，再后来居上，取代"领头雁"地位，最终实现经济起飞。20世纪五六十年代后，东亚经济出现快速发展，空间上承接西方发达国家的产业转移。通过对东亚地区的日本、新加坡、马来西亚、泰国、菲律宾、印度尼西亚、中国香港、中国台湾和韩国等处在不同经济发展阶段的国家和地区进行比较分析，发现国际贸易中商品与资金流通方向呈现一个基本事实：日本等发达国家的发展轨迹是"开发新产品—出口—技术输出"或者"投资输出—国外生产—进口"；而发展中国家的发展轨迹则与此不同，主要是"进口—技术输入—进口替代"或"本国生产—出口"。这个事实一定程度上契合"雁行产业发展形态"理论。②

筱原三代平立足日本产业结构特点及当时经济长周期，根据主导产业的形成机理和作用机制，在解决日本实际产业问题过程中，提出基于收入弹性基准和生产率基准的"两基准法则"。显然，收入弹性基准无疑是从

---

① 俞国琴：《我国地区产业转移的系统优化分析》，博士学位论文，上海社会科学院，2005年。

② 李增欣：《开放条件下中国制造业发展路径及其经济效应的实证研究》，博士学位论文，中南大学，2007年。

市场需求角度考虑，而生产率基准则是基于市场供给角度的考察。之后日本继续对这一主导产业选择方法进行扩展和深化，但其选择核心来源于筱原三代平的"两基准法则"。1971 年日本产业结构审议会在筱原三代平"收入弹性基准"和"生产率基准"基础上增加"环境标准"与"劳动内容"两条基准，从而将"两基准法则"扩展至"四基准法则"。

筱原三代平所提出的主导产业选择基准，及日本产业结构审议会扩展补充的"四基准法则"，迅速应用于日本的产业政策制定与评价，对日本产业发展产生较大影响。学术界对于筱原三代平所提出的主导产业选择基准的科学性及其实际影响，也存在不一致观点。小宫隆太郎在《日本的产业政策》一书指出，日本在实际产业发展过程中，通过政府产业政策所扶植和发展的产业，基本是政府之前就想要在日本建立和发展的产业，而制定的主导产业选择基准也不过是附和的理论而已。对于筱原主导产业选择基准在产业选择方面存在的问题，也可大致归类为若干原因：第一，两基准原则只能反映主导产业部分特征；第二，政府偏好多元化产业目标，政府扶持很难保持持续性。多元化产业目标和经济目标以及一些非经济目标极可能使政府决策行为偏离目标而陷入误区。例如，选票因素可能导致政府迫于压力，采取经济或者税收等手段援助经营困难的企业，其中就包括部分需要淘汰的产业，这便可能使本该在市场竞争中淘汰的企业获得比资助的主导产业更多的援助，因此选择出来的主导产业并未获得更多的扶持。当然，虽然存在类似的怀疑，但实践中从国家到地区，诸多通过积极、主动采取主导产业选择的地区，获得切实的经济增长，尤其值得关注的是进行主动选择的地区，其经济发展速度显著超出经济自然演化的区域。当然，主导产业选择并不是推动区域经济增长的唯一因素，但其积极作用，尤其是主动契合世界分工潮流以及客观定位区域经济层级基础上进行的产业选择，已为学界所广泛认可。

此后，波特提出主导产业选择的钻石理论，引起学界重视。1989—1994 年，波特先后对新西兰、加拿大、葡萄牙、韩国、挪威、芬兰、荷兰、瑞典、丹麦、瑞士、德国、中国香港等十多个国家和地区进行了产业调查与研究，提出钻石理论（diamond theory），又称钻石模型（diamond model），试图建立一个结合主导产业研究理论与实务的新工具。波特认为，在国家经济中具有产业集群（industrial cluster），即在一国产业体系内，具有生产优势和市场优势的产业能够以多样化方式组群，而并非平均分散于经济体。产业组群过程的多样化联系构成具有层级结构的"钻石模型"。波特认为，钻石模型包括生产要素、需求条件、企业战略、结构与竞争、相关及支持性产业四个基本要素和机会、政府两个辅助要素。其要素及相互关系见图 2-1。

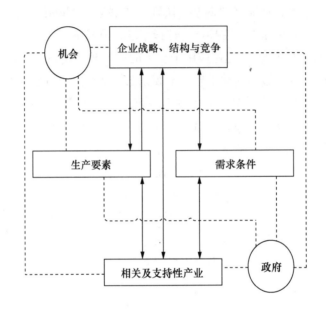

图 2-1 钻石模型六要素关系

国外主导产业研究的实践应用领域也存在多样化的尝试。里昂惕夫（Leontief）的投入产出矩阵为主导产业研究提供了一个具有很强可操作性的技术甄选工具，其部门选择和识别的研究最早是由 Chenery 和 Watanab（1958）开始，他们采用拉斯马森—赫希曼（Rasmussen – Hirschman）分析方法，认为前向关联和后向关联都大于 1 的部门是关键部门，这为产业关联分析迈出第一步。但是，McGilvray（1977）认为，在里昂惕夫架构下相互联系的生产结构之中，产业间具有明确投入产出关系，产业都是生产链中的一个环节，显然具有很大的识别难度。[①] 此外，前向关联测算方式必然导致各产业部门最终产品的规模测算偏差较大，边际增量的经济意义难以确定。E. Dietzenbacher（1997）又通过大量数据证明"Ghosh 价格

---

① 赵斌：《中国西北地区主导产业选择研究》，博士学位论文，北京交通大学，2011 年。

模型"具有较好的选择效果，尤其是相比拉斯马森—赫希曼等前向关联的研究。

主导产业分析的工具性探索一直呈现多样化的趋势。比如以 DEA 和 SFA 为基础的产业技术效率评价方法、EG 指数的产业集聚方法以及偏离—份额分析法（Shift - Share Method，SSM）等，都是目前应用较广的针对产业规模和经济效率的测度评价方法，目前这些方法已广泛应用在主导产业选择的实证研究当中。尤其是偏离—份额分析法，能够在一定程度上对区域与城市产业结构的动态变化特征及产业未来发展方向进行综合评价；EG 指数则对产业与就业的集中和分散趋势有较好的测度效果。这些实证方法大都由西方的经济学家率先应用于产业分析、效率比较以及主导产业确定等方面，一定程度拓宽了主导产业选择的实证技术和工具选择，为主导产业分析的拓宽和深化奠定了基础。

第三节　国内主导产业研究

产业结构的调整、优化和升级是发展中国家实现跨越的必经之路，也是目前我国能否迈过"中等收入陷阱"，从而跨入高收入国家的若干关键因素之一。传统观点认为，产业结构与主导产业间具有发展状态、发展结果与发展动力关系。因此，对于主导产业问题的研究，无疑是剖析产业结构发展演化的一个重要契机。

我国主导产业选择理论始于 20 世纪 80 年代末和 90 年代初，到目前为止，以国家层次和区域层次主导产业发展、选择、培育等问题为研究对象的著作、文章等文献数量已相当可观。与前面综述的国外主导产业研究问题不同，国内相关研究大都结合我国产业发展的现状，大都具有一定问题导向。研究通常具体到我国的产业发展问题与发展方向，具有明显的理论实践化倾向，其中有不少研究被证明符合我国发展现状。

周振华（1989）是我国较早研究发展中国家主导产业选择基准的学者。他认为，发展中国家与发达国家在同一时间段内发展阶段不同，因此发展中国家主导产业选择基准与当前发达国家必然具有差异。他认为，我国主导产业发展战略方针的基本框架应将重心放在以"结构矛盾的缓解来推动整个产业的发展"。具体地，主导产业选择基准可分解为增长后劲基准、"瓶颈"效应基准和短缺替代弹性基准三个方面。基于赤松要的"雁行模式"理论强调产业发展具有时间节点属性,刘伟(1995)认为,通常情况下,主导产业具有较高增长速度,并在区域产业结构中类似支柱产业且占有较大比重。主导产业通过产业关联,能够使区域经济联系起来协同发展,能够发挥主导产业内部的技术优势和管理优势,以将制度创新成果应用到整个区域经济系统中,从而保持经济增长。江小涓(1996)的观点类似,她认为,主导产业的发展能够增加该类产品的市场需求。同时,主导产业所拥有相对先进的技术等资源和要素,使其能够不断满足在逐渐扩大的市场需求同时,也能够对其他相关产业形成关联效应并带动这些产业的发展。这是培育和促进主导产业发展的一个重要原因。与此不同,朱欣民(1997)则更注重主导产业发展对区域经济发展所形成的牵引和激发效用。江世银(2005)选择相反的观察视角,他从微观的技术与成本关系入手,认为主导产业的形成就是那些采用先进技术、能够降低产品成本、提高企业利润从而扩大了产品市场的企业,它们在发展的过程中同时带动其他部门的发展,从而促进了区域经济的发展。这些观点对我国主导产业选择基准的研究具有基础性探索的作用,为我国后续主导产业选择的理论研究奠定了基础。

张圣祖(2001)在归纳和总结主导产业研究相关文献基础上,提出了基于当时经济背景的主导产业选择和培育理论,并认为这个基准是发展中国家通用的五个基准,它们包括收入弹性最大化准则、生产率上升最大化准则、产业关联度最大化准则、产业协调状态最佳准则和增长后劲最大化准则。江世银(2005)认为,主导产业的选择必须充分考虑主导产业所面临的约束条件和区域具体经济情况,如资源禀赋、产业现状、技术水平、结构状态以及经济基础和政策优势等,因此,作为经济发展背景具有显著非平衡性、差异性与阶段性的当前中国,以一种主导产业选择基准去衡量不同区域的产业,显然是一种机械的教条主义,并不具有实践可操作性。因此,针对省际以及次省级经济区域的主导产业选择研究逐渐丰富。梅小安(2003)对县域主导产业选择进行研究,他基于产业发展的技术水平、产业关联、比较优势、经济绩效以及区域规划等方面进行量化指标选择,并通过综合评分法对县域层次的主导产业选择进行实证。通常国家和省级视阈主导产业选择较常见,但鲜有县域层次的产业研究,这显然是非常微观的主导产业选择研究。与此性质类似,刘克利(2003)从主导产业一般特征和比较优势着手，构建区域性主导产业指标选择体系，并以主成分分析法选择区域主导产业。陈刚（2004）的主导产业选择基准从定性和定量两个方面入手，分析了区域主导产业的含义和原则，提出了区域在选择主导产业时的定性和定量基准。李玲等（2008）提出主导产业选择的集对分析法，同时采用该方法对江苏省进行主导产业选择的验证，结果显示该方法比较准确可靠。闫星宇（2010）试图建立现代服务业主导产业选择的指标体系，在对我国服务业各细分行业的资本存量进行估算的基础上计算我国现代服务业各细分行业的全要素生产率，然后综合多指标因素，采用层次分析法对我国现代服务业主导产业进行选择。这是一个产业体系内进行主导产业选择的研究，具有积极的意义。国内外研究主导产业选择的文献数量很多，本书只是选出其中部分具有一定代表性的学者研究成果。他们对自己所理解的主导产业进行了相关研究和分析，并对其概念进行了界定，同时提出了主导产业选择的理论和方法，丰富了主导产业选择的理论。

　　针对中国主导产业的实证研究也很多。郭克莎（2003）提出，要从产业增长速度、生产率提高率、技术密集程度、产业带动效率、就业集聚效率、可持续发展能力以及国际产业比较等多方面进行考察，并认为制造业中兼顾产业升级目标和就业增长目标的新兴主导产业是电子及通信设备、电气机械及器材、交通运输设备、纺织和服装、普通机械和专用设备制造业。温宇静和常阿平（2003）总结相关研究并以此为基础，初步建立主导产业评价和选择体系，在对我国的六大产业进行分析后，认为工业是需要重点发展的主导产业。作者对产业划分虽然较宏观，但明确了现阶段经济发展以工业为主导的发展路径。刘勇（2006）把区域经济发展和地区主导产业结合在一起进行研究，提出选择地区主导产业的多步骤、上下结合和反复比较的新方法，具有一定的创新性；并且还应用该方法对我国各地带、各一级综合经济区以及各省区三个区域层次的地区主导产业进行了定性定量分析和选择，取得了良好的效果。最后，作者还探讨地区主导产业选择和全国经济总体的关系，以及地区主导产业发展与产业政策之间的相互关系。

　　余勃（2008）通过对商洛地区资源优势分析，提出区域经济开发要发挥比较优势，认为将绿色农业、旅游、采矿业作为商洛地区主导产业的选择，并在人力资源开发、产业化、招商引资战略等方面提出相应产业开发策略。齐芳（2008）认为，主导产业是区域经济发展的龙头，因此需要综合考虑多种因素在区域产业发展中的影响。通过采用层次分析法对城市主导产业选择进行实证，具有重要的参考价值。这些成果对于研究中国近五十多年来经济增长趋势和产业结构演变情况，分析国家产业经济政策变动、国家发展战略变化趋势，都具有较强借鉴意义。但是，到目前为止，较全面地分析新中国成立以来中国主导产业演变更替的研究并不多，大多数的研究都回避了从新中国成立到改革开放这一段时期的中国主导产业演变过程。大部分研究偏向于研究改革开放以后进行市场化改革这一段时期，以及对中国的主导产业发展趋势进行预测。研究成果显示，自从改革开放以来，中国的主导产业的演变可以基本划分为：从轻工业向耐用消费品工业再向重化工业的转变。多数的研究结果认可了中国的产业结构调整和经济发展的成果。叶安宁（2007）对主导产业选择基准研究进行了数理方法方面的探索并进行实证，指出里昂惕夫方法在前向关联应用上有优势，而拉斯马森方法在后向关联应用则更为直观；祈杭峰（2009）、胡绩溪（2011）对无锡的主导产业选择进行了有针对性的研究，这都为以后相应层次的区域主导产业选择和经济发展提供了有益的实证参考与工具借鉴。

第四节　我国沿海开放相关研究

中国开放战略的探索和实践始于30多年前沿海开放的改革契机。中国的开放战略路径，从空间地理角度观察，是以沿海城市的开放为原点，选择"点—线—面"的推进路径，通过区域产业的递进式发展实现资源聚集，从而形成"增长极"并发挥辐射作用，逐步影响至沿江和沿边地区。开放战略从沿海开放推进至沿边开放，不仅是区域经济发展规律和国家经济发展战略的体现，也是地缘政治的客观需要。随着中国以经济特区、沿海开放、沿江开放、沿边开放等渐次推进的开放战略，中国区域经济发展的新版图清晰明朗，全方位、广覆盖、多层次开放格局也从沿海开放到沿边开放的战略推进下逐渐形成。

重视区域"开发"和"开放"与区域间经济平衡发展，以及协调和提升沿海、沿江、沿边开发水平具有方向和路径的内在一致性。因此，总结和探索开放战略在区域经济发展中的路径、机制与经验，显然具有重要理论价值与实践指导意义。沿海开放是我国经济开放战略的探索原点。苏东斌（2010）认为，沿海开放地区经济取得突飞猛进的发展，国家经济实力因此增强；同时沿海开放区域经济发展速度、质量和规模与内地经济、沿边经济等横向经济区域形成并逐渐扩大差距。特区建设和特区研究是沿海开放研究的一个实践起点，特区研究与沿海开放研究并无逻辑上的先后关系。

　　早期沿海开放研究的兴趣主要是开放绩效衡量及"特区—沿海—沿江—沿边"渐次发展所导致的不平衡程度及原因等方面问题。李国海（2002）很早关注到沿海开放过程中相关的法制建设、法制环境等问题；王永康（2002）对沿海开放的延续性进行了思考，并研究了开放地区的制度创新体系与创新模式等问题；其中刘键初（2003）在沿海开放城市的制度创新视角切入，对沿海开放城市的经济发展与制度建设之间关系进行比较和分析。之后的沿海开放问题研究中，倾向结合某具体行业或者某类指标建立模型并展开量化分析的研究较多，也有部分研究对沿海开放城市间发展差距、影响因子以及某一现象生成原因等问题展开探索，研究方法日趋多样化（刘彦会，2009）。总的来说，沿海开放领域研究主要围绕经济现象、经济问题、开放绩效及开放问题本身思考和分析，系统、全面、深入的探索性研究仍不多。而实践中对于从理论高度合理解释若干沿海开放城市间发展速度、发展状态和发展模式间差异问题，以及成功的沿海开放模式能否被模仿、移植并再生等问题仍较迫切。随着实践范围和开放程度的推进，部分研究者重新审视实施沿海开放的目标、背景、途径和条件的因素。这种学术研究的螺旋式推进，对研究问题的深入和扩散具有重要意义。吕余生（2009）认为，从历史和过程视角分析，沿海开放实践历经30余年，一些现象和问题在诸多因素的综合作用下，其发展历程、发展目的、发展途径及发展模式等已非内部因素、局部联系，或某一优势产业和某一推进政策所能解释。沿海开放的优势集中体现在经济特区的成立与发展，姬超（2013）对成立时间相近的四个经济特区进行绩效比较，并尝试解释为何这些特区虽具有类似制度和环境，却存在较大发展差距。陶一桃（2013）对"特区—沿海—沿江—沿边"开放的路径进行梳理认为，沿海开放战略最初的目标基本实现，但其效率和范围仍需继续推进。无疑，沿海开放初期的激励效应和推动效应已趋向边际递减，客观实践迫切需要理论和政策的更新；此外，区域经济间的不平衡式发展已难以为继，如何科学、系统地界定沿海开放经验，使之形成理论体系并推广，从而实现区域经济的梯度开放和开发，将对我国区域经济发展具有十分重要的意义。

随着沿海开放、沿江开放和沿边开放在深度与广度扩张，研究逐渐倾向于对沿海开放和沿边开放问题采取综合性视角进行审视与探究。与沿海、沿边开放研究类似，综合比较性研究也采用定性和定量分析工具，从局部、短期视角对区域或港口点对点式对外开放进行评价度量。不同之处在于，研究涵盖的范围更加广泛，基本囊括了效率、制度、能源、旅游等多领域的合作或协作问题。虽然如此，对沿海开放和沿边开放问题进行综合比较和分析的研究仍相对有限。从沿海到沿边的开放实践证明，开放和开发不可割裂，单纯依靠沿海开放的港口贸易、单纯依靠边境贸易的口岸经济或单纯依靠边境小城镇的"孤岛经济"，对于沿海地区、沿边地区的带动作用是极其有限的。湾区经济相比沿海开放经济而言，显然具有更强的资源集聚性和产业选择倾向，是一种沿海开放升级的区域经济发展形态。目前，世界经济发达的湾区主要有纽约湾区、东京湾区、旧金山湾区等。湾区经济作为一个区域经济体，从地理空间的分布视角看，当前国际上发展层次最高功能最为强大的城市群大多分布在湾区。从经济规模的横向比较分析，目前60%以上的全球经济集中在入海口，地中海湾、曼哈顿湾、旧金山湾和东京湾无疑是全球重要经济区。从时间过程的发展路径视角看，世界范围内成功的湾区经济具有一些共同特征，如强劲持续的经济发展、优美宜人的生活环境、多元包容的文化氛围和便捷高效的交通系统等，这同时也是湾区经济与其他经济模式相比最显著的优势；从全球工业化进程以及后工业化发展的社会视角看，城市发展趋势与人口密度的客观分布状况密切相关。重视海洋机遇、发展湾区经济，既是经济发展到一定阶段的主观选择，也是经济发展到一定阶段的必然结果。

早在20世纪50年代，我国已开始关注湾区的建设和发展，但尚未明确提出"湾区经济"这一概念。吴家玮（1994）通过亲自参与洛杉矶湾区的建设和发展，提出中国同样具有沿海和湾区的资源禀赋，应该大胆借鉴和推广洛杉矶"湾区经济"成功经验。深圳毗邻港澳、背靠珠三角、地处亚太主航道，其区位禀赋已具备发展湾区经济的良好条件；同时，在改革开放和市场经济中探索了30多年的深圳特区也需要在更大体量、更高基础上实现进一步发展。若抓住我国实施海洋强国战略、建设 21 世纪海上丝绸之路及世界经济重心东移等重大机遇，必须发挥综合优势，联合打造区域协同的湾区经济，深圳则是这一战略的重要一环。

相比国内其他城市，深圳的产业体系具有较大的结构优势、效率优势和市场优势。但在产业发展过程中不可避免地需要面对相关动态变化的若干问题。尤其在当前深圳"湾区经济"发展战略下，如何评价深圳产业体系的发展质量，如何提升其发展质量以及如何进一步提升深圳产业的区域引领水平，是迫切需要解决的问题；同时，"湾区经济"发展战略下如何协调周边城市与区域的互动合作，如何形成统一的具有竞争力的经济体，是保持深圳区域中心城市地位、继续深入发展的内在动力。

第五节 深圳产业研究综述

目前，我国经济类、管理类刊物普遍具有偏重宏观视野下的经济研究对象旨趣，因此，近年来研究次省域层次相关经济问题的文献不多，而针对深圳产业问题展开研究的数量更有限。大都聚集于深圳为研究对象的相关研究文献，都着眼于深圳作为经济特区这一改革探索试验基地的角色定位与功能解析，而就深圳区域经济发展本身展开具体化产业研究的文献相对较少。因此，在目前国内主导产业选择问题的研究中，对于深圳的产业结构调整，以及主导产业如何选择、发展以及培育的研究分析较少。深圳是我国最早进行市场经济体制改革和经济对外开放的探索者和试验田，其经济发展的成绩不仅仅在中国，甚至在亚洲和全世界都引起瞩目。[①] 但是，其经济持续高速增长至今已 30 余年，原有经济发展模式、经济增长的动力机制以及产业结构效率等方面已不适合现有的经济发展阶段与发展背景，深圳进一步发展所面临的困难和挑战较为迫切。深圳经济发展阶段性、功能定位特殊性、城市结构特殊性和区位优势立体性决定国家宏观层面的主导产业选择基准不一定适合深圳。以空间而论，深圳城市面积相对较小，土地资源有限，如果单纯从产业集聚效率的感应力系数、影响力系

---

① 类似的现象和观点可从 CSSCI 和 SSCI 刊物中以深圳和 SEZ（Special Economic Zone）为研究对象的文献数量和刊物等级得到支撑。

数等角度考察，显然稀释了深圳产业的单位产出效率；同样，从就业密度考察，又忽视了深圳特区城市、窗口城市以及改革开放试验田的功能定位。总之，深圳的特殊性决定了深圳在产业规划和主导产业选择基准上，绝不可能机械地照搬既有理论。

研究深圳产业问题，不能脱离深圳的社会背景以及经济背景。苏东斌（2005）指出，目前中国经济已经走到一个非常关键的时刻，他从走向市场经济的新体制、改革创新等新角度阐述深圳在改革开放的巨大成就，认为这对未来发展具有极大的启示意义。在类似的宏观视角下，陶一桃（2010）认为，"中国道路"就是通过创办经济特区探索体制转型，从而实现经济发展。以强制性制度安排打破传统体制下普遍贫穷的一般均衡，使非均衡发展成为中国最佳的制度变迁路径。① 从创新视角看待深圳的发展路径，认为创办经济特区，开启了中国社会通往科学发展的道路。以深圳为典型的特区实践，不仅揭示了有特色的中国道路路径与特征，且促进了马克思主义中国化和时代化。② "中国道路"、"大转型"这个宏观背景下的发展命题必然要落实到具体的经济发展之上，而承载深圳经济发展的重任必然是深圳的产业体系。

叶健德（2011）选择洛杉矶的发展和崛起案例，阐述美国边陲小镇发展为世界级城市的背景、路径与相关政策，认为其成功经验对深圳建设现代化、国际化城市具有一定的启示和借鉴。鲁志国（2007）通过对深圳的产业、行业和企业等微观层次研究探索中观产业结构调整和优化等问题。他认为，深圳的商贸流通服务业市场规模可观、商业网络较完善、服务水平和服务质量较高、发展态势总体比较健康，已经初步成长为对国民经济贡献重大、业态多样、市场规模可观、向异地扩张速度很快的重要支柱产业；但是，同时也存在重要商业设施分布不均衡、本地大型龙头连锁企业的规模、数量略显不足等问题。因此有必要采取诸如科学地进行都市商贸网络的总体布局、着力打造区域性采购中心、引导鼓励大型商贸企业联手培育世界级商贸集团等相应的对策措施。此外，鲁志国、林勇志（2008）应用偏离—份额法，对深圳高新技术制造业进行较为深入的定量分析，通过与相关城市产业间进行横向对比，发现深圳高新技术产业占据

① 陶一桃：《经济特区与中国道路》，《深圳大学学报》（人文社会科学版）2010 年第 3 期。
② 陶一桃主编：《中国经济特区发展报告（2013）》，社会科学文献出版社 2014 年版。

国内重要地位。但由于研发投入、产业政策、产业环境与经济基础等因素影响，产业内部仍存在发展不平衡等问题。[①] 李江（2011）认为，产业空间结构合理与否，直接影响城市内部各经济要素的集散效率、配置效率、城市生产的专业化与协作程度。深圳作为珠江三角洲经济区的重要核心城市，经过30多年工业化与城镇化的快速发展，城市规模不断扩大，产业结构也日趋完善。因此，在城市建设全面取得辉煌成就的同时，必然要面临土地资源难以为继、空间布局不尽合理等诸多问题。面对区域间日趋高涨的竞争，深圳如何在空间资源有限的情况下，进一步优化城市空间结构、摆脱被动的资源保障将成为城市转型面临的核心问题。其中，调整和优化产业空间结构则是推进城市空间发展模式转变的重要手段。作者基于对深圳福田、南山以及罗湖等区的工业普查数据分析，认为外延式扩张模式难以支撑深圳经济的非线性增长，而产业空间结构的无序也难以提升城市质量，因此提出对深圳产业空间重构的若干建议。

总之，深圳当前面临的若干不同层次"湾区经济"大战略将是长期约束深圳产业进一步发展的空间问题获得优化和解决的重大契机。因此，如何把握和契合这些发展机遇，将是深圳主导产业选择、产业结构调整、产业空间重构以及深圳经济进一步提升和扩展的重要因素。

第六节　本章小结

本章主要针对国内外分工、产业以及主导产业选择等相关文献进行有选择的综述。沿着研究的时间顺序和逻辑顺序，本章内容首先从主导产业研究的沿革，包括主导产业研究起点、研究基础和演化过程等若干方面入手，并延续研究领域中产业和主导产业研究的发展路径，分别对国际主导产业研究、国内主导产业研究、区域研究层次沿海开放方面的相关文献进行梳理与总结，最后针对深圳产业研究的发展过程、主要观点以及研究过程中存在的部分问题进行了概述。为后续分析和研究深圳经济和产业的发展，提供文献基础、分析脉络与研究方向。

---

① 鲁志国、林勇志：《深圳高新技术制造业结构的偏离—份额分析》，《珠江经济》2008年第2期。

第三章 深圳产业发展：效率、行业与结构

深圳区域经济发展路径与社会结构调整路径在宏观视角下与世界发达国家和地区具有一定共性，即从传统农业化社会的手工业生产，过渡到初级轻工业，并通过区域性资源集聚。但是，深圳的区域经济发展路径又具有诸多独特之处，尤其是其行业发展与产业结构调整路径，基于不同视角存在不同结论，绝不可简单地以"特区经济"进行笼统概括。不可否认，中国经济特区的设立与发展是整个中国改革开放的一个战略起点和逻辑原点，而深圳正是这个起点最具代表性，同时也是最成功的区域经济发展案例。

本章将对深圳经济发展过程及其产业变迁路径进行简要阐述。并基于中观视角下两位数产业维度和相对宏观的产业结构演进维度进行分析，力图围绕深圳经济发展阶段性、功能定位特殊性、城市结构特殊性和区位优势立体性为核心因素，以产业发展为切入点，在综合现有理论和方法的基础上，对深圳的主导产业选择进行具有先导性和探索性的总结与研究。

第一节 深圳经济发展：发展梯度与要素效率

1979 年 1 月，广东省委决定将宝安撤县设市。深圳的成立正是我国尝试变革从而探索改革的第一步。1980 年深圳经济特区的建立，既是我国国家层级对外开放的重要举措，也是利用国外资金、技术、管理经验建设和发展中国特色社会主义的一种重要尝试。客观上，深圳特区的建设不仅是地缘政治的体现和区域经济发展的诉求，也是彼时经济发展阶段和产业结构发展的内在需要。

深圳经济发展初期通过采用"三来一补"的合作模式，深圳与经济发达区域利用彼此的生产要素错位互补，采取生产要素的不同组合并以较为简单、低级的合作形式，发挥合作双方的比较优势，从而提升产业效率并实现共赢。深圳作为我国最早的特区之一，其兴起的直接原因可粗略归纳为两个：第一，具有展开对外贸易的地理、人文和资源等优势。深圳毗邻香港特区且具有天然海湾资源，先天地理禀赋优势与深圳、香港同质的人文优势及政治背景结合，使其具有改革开放桥头堡与桥梁的优选功能；第二，香港特区此时迫切需要产业转型，具有强烈的产业转移客观需要，同时主动契合欧美主导的新一轮世界分工。从世界产业分工体系调整以及区域经济转型过程中产业扩散维度分析，深圳的特区建设、经济发展以及在这此过程中产业结构的演化与变迁，其实质是契合宏观经济发展和微观生产需要的主动选择，因此，其成功具有一定历史必然性。与此形成鲜明对比的是，这一时期成立的其他若干经济特区，不论是其建设规模和发展状态，或者是产业结构、技术创新等维度，没有一个城市的发展能够达到深圳经济特区的发展高度。在相似政策背景和时代背景条件下，导致不同区域经济发展呈现出巨大异质性的原因，学界仍未达成共识；但区域间地理禀赋差异及其所附着的社会文化差异等，却是目前已获得广泛认同的造成区域发展差异的重要因素。

深圳特区始终保持发展速度最快、经济总量最大的优势，其历年经济统计指标都呈现出显著上升趋势，成为我国经济改革试验和区域经济发展的重要基点。激励深圳经济特区快速发展的因素具有多样化和多元化特征，但两个基本面是分析深圳经济兴起的重要立足点，这也是对深圳经济、产业以及城市进行现状梳理和未来规划的重要参照：

其一，深圳地理位置的特殊性，是深圳经济特区设立并快速发展的空间基础。[①] 纵观东西方国家和地区的经济发展历程，区位优势在技术演进、产业发展和资源聚集过程中都具有重要意义。而劳动力、能源、原材料等生产要素的聚集与流通也极大地依赖区位条件。无疑，深圳具有了陆地城市向世界开放的重要海湾优势，同时有成为承接西方开放经济（香港）和我国传统计划经济的衔接点与过渡区优势。另外，深圳成立之前的"大逃港"等区域性社会现象，也是促使中央决策层反思并促成以此

---

① 胡兆量：《中国区域发展导论》，北京大学出版社 2003 年版，第 266 页。

区域为改革和开放的探索契机，并给予相应试验性政策以激励。无疑，经济特区的各种优惠措施和特殊政策，一定程度使区域经济的隐性优势转化为显性优势，并加速其区域经济的发展速度，大大缩短其发展过程。

其二，深圳和香港的地缘优势、亲缘基础和同质文化是深港经济的黏合剂。深圳经济发展离不开香港产业、资本和技术等要素的转移与输入，深圳的成立也与香港有直接联系；同样，香港的繁荣也离不开深圳的支撑和稳定。深港的密切联系是深圳经济快速发展的"助推剂"，而深港一体化是改革开放以来深圳、香港经济稳定和发展的基础。这一具有较高融合形态的都市圈一体化，也是未来深圳经济、文化和体制等进一步发展、改革和创新的探索方向。当然，深港都市圈与国际一些著名的都市圈，如东京、洛杉矶和纽约等具有显著区别，但也正是这些差异性，给予深圳经济发展的独特性。

依据改革初期的发展思路与经济规划，同时联系我国地理空间的区位特征，可以发现，中国经济在持续发展和开放推进过程中，长三角、珠三角和环渤海必然是区域经济发展的重点区域。通过采取非平衡式的区域经济发展战略，主动扩大地区发展差异，从而形成区域间发展梯度，促进资本、劳动、技术和管理经验等生产要素的充分流动与适度聚集，实现重点区域的效率提升和经济繁荣。这种既有层次又有梯度的非平衡式区域经济发展方式，有利于打破传统的平衡式发展思路和平均主义分配方式，从而实现经济发展的效率。

本节将采用 GDP 和人均 GDP 指标反映深圳的总体经济发展状态，同时从行业视角和结构视角对深圳产业发展的总体结构进行描述与分析。

从国家层面分析，我国区域间发展呈现显著的梯度差异。经济总体规模和经济收入差距能比较客观反映区域间经济发展现状。深圳设立经济特区以来，其经济增长效应体现在许多方面，增长绩效也可直接和间接地体现在如生产要素、制度优化、技术进步等诸多方面。而这些指标中，GDP 规模、人均 GDP 和人均可支配收入等指标能够综合反映区域总体经济规模与区域差异性。表 3 - 1 选取了深圳 GDP、深圳人均 GDP、全国人均 GDP、人均可支配收入四个指标，表征深圳目前经济发展状态以及与全国平均水平的梯度。表中所附相关数据，已选取 1980 年不变价格为基准进行平减指数处理和计算。根据统计局 2014 年的统计公报显示，2013 年，深圳生产总值 14500.23 亿元，比 2012 年增长了 10.5%，人均生产总值

136947 元/人，增长了 9.6%，按 2013 年平均汇率折算为 22112 美元。2013 年，全国人均可支配收入为 26955 元人民币，是同时期深圳人均可支配收入的 60%。表 3-1 表明深圳自改革开放以来，其经济迅猛发展的过程以及进一步增长的趋势。尤其与全国总体水平比较，作为区域地理空间仅为中等城市的深圳，其经济总量规模在全国已属前列。值得注意的一个细节是，深圳的人均可支配收入在有统计数据的几乎所有年份，都已超过全国人均 GDP，这一差距直到 2011 年才得到改变。

表 3-1　　　　深圳若干经济发展指标比较（1985—2012）　　　　单位：元

年份	深圳 GDP（亿元）	深圳人均 GDP	全国人均 GDP	人均可支配收入
1985	207429.58	2556.31	719.14	1017.95
1986	213024.57	2344.82	770.92	
1987	267131.58	2556.08	846.47	
1988	363026.67	2703.27	926.89	
1989	430913.62	2500.02	950.06	
1990	570970.92	2901.64	971.91	1372.66
1991	776507.84	3936.30	1046.75	
1992	1034308.90	4180.99	1180.73	
1993	1354003.48	4483.52	1330.68	
1994	1772764.19	4735.59	1487.71	
1995	2194911.78	5093.34	1632.01	3327.21
1996	2572166.65	5519.49	1777.26	3997.20
1997	3005603.82	5947.87	1923.00	4304.01
1998	3463413.23	6251.27	2053.76	4336.02
1999	3973951.65	6552.77	2191.36	3901.88
2000	4596854.68	6892.81	2357.91	4393.32
2001	5256349.25	7373.11	2534.75	4819.14
2002	6088275.69	8276.68	2747.67	5113.55
2003	7256366.21	9517.18	3003.20	5248.62
2004	8511120.93	10779.86	3285.50	5484.94
2005	9794033.21	12027.83	3637.05	4252.01
2006	11416430.04	13440.16	4073.50	4431.61
2007	13110183.72	14701.80	4627.49	4684.07

续表

年份	深圳 GDP（亿元）	深圳人均 GDP	全国人均 GDP	人均可支配收入
2008	14698462.75	15748.56	5048.60	5045.41
2009	16264096.20	16687.26	5487.82	5799.60
2010	18242696.15	17953.47	6031.12	6165.17
2011	20075909.44	19273.09	6561.86	6371.65
2012	21906541.62	24316.54	7027.75	6851.09

资料来源：相关年份《深圳统计年鉴》和《中国统计年鉴》，价格计算选取 1980 年不变价格为基准。

通过柱形图（见图 3 - 1）对深圳人均 GDP、全国人均 GDP 和深圳人均可支配收入三个指标比较，可以更直观地发现深圳特区这一区域发展与全国范围的平均发展的规模差异。而在对国内宏观经济发展以及产业发展具有重要意义的两个指标即人均 GDP 与个人可支配收入上，深圳的经济发展在 2008—2009 年有一个震荡，近年已逐渐消化其外生冲击并呈现较强加速趋势。这一方面体现出前期经济发展的成绩和基础，另一方面也预示了未来深圳经济发展方向和自身发展定位的复杂性。

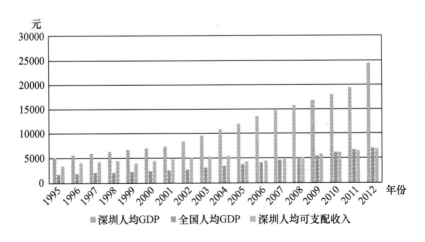

图 3 - 1　深圳经济发展若干指标比较（1995—2012）

资料来源：相应年份《深圳统计年鉴》，计算过程采用 1980 年不变价格。

从全国范围的各城市区域来看，深圳是我国目前综合经济效益最好的城市之一，经济规模稳居国内大中城市第 4 位，人均 GDP 稳居全国首位。深圳经济持续数十年的规模扩张与速度增长，是基于资本投入、要素投入和技术增长等多方面因素共同实现的，对于其投入要素的相对效率，同样可以采用多种技术手段对其进行分解、测度和评价。单纯的经济规模与经济增长，反映的是产出方面的结果，而实现这一产出结果，必然要对投入要素的数量与质量端口进行相关的技术分析与效率比较（袁易明、姬超，2014）。基于柯布—道格拉斯（Cobb – Douglas）生产函数，并通过对不同约束条件下函数形式的回归参数进行比较分析认为，表征深圳经济最佳的生产函数形式是规模报酬不变的柯布—道格拉斯生产函数。而后基于 SFA（Stochastic Frontier Analysis）方法对深圳和全国相关年份数据进行分析，得到深圳和全国在相关时间段的整体经济运行效率数据，见表 3 – 2。

表 3 – 2　　深圳特区与全国经济运行效率分时期比较（1980—2011）①

时期（年）	1980—2011	1980—1990	1991—2000	2001—2011
深圳	0.91	0.88	0.92	0.94
全国	0.80	0.79	0.82	—

表 3 – 2 分别选取 4 个不同时期进行深圳与全国经济运行效率的比较。通过表 3 – 2 的效率比较数据，可以发现，深圳的技术效率水平自 1980 年之后呈现整体持续上升趋势。并且在整体统计期间内，深圳的平均技术效率水平相比全国平均水平而言，显然具有较大的效率优势。

表 3 – 2 反映了深圳整体生产效率与全国平均生产效率水平的分时期比较，但具体到深圳经济的要素投入及效率变化仍需要继续分析。通常情况下，区域经济的规模扩张与速度增长，是基于资本投入、要素投入和技术增长等多方面因素共同实现的，对于其投入要素的相对效率，可以采用多种技术手段对其进行分解、测度和评价。目前主流的经济增长要素分解方式是采用对柯布—道格拉斯生产函数进行索洛（Solow）分解，即沿用柯布—道格拉斯生产函数，分别将相应年份资本、劳动力要素代入，测算相应时段的要素贡献比例与 TFP 变化。这一方法和数据的应用案例已较丰富，因此具有横向和纵向比较的文献基础。通常，经济增长因素的基本

---

① 袁易明、姬超：《资源约束下的经济增长转型路径——以深圳经济特区为例》，《经济学动态》2014 年第 10 期。

分解模型如下式所示，其中，Y_t、L_t 和 K_t 分别是时间 t 的产出、劳动力和资本，v 是随机变量，e 是效率指标。

$$\ln(Y_t) = \partial_0 + \partial_1 t + \partial_1 \ln(L_t) + \partial_k \ln(K_t) + \ln(e^v)$$

其中，K_t、L_t 分别是深圳第 t 年资本要素投入和劳动要素投入，测度数据以及效率比较综合于表 3-3。容易发现，深圳自 20 世纪 80 年代以来，技术进步的增长速度有所下降，这既是要素边际递减规律的一个反映，也是客观上技术追赶与技术突破在趋于前沿时必然遭遇的"瓶颈"和收缩。与技术进步增长率表现不同的是，深圳经济增长过程中技术进步贡献率随着时间推进，除了 20 世纪 90 年代略有调整，其他时期始终保持持续上升趋势，这能够体现深圳经济增长的相关要素投入中，技术进步的效率在增长，而并非单纯的劳动力、资本等要素的粗放型投入，这是一个正面、积极的经济增长信号。与此相反，深圳的资本投入贡献份额和劳动投入贡献份额，整体都呈现持续下降的过程。综合时间轴上深圳经济增长中资本投入贡献、劳动投入贡献以及技术进步贡献的测度数据，可以认为，深圳整体已进入依靠技术进步推动经济发展的创新经济增长阶段。

表 3-3　　　　　　深圳不同时期不同要素对产业增长的贡献份额

时期（年）	经济产出	资本	劳动	TFP	技术效率	技术进步
1981—1990	37.0	29.2(106.5)	23.2(22.3)	8.81(-27.6)	1.71(6.5)	7.1(-35.4)
1991—2000	23.52	20.8(72.8)	16.3(12.6)	3.49(14.2)	-1.0(-3.1)	4.5(17.7)
2001—2011	14.45	11.4(65.7)	4.48(6.01)	4.23(28.1)	0.81(4.1)	3.4(24.1)
1981—2011	24.55	20.4(81.3)	14.32(13.4)	5.47(5.3)	0.63(2.5)	4.9(2.7)

资料来源：相应年份《深圳统计年鉴》。表中数字为相应要素年均增长率，括号中数字为相应要素对经济增长率的百分比贡献。[1]

表 3-3 的效率测度数据，是基于深圳整体经济的要素生产效率，对近几十年经济增长过程中的劳动力、资本和技术等要素进行分解、测度和评价，属于总量经济的要素效率考察范畴。这一测度过程，对把握深圳产业的性质、特点以及发展历程，具有先验性的了解和判断。根据对深圳经

---

[1]　采用索洛分解对要素指标进行分解测算的文献较多，如袁易明和姬超（2014）、覃武和谭砚文（2010）等，虽然基于样本数据的处理差异，具体的测算数值略有不同，但是，相关数值所呈现的发展趋势与表征结论具有一致性。

济增长因素的分解以及对要素增长贡献的定量分离，并结合表 3 - 2 和表 3 - 3 的数据，可大致得出以下若干结论：

第一，深圳经济高速增长主要依赖资本要素投入。显然，深圳的经济高速增长与其早期资本吸收能力密不可分，尤其是对资本生产力的吸收和释放，是开放早期深圳经济高速增长的主要推进力量。这一增长方式与我国目前整体经济增长方式无显著差别。

第二，基于技术效率和技术进步为基础的深圳 TFP 增速较慢，对经济增长贡献比重仍然偏小。其中，技术效率贡献率和增长率略低于技术进步，可以解读为深圳目前正向外生技术进步型经济增长方式转型。

第三，资本和劳动要素对经济增长的贡献率趋于下降。考虑到区域竞争与经济赶超，深圳的资本流入和劳动供给必然有所分流。基于此背景，可以认为，在资源总量约束条件下，具有先发优势的深圳也开始遭遇资源约束困境，经济增长率因而有所下降。

第二节　深圳经济增长与产业变迁：基于行业视角

区域异质性和行业异质性的普遍存在，使区域经济发展所依赖的产业功能定位、发展路径及统计指标存在一定差异，因此，虽然宏观层面产业结构划分具有共性，但其具体构成的行业类别必然具有一定差异。我国当前产业结构划分标准下的行业数据，存在与国际部分地区行业类别和行业性质不一致的现象。若要实现相关指标的横向比较分析，必须针对产业构成以及行业大类等因素进行相应的说明、归类和整理。以我国目前的产业划分标准为例，深圳沿用国家统计局颁行的相关统计标准，因此与中国香港、新加坡等国家或地区的行业分类标准就存在较大差异。我国行业分类的《国民经济行业分类》国家标准最初于 1984 年发布，并先后于 1994年、2002 年和 2011 年修订更新。2011 年标准（GB/T 4754—2011）由国家统计局起草，国家质量监督检验检疫总局、国家标准化管理委员会批准发布，并于 2011 年 11 月 1 日正式实施。此修订版本参照 2008 年联合国《国际标准行业分类》版本（ISIC4），同时依据我国近年来经济发展的实际状况和发展趋势，对门类、大类、中类、小类做了必要调整和修改。

为了满足区域比较以及时间序列数据的统一性，需对产业结构划分标准进行大概界定和统一。其中以下若干因素值得重视：（1）目前我国公开发布的年鉴中，通常将采矿业、制造业、电力煤气水等行业归为工业产值统一核算。（2）新加坡、中国香港等地区则分类较细，其制造业、建筑业、农业、渔业、运输与仓储业、饮食与酒店业、金融业、资讯与通信业、商用服务业等分类相对清晰。（3）同一地区产业类别在统计过程中的变更。我国国民经济统计部门颁发的《国民经济行业分类》已修改四版，因此在版本各自使用期间的统计数据，产业大类的时间序列数据内容不统一。在本书涉及的相关区域经济、产业与劳动力等指标的比较，都将具体说明其组成单元基本情况。本章行业分析主要选择深圳的行业大类工业、建筑业、交通运输仓储和邮政、信息与通信业、批发零售业、住宿餐饮业以及金融保险地产和商业服务业等。采用这种分类方式进行深圳产业分析的原因包括：一方面考虑到深圳的产业发展现状，并不对深圳第一产业进行分析，因此省略农、林、牧、渔和农林牧渔服务业等农业大类行业；另一方面也兼顾了新加坡、中国香港这些具有较强参考价值区域的产业分类标准①，使横向比较分析具有应用可能。（4）对于第一产业、第二产业以及第三产业分类的相关说明。目前产业分析的中观层次大都立足于大类、中类，涉及宏观的第一产业、第二产业和第三产业较少；但是，宏观层次的产业分析，包括各地统计局公布的统计年鉴，这种第一产业、第二产业和第三产业的分类方法仍是重要信息。因此，在此对本书所采用的产业分类标准进行界定。其分类标准沿袭 2002 年标准（GB/T 4754—2002），其中，第一产业是指农、林、牧、渔业；第二产业是指制造业，采矿业，电力、燃气及水的生产和供应业，建筑业。采矿业，制造业，电力、燃气及水的生产和供应业一般统称为工业，我国统计年鉴列出的统计大类项目中，工业和建筑业一般被统称为第二产业；第三产业尚无准确的界定，国家统计部门对此划出的范围是"除第一产业和第二产业以外的其他行业"，通常包括：金融业，房地产业，文化、体育和娱乐业，批发和零售业，住宿和餐饮业，科学研究、技术服务和地质勘查业，水利、环境和公共设施管理业，交通运输、仓储和邮政业，信息传输、计算机服务

---

① 王蒲生、杨君游、李平：《全球生产方式演变下的深圳产业转型》，人民出版社 2010 年版，第 177 页。

和软件业，租赁和商务服务业，公共管理和社会组织，居民服务和其他服务业，教育、卫生、社会保障和社会福利业，国际组织。

一　深圳第二产业发展

与之前对深圳整体经济发展及要素投入效率视角的分析不同，这一部分研究将选择相对微观和具体的行业视角切入，能够从行业发展角度把握行业时间轴上的发展起伏及其市场状态。一般来说，产值与产值比重等指标是相对平面化的数据信息，而基于时间维度的信息更加丰富，从而利于纵向比较，更能有效地把握其行业的演化变迁路径。深圳的产业体系发展与构成产业结构的行业类别，在市场竞争中不断发展、演化，呈现出较完整的现代化区域经济产业结构演进状态与发展趋势。

进入工业化之前的深圳经济也是第一产业占据绝对主导地位。以此为产业发展基础，深圳开始具有倾向性的产业选择与发展，逐渐发展演化至第二产业占主体，吸收的就业人数与贡献的经济产值都占据深圳经济最大比重；但是，在产业快速演进的过程中，深圳第二产业占主导地位这一传统工业化产值结构在2008年被打破，此后第三产业一直占据深圳产值的最大比重。根据经济结构主义理论以及钱纳里和塞尔奎因（Chenery and Syrquin）的生产发展阶段论，同时结合西方发达国家和地区的经济发展历程可以认为，目前深圳的产业结构变动过程，是深圳区域经济发展和城市发展形态向更高级阶段演化的重要过程，也是高级化发展的必然环节。但是，从区域经济发展的角度判断，某个城市的结构比例和行业分布，以及其第二产业和第三产业的合理比例为多少，目前并无统一的标准或原则，更多的只是经验总结。这对于诸多不同背景、不同功能、不同阶段和不同区域的城市发展而言，其产业结构的发展变化与主观发展选择存在较大差异。图3－2对近十年深圳第二产业、第三产业和工业、建筑业发展态势进行了描述：

通常，我国各级统计部门所刊行的统计年鉴中，提供的第二产业数据主要包括工业和建筑业两大门类。深圳的第二产业内部结构中，工业产值比重一直远高于建筑业。图3－2直观地反映出深圳第三产业、第二产业以及工业和建筑业之间的经济规模和发展轨迹的相互关系。两个方面具体体现深圳建筑业与工业近十年的产值差异：（1）深圳工业发展曲线与第二产业发展曲线变化基本一致，近几年这一差异呈现不断扩大的趋势；

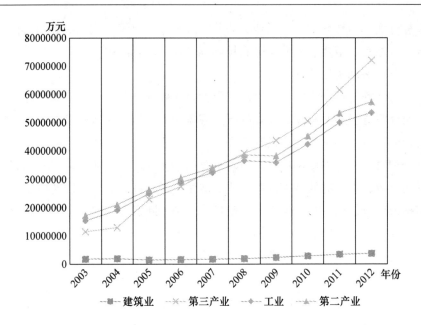

图 3-2　深圳第二产业、第三产业增加值发展趋势（2003—2012）

资料来源：相应年份《深圳统计年鉴》。

（2）在以"千万"为刻度的纵坐标中，建筑业增加值到 2012 年也未能达到一单位刻度，原因在于其总量规模有限，无疑，在深圳的第二产业中工业占据绝对主导地位。从微观视角分析，深圳建筑业经济规模、就业人数和增长速度仍具有极强竞争力，近十年平均增长超过 10%，呈现显著、强劲的增长趋势。只是在区域经济层面，其他各行业整体都持续高速增长的背景下，同一区域产业结构内部存在行业资源竞争情况下，其增长速度和产值规模不具有相对发展优势，故而在静态比较中呈现相对弱势。

图 3-3 显示的是 2008—2013 年深圳建筑业的产值变化情况。而 2010年、2011 年的统计数据是采取 2002 年标准（GB/T 4754—2002）发布的建筑业三位数行业数据，即房屋和土木工程建筑业、建筑安装业、建筑装饰业和其他建筑业四个行业；这一分类与 2011 年标准（GB/T 4754—2011）存在一些出入，主要体现在两方面：一是 2002 年标准房屋和土木工程建筑业在 2011 年标准中拆分为两个三位数行业房屋建筑业和土木工程建筑业；二是 2002 年标准中建筑装饰业和其他建筑业两个三位数行业合并为一个三位数行业"建筑装饰业和其他建筑业"。因此，为了平衡2012 年数据与之前数据统计口径，图 3-4 选择了三个三位数行业产值数

据作为指标，从而更加直观地体现其线性发展趋势。房屋和土木工程建筑业无疑在建筑业大类中占据重要地位，而建筑安装业相对比重较小。但这些行业 2013 年都实现了较为快速的产值增长。

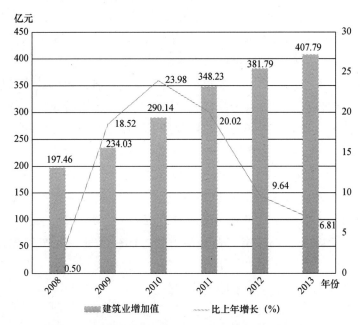

图 3 - 3　深圳建筑业增加值与增长速度（2008—2013）

资料来源：《深圳 2013 年国民经济和社会发展统计公报》。

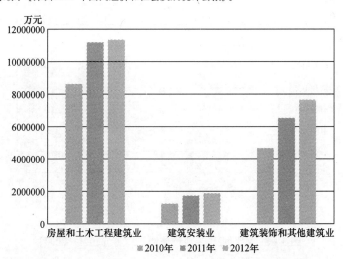

图 3 - 4　深圳建筑业三位数行业增长趋势比较（2010—2012）

资料来源：相应年份《深圳统计年鉴》。

深圳工业发展路径与发展过程呈现鲜明的地域特性和功能属性。深圳起步之初也是以以农林牧渔为主体的第一产业为主导,因而在进入工业化的过程中,工业体系内部也有轻重比例的演化历程。从一个工业体系的轻、重工业结构维度出发,选取 1979 年作为时间起点,对 1979—2012 年深圳工业轻重变化进行一个直观梳理。从图 3-5 可以发现,深圳开放初期的工业结构与国内大多数城市类似,轻工业占据工业较大比重,同时重工业产值和比重都较小,具有典型的前工业化经济结构基本特征。深圳自改革开放以来,特区建设与发展便具有行业选择倾向,而资本、技术和劳动力要素相对充裕背景下,技术偏向、资本偏向以及有针对性的外向型经济使轻、重工业结构开始迅速改变。图 3-5 和图 3-6 显示,深圳轻工业与重工业产值在 1998—1999 年已基本持平,而后重工业发展迅速。进入 2000 年之后,深圳重工业发展速度、发展质量和发展规模都极其可观。尤其具有强烈对比效果的是图 3-6,在2003—2012 年,深圳的重工业经济总量远超轻工业,其产值比重也数倍于轻工业,无疑是深圳工业的中流砥柱。以此发展态势,未来时期工业也仍将成为深圳工业体系的主导部分。

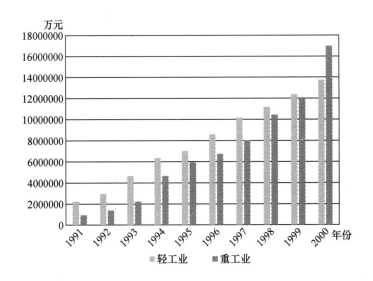

图 3-5 深圳轻重工业产值增长趋势（1991—2000）

资料来源：相应年份《深圳统计年鉴》。

　　从传统轻、重工业比重视角进行维度切换，选择产值维度进行工业行业大类比较，可直观发现深圳工业内部相关行业的发展状态。总体上看，深圳并未朝工业体系完整化方向发展，这与深圳的城市定位、功能定位以及资源禀赋密切相关，本书后续章节将就此继续展开分析。行业分析选择深圳41个两位数工业行业大类数据，深圳规模以上企业所涉及的行业为30个左右。2010—2012 年《深圳统计年鉴》中规模以上企业涉及行业数为 34 个，总体上这些行业呈现出极强的行业聚集与产业关联特征。

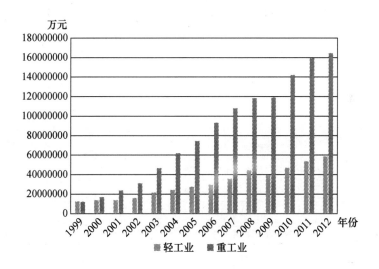

图 3 - 6　深圳轻重工业产值增长趋势（1999—2012）
资料来源：相应年份《深圳统计年鉴》。

　　以 2012 年规模以上工业企业总产值构成数据为例，目前对深圳工业贡献最大的产业无疑是计算机、通信和其他电子设备制造业。2012 年，深圳计算机、通信和其他电子设备制造业实现工业总产值近 1.2 万亿元。此外，信息传输、计算机服务和软件业虽然属于第三产业，但其作为与工业大类计算机、通信和其他电子设备制造业子类具有极强关联性的行业，2012 年的行业增加值达到 648 亿元。从产值规模和就业规模维度看，深圳的计算机、通信和其他电子设备制造业与信息传输、计算机服务和软件业无疑已经建构起一个具有较强设计能力、制造能力、创新能力以及辐射能力的产业体系。

表 3 - 4　　深圳工业行业大类规模以上企业产值比重（2011—2012）

编码	41 个工业行业大类	2011 年	2012 年
39	计算机、通信和其他电子设备制造业	56.7	56.1
38	电气机械及器材制造业	5.4	8
24	文教、工美、体育和娱乐用品制造业	▲	6.5
44	电力、热力的生产和供应业	3.6	3.6
34	通用设备制造业	2.9	2.7
29	橡胶和塑料制品业	2.8	2.7
35	专用设备制造业	2.2	2.2
33	金属制品业	2.1	2
7	石油和天然气开采业	2.2	1.7
40	仪器仪表制造业	▲	1.2
36	汽车制造业	▲	1.2
30	非金属矿物制品业	1.0	1.2
18	纺织服装、服饰业	0.7	1.1
32	有色金属冶炼及压延加工业	1.0	1.1
26	化学原料及化学制品制造业	1.1	1
27	医药制造业	0.8	0.8
23	印刷业和记录媒介的复制业	0.7	0.8
13	农副食品加工业	0.8	0.8
22	造纸及纸制品业	0.7	0.7
21	家具制造业	0.7	0.6
19	皮革、毛皮、羽毛及其制品和制鞋业	0.7	0.6
37	铁路、船舶、航空航天和其他运输设备制造业	▲	0.5
46	水的生产和供应业	0.4	0.4
15	酒、饮料和精制茶制造业	0.4	0.4
16	烟草制品业	0.3	0.3
14	食品制造业	0.3	0.3
45	燃气生产和供应业	0.3	0.3
31	黑色金属冶炼及压延加工业	0.3	0.3
17	纺织业	0.5	0.3
41	其他制造业	0.2	0.2
20	木材加工及木、竹、藤、棕、草制品业	0.1	0.1

编码	41 个工业行业大类	2011 年	2012 年
43	金属制品、机械和设备修理业	▲	0.1
25	石油加工、炼焦及核燃料加工业	0.1	0.1
11	开采辅助活动	▲	0.1
12	其他采矿业	N	N
10	非金属矿采选业	N	N
09	有色金属矿采选业	N	N
08	黑色金属矿采选业	N	N
42	废弃资源综合利用业	N	N
28	化学纤维制造业	N	N
6	煤炭开采和洗选业	N	N

注：▲表示该行业存在不同时期国民经济统计口径的行业门类调整。

资料来源：相应年份《深圳统计年鉴》。

深圳目前工业体系并不包含一些行业大类，如化学纤维制造业、有色金属矿采选业以及其他采矿业等行业。此外，石油加工、炼焦及核燃料加工业以及金属制品、机械和设备修理业等行业在工业大类所占比重也极其微小。与此相反，其他部分工业大类的产值、企业数量以及就业规模等，呈现出高度集中的状态。以产值标准统计，深圳目前排名第一的工业大类是计算机、通信和其他电子设备制造业。这个大类 2012 年的企业总值超过深圳整个工业产值的 50%。另一种衡量集中程度方式是选取若干排名靠前行业，参考其产值与总产值比重。以规模以上企业产值占比前 5 位行业为例，即计算机、通信和其他电子设备制造业，电气机械及器材制造业，文教、工美、体育和娱乐用品制造业，电力、热力的生产和供应业以及通用设备制造业五类行业，其 2012 年总产值接近整个深圳工业产值的 80%；而前十位的工业大类产值则接近工业整体产值的 90%。显然，深圳目前工业体系中行业发展呈现出非常显著的聚集性和集中性特征。

此外，产业的资本属性维度也可体现产业的市场竞争状态以及市场经济活力。图 3 - 7 选择深圳规模以上工业企业的资本属性进行分类观察，其结果从侧面反映深圳规模以上工业企业的整体资本结构具有开放性、竞争性和融合性等特征，其分配比例也呈现出较为均衡的分布状态。以 2012 年为时间节点，深圳规模以上工业企业资本结构中，港澳台投资企业占总体的24% （在我国当前投资属性归类原则下，通常这部分投资企业归入外资企业），欧美等外资企业占总体约31%，内资企业，包括国有企业、集体企业、股份合作企业、联营企业及其他私营企业等，约占总体的45%。内资占有主体地位，外资充满活力，港澳台资占据一定比例，整体充满活力。

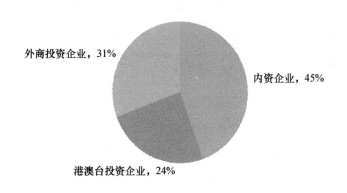

图3-7　深圳规模以上工业企业资本结构（2012）

资料来源：《深圳统计年鉴》（2013）。

　　综合以上基于产值结构、资本结构、类别结构等行业视角分析发现，经过近30余年发展，深圳的第二产业已由改革之初仅占深圳GDP极小比重迅速增加至经济中流砥柱，随后其经济总量又被第三产业超越。这一产业结构转变的完成仅20余年。其结构转变之快速，产值增加之规模，国内外亦无先例。前文选取两位数第二产业工业行业大类以及建筑业进行分析，凸显深圳第二产业基本发展状况。但是，前述研究对相关产业集聚与产业关联分析尚未深入，如深圳行业的集聚指数、劳动力吸纳能力、单位劳动生产率等指标并未展开，这部分内容将在后面部分进行研究。

二　深圳第三产业行业发展

　　第三产业，尤其是服务业的发达与繁荣，不仅是消费者或居民生活多样化需求、生活质量提升、市场化程度较高的表现，也是产业结构维度下产业演化与产业发展高级化的重要环节。第三产业产值与国民生产总值的占比通常是区域经济产业结构发展阶段的重要特征，而第三产业的构成、质量与类型也是影响区域经济发展和居民生活质量的重要因素。因此，现代社会无论从经济发展视角或者是城市成熟视角，都非常重视第三产业的规模、发展、转型和升级。深圳第三产业经济规模于 2008 年超越第二产业，而后其产业结构进一步调整，第三产业比重逐年增加，但提升的速度与比重有限。近年来，深圳开始对城市产业结构进行有针对性的规划转型，在实现对原有工业进行适度调整优化的同时，以极强主观性的"腾笼换鸟"产业调整方式推进产业演进。本质上也试图契合和满足产业结构在城市发展过程中不断优化、更新和升级的客观要求。优化第二产业，提升第三产业，促进产业结构进一步发展，是深圳产业选择和产业发展的重要方向。

目前我国国民经济产业分类中，第三产业一般包括交通运输、仓储和邮政业，住宿和餐饮业，金融业，房地产业等产业门类（一位数产业）。深圳第三产业 2012 年行业增加值达到 7207 亿元，占总比 56%。这一产值占比值反映了深圳第三产业目前的发展状态，未来方向是继续提升第三产业的产值比重。总体上看，深圳的第三产业发展具有很强的聚集性、主体性和关联性。以一位数产业产值比重维度判断，产值排名前三位的产业分别是金融业、批发和零售业以及房地产业，这三个产业占据第三产业产值前三位的时期超过 10 年。其中，金融业、批发和零售业以及房地产业 2012 年产值超过第三产业总产值的 60%，产值比重继续提升。其中，金融业产值占第三产业总值的 24%，相比中国香港、新加坡等发达城市的金融业产值占比，深圳产业占比略高。自 2007 年超越批发与零售业成为第三产业产值最高行业后，金融业已是深圳第三产业的传统三强之首，且仍继续保持高速增长态势，产值也持续增加。第三产业各有关一位数行业总体发展趋势见图 3 - 8。

图 3 - 8 中直观描述了 2003—2012 年深圳第三产业若干门类产业的产值发展趋势。金融业、批发和零售业以及房地产业一直占有深圳第三产业绝对比重，且这三个产业发展速度也较快。尤其是 2004—2012 年，除房地产业 2008 年受国际金融危机影响出现波动，这三个产业门类产值都呈现较大幅度跃升，在第三产业总值中比重也逐渐增加。虽然房地产行业产值的第三产业占比呈阶段性调整特征，但近年显然已企稳向上，其产值比重处于上升通道。其一定程度上是其他第三产业在深圳产业的结构性调整过程中逐渐开始转型升级，部分契合现有经济特征的产业开始进入较快增长通道的缘故。需要指出的是，无论是从发达国家的产业发展历程，还是考察我国城镇化过程的性质与发展趋势，人口发展的总体趋势必然将成为

房地产业的发展的重要影响因素。

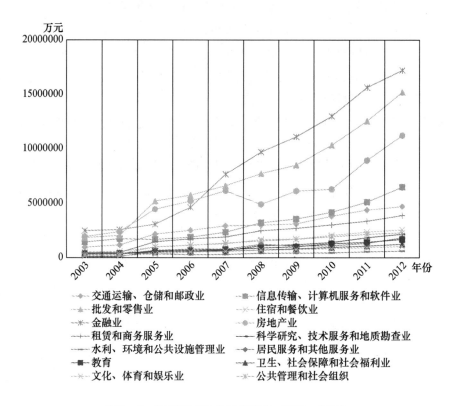

图3-8 深圳第三产业产值趋势（2003—2012）

资料来源：相应年份《深圳统计年鉴》。

此外，第三产业中其他一位数的产业门类也呈现出较大变化。其中产值比重变化较大的行业有交通运输、仓储和邮政业，信息传输、计算机服务和软件业以及科学研究、技术服务和地质勘查业等。信息传输、计算机服务和软件业与第二产业计算机、通信和其他电子设备制造业大类属于具有较强联系的关联产业，处于同一产业链。深圳的这些行业在全国市场都具有较大市场影响和号召力，无疑已成为当前深圳主导产业和支柱产业。虽然信息传输、计算机服务和软件业的第三产业产值比重在2012年略有调整，但预计将迅速恢复稳定并逐渐提升。而科学研究、技术服务和地质勘查业在2003年仅占第三产业产值的0.008，2012年已经上升至0.03，提升了近3倍，一定程度反映了深圳在科学研究、技术服务等领域不断提升发展，并且具有较好市场竞争效率。

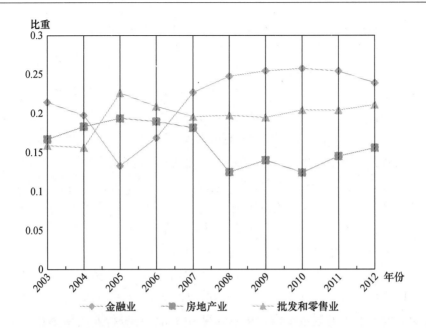

图3-9 深圳第三产业与若干门类产业产值占比（2003—2012）

资料来源：相应年份《深圳统计年鉴》。

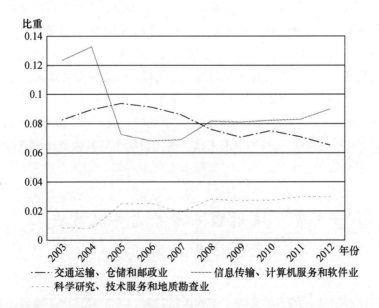

图3-10 深圳第三产业交通运输等产业产值占比（2003—2012）

资料来源：相应年份《深圳统计年鉴》。

区域经济中某些行业发展规模的相对集中，也就意味着其他行业发展相对分散，尤其是在行业产值占比的统计分析中，这一特征尤其明显。深圳第二产业和第三产业的一位数产业门类以及两位数行业大类普遍具有这一特点。以第三产业为例，2012年，深圳金融业、批发和零售业以及房地产业三个行业总产值超过整个第三产业总产值的60%；形成对比的是其他9个第三产业的一位数行业大类无一超过10%。其中，文化、体育和娱乐业，卫生、社会保障和社会福利业，教育、居民服务和其他服务业以及科学研究、技术服务和地质勘查业产值均不到第三产业总值的3%。可见，这些行业总体规模在第三产业总值占比中差距较大。虽然行业发展的均衡与非均衡问题，其本身并非产业发展质量或产业结构优劣的判断标准，但基于宏观角度分析，区域经济发展的特定阶段对特定产业具有强劲市场需求，尤其区域经济转型阶段需要某些产业预先发展成熟，同时还需要产业体系中若干不同行业的主辅配合。这些要素和条件都是一个产业体系具有市场竞争力和发展潜力的基本要求。从中观视角分析，部分行业的聚集和扩张，一定程度能够获得规模性生产优势和管理优势，客观上也因此具有研发的攻坚优势，极大可能最终以市场优势强化其他优势，从而获得良性的产业演化路径。这一产业演化过程必然形成自然竞争背景下的主导产业和支柱产业。事实上，这一机制已在深圳的产业发展过程中发挥重要作用。以工业为例，第二产业制造业大类的两位数产业计算机、通信和其他电子设备制造业与第三产业的一位数产业门类信息传输、计算机服务和软件业的产业发展过程，就是在市场竞争中通过"聚集—扩散—产业链"产业演化路径取得市场竞争优势，并最终获得产业发展规模。图3-11利用深圳第三产业2012年各一位数产业门类产值占比，通过饼状图对其大致比例进行直观描述。

第三节　深圳经济增长与产业变迁：基于结构视角

现代经济增长的本质是一个结构转换过程，一定经济增长阶段必然与一定产业结构相对应，产业结构的合理化、高级化是经济增长阶段由低向高转变的重要途径和标志；结构主义学派的观点更加具体，认为生产要素

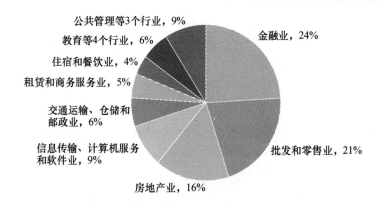

图3-11　2012年深圳第三产业各产业门类产值比重
资料来源：相应年份《深圳统计年鉴》。

从低收益部门向高收益部门的流动过程中，对社会经济资源的合理配置和利用效率将产生直接影响，从而对经济增长产生重要影响。产业结构对经济增长的主要作用就在于要素流动带来的"结构红利"。由于经济各部门之间在生产率或生产率增长率上都必然存在差异，投入要素从低生产率水平或者低生产率增长率的部门向高生产率水平或高生产率增长率的部门间流动可以促进整个社会生产率水平的提高，从而带来"结构红利"并维持了经济的持续增长（Peneder，2002）。[1] 但是，区域经济的发展过程中，由于各种满足经济快速发展的相关基础设施，如制度、市场等方面的建设尚不够健全，从而使要素自由流动受到较大程度的阻滞或流动成本过高。通过对不适应市场需求结构的生产结构进行调整，主动推进资源向生产率高的部门转移，从而可以实现经济的高速成长（Chenery，1989）。[2] 没有产业结构调整带来的这种部门间要素的充分流动，要实现经济的高速增长是不可能的（Kuznets，1979）[3]。很多增长理论研究领域的经济学家都强调产业结构的重要性，但在实证领域，产业结构对经济增长的作用则并未

①　Peneder, M., "Industry Classifications: Aim, Scope and Techniques", *Journal of Industry, Competition and Trade*, R10. 3, 2002, pp. 109 - 129.

②　钱纳里、塞尔奎因：《工业和经济增长的比较研究》，吴奇、王松宝译，生活·读书·新知三联书店1989年版。

③　S. Kuznets, *Modern Economic Growth: Rate, Structure, and Spread*, New Haven: Yale University Press, 1979, p. 233.

曾取得一致性的结论。丹尼森（Denison，1967）[1] 等通过对多国经济增长数据的比较肯定了产业结构变换在其中的作用；而 Timmer 和 Szirmai（2000）[2] 对印度、印度尼西亚、中国台湾和韩国等国家或地区的数据比较中却未能发现这一结果；现有国内学者研究中既有肯定产业结构对经济增长的正向影响，如刘伟和张辉（2008）、郑若谷（2009）以及张军（2009）等；对此持有相反观点的也不少，如吕铁（2002）、李小平（2007）等。

一　深圳产业结构研究背景

改革开放后，深圳产业结构历经三次较大调整。第一次发生在 20 世纪 80 年代初，深圳大力发展"三来一补"加工业，实现了从传统农业到现代工业的生产方式转变，并为深圳引进了先进技术和现代管理理念与管理方式。第二次发生在 90 年代中后期，深圳提出以高新技术产业为先导的产业调整方针，产业发展主要是以高新技术创新为推动力，扶持建立高科技企业、形成了高科技要素的集聚效应，高新技术产业实现了 30% 以上的增长速度（许明达，2000）。[3] 第三次发生在 21 世纪初，2000 年深圳提出加快发展高新技术产业等三大战略性支柱产业，并在全国首次提出了"区域创新体系"的整体概念，2006 年，深圳再推高科技产业发展与自主创新，把实施自主创新战略、优化产业结构、建设创新型城市作为深圳未来发展的主导战略。在深圳三次特征鲜明的产业结构调整过程中，知识密集型和技术密集型产业发展明显加快，劳动密集型产业发展速度下降，深圳的产业结构不断调整、升级，其中技术创新在产业结构升级过程中发挥重要作用。

深圳产业结构变动与经济增长的确切关系仍需探讨。谢植雄（2005）根据经济增长态势把深圳经济发展划分为三阶段，在分析深圳产业结构演进的内容变化的基础上，对产业结构演替的发展阶段进行判识，发现深圳

---

① Denison, E. F., "Why Growth Rates Differ: Post – war Experience in Nine Western Countries", Washington D. C. : Washington Brookings Institution, 1967.

② Timmer, Szirmai, "Productivity Growth in Asian Manufacturing: The Structural Bonus Hypothesis Examined", *Structural Change and Economic Dynamics*, Vol. 11. Issue4, 2000, pp. 371 – 392.

③ 许明达：《"深圳发展模式"初探——深圳产业结构 20 年演化的实证考察》，《特区经济》2000 年第 10 期。

经济增长与产业结构演替具有高度一致的特征[①]；高俊光、于渤和杨武（2007）[②] 以实证分析为基础，通过相关数据得出产业技术创新、高科技产业集群协同发展，共同推进了深圳产业结构优化升级的结论，但未从实证角度证明产业结构优化升级是经济持续增长的推动因素；邱江平（2010）通过计量分析发现：深圳创新型产业结构调整强调通过技术创新降低成本，从而推动经济持续增长。[③] 与以上研究经济增长与深圳产业结构调整或产业结构升级方式等文献不同，本部分采用1979—2012年深圳第一产业、第二产业和第三产业产值与GDP数据，基于协整检验并通过回归方式，测度产业结构对GDP的产出弹性系数并分别考察其对GDP贡献率的变化情况，并考察深圳经济发展过程中产业维度的权重比例。通过横向和纵向两个纬度比较，从宏观角度了解深圳产业结构调整对产业结构演进的推动力，并结合深圳同期产业结构政策调整情况加以实证。

二 产业结构数据与实证分析

本节将1979—2012年深圳第一产业、第二产业和第三产业产值与GDP数据列于附录部分。由于该部分分析的目的是针对同期间同区域产业间与GDP的协整与弹性系数的测度，并未与其他区域和时期发生交互作用，因此并不对产值数据进行价格指数平减等处理而直接采用。采用这一类似数据处理和分析的有吕明元和李彦超（2011）[④] 以及钟无涯（2014）[⑤] 等。

分析流程包括，首先对1979—2012年深圳第一产业、第二产业、第三产业和GDP数据进行对数化处理，随后进行稳定性检验，最后确定协整的存在性以及可能性，如果协整关系存在，即继续测度其产业的弹性系数。参照吕明元和李彦超（2011）对于中国产业结构的分析框架与思路，本书将对产业结构与经济增长进行格兰杰因果检验，确认是否深圳也存在

---

① 谢植雄：《深圳经济增长与产业结构演进分析》，《地域研究与开发》2005年第4期。

② 高俊光、于渤、杨武：《产业技术创新对深圳产业结构升级的影响》，《哈尔滨工业大学学报》（社会科学版）2007年第1期。

③ 邱江平：《"后危机时代"深圳产业结构与经济增长——基于创新理论的创新型产业结构调整分析》，《深圳大学学报》（人文社会科学版）2010年第6期。

④ 吕明元、李彦超：《产业结构"国际标准模式"的适应性研究：1952—2008年中国经验的实证分析——兼对"产业结构偏差"的一个解释》，《经济经纬》2011年第6期。

⑤ 钟无涯：《教育投入与经济绩效——基于京沪粤的区域比较》，《教育与经济》2014年第6期。

与"国际标准模式"之间的"产业结构偏差"。本书采用增广迪基—富勒
（ADF）检验4列时间数据的平稳性。检验模型中相关变量的时间序列数
据是否含有截距、趋势项以及滞后阶数选择，对于研究结果具有重要影
响。通过采用 Stata 12，选择 Akaike 信息准则（AIC）和施瓦茨（Schwar-
tz）信息准则（SC）对指标进行选择和优化处理，获得相关时间序列数
据的建议结果，见表 3 - 5。

表 3 - 5　　　　　　　深圳产业结构分析单位根检验数据

变量	状态	ADF	5% 显著水平临界值	结论
D2. lnIndry1	(0, 0, 0)	- 7. 327	- 1. 947	平稳
D2. lnIndry2	(0, 0, 0)	- 11. 169	- 1. 947	平稳
D2. lnIndry3	(0, 0, 0)	- 9. 927	- 1. 947	平稳
D2. lnGDP	(0, 0, 0)	- 5. 215	- 1. 947	平稳

这一系列数据的检验结果与大部分区域经济总量数据及产业增长数据
的检验类似，二阶差分后数据在 95% 置信区间下显著平稳。多变量在同
阶差分后保持平稳，因此可以进行变量的协整检验。协整检验的目的是确
定变量间长期稳定关系存在性及获得相关系数特征。需要指出的是，深圳
的第一产业在 2000 年以后即已不存在实际意义，因此在协整检验以及后
续分析中，将不再对深圳第一产业变量进行相关处理。协整检验数据详见
表 3 - 6。

表 3 - 6　　　　　　　　Johansen 协整检验数据

原假设	特征值	迹统计量	临界值 5%	临界值 1%
0***	—	94. 0499	44. 21	54. 46
1***	0. 91223	51. 7241	29. 68	35. 65

注：***表示在 1% 的显著性水平聚集原假设。

协整检验数据说明深圳第二产业、第三产业与整体经济增长之间确实
存在稳定的长期关系。因此，根据这个判断，继续对 lnIndry2、lnIndry3
和 lnGDP 的相关关系进行判定，而从柯布—道格拉斯生产函数的设定角
度，其协整系数也就是该产业变量与经济增长的弹性系数，这一定程度简

化了分析过程。相关协整系数与检验结果见表 3 - 7。

表 3 - 7　　　　　　　　　　协整系数与相关检验结果

变量	参数	t 值	P 值	F 值
				26407. 845
常数	3. 710	9. 569	0. 000	
lnIndry2	0. 354	5. 418	0. 003	
lnIndry3	0. 631	9. 585	0. 000	

根据表 3 - 7 获得的协整系数和相关检验结果，可以完成深圳经济总量与产业间互动关系的长期方程：

$$lnGDP = 3.710 + 0.354 lnIndry2 + 0.631 lnIndry3 + 0.066$$

为进一步了解深圳经济总量与各产业间因果关系的存在性及其强弱程度，还需要进一步进行格兰杰因果检验。

表 3 - 8　　　　　　　　　　格兰杰因果检验结果

原假设	滞后阶数 [*]	F 值	P 值	结论
lnGDP 不是 lnIndry2 的格兰杰原因	3	0. 5391	0. 8432	接受原假设
lnIndry3 不是 lnGDP 的格兰杰原因	3	0. 1197	0. 9321	接受原假设
lnGDP 不是 lnIndry3 的格兰杰原因	3	1. 6950	0. 2241	接受原假设
lnIndry3 不是 lnGDP 的格兰杰原因	3	0. 2241	0. 0779	接受原假设

注：* 滞后阶数由 AIC 和 SC 中最优阶数选定。

综合表 3 - 7 的协整系数与检验结果和表 3 - 8 提供的格兰杰因果检验结果，可以发现，深圳的经济规模与深圳的第二产业、第三产业都获得了极大的发展，且三个变量间存在长期、稳定的协整关系。但是，这三个变量之间却并不存在格兰杰因果关系。参照其他相关学者对于区域产业结构差异、产业结构变动以及区域产业发展与经济增长间关系研究的文献，可以发现这一结论与学界主流研究的结论具有一致性。因此，无论早期的钱纳里和塞尔奎因的产业结构理论，还是国内郭克莎（1999）、江小涓（1999）、于立（2005）和林毅夫（2008）等学者的产业结构与经济增长观点，其倾向性意见都是从产业中观激励增长宏观，而并非追求宏观结构影响中观产业。

此外可以从中观层次的深圳产业结构与深圳经济增长之间的若干现象和问题进行探讨。从协整系数方程可以看出，目前深圳 GDP 与第二产业增加值和第三产业增加值具有结论性的数量关系。第二产业的产出弹性为 0.354，即每增加 1 个百分点可促进深圳 GDP 增长 0.354 个百分点；同理，第三产业的产出弹性为 0.631。比较而言，第三产业和第二产业的产出弹性相对较大，说明在目前，第三产业贡献出了高增长效率和高增长产值，对现阶段深圳的经济规模扩张发挥出重要的作用。当然，这并不是区域经济发展过程中，尤其是区域发展战略、主导产业选择以及重点产业规划进行倾斜的非平衡发展战略依据。对于产业结构调整、主导产业选择以及区域经济规划等决策，仍需要更多的产业研究信息。

三　深圳产业结构的演进分析

本书从产业结构演化角度对深圳产业结构发展进行"标准结构"的比较。与前文所述理由一样，出于对篇幅的控制与行文简洁，相关产业结构比例数据列于附录部分。

通过对 1980—2009 年深圳的经济数据进行综合比较分析可以发现，深圳近 30 年经历着经济快速增长过程。这一过程中第二产业、第三产业持续高速发展，第一产业事实上也保持较高速增长。深圳第一产业增长远超全国第一产业的发展速度，但在增速更高的第二产业和第三产业发展背景下，在增长速度、增长规模和产值比例等各个考察维度，深圳第一产业在此工业化过程中最终显得无足轻重。在 2013 年深圳全市 GDP 的构成结构中，第一产业增加值 5.25 亿元，下降 19.8%；第二产业增加值 6296.84 亿元，增长 9.0%；第三产业增加值 8198.14 亿元，增长 11.7%。第一产业增加值占全市生产总值的比重不到 0.1%；第二产业和第三产业增加值占全市生产总值的比重分别为 43.43% 和 56.54%。第三产业比重持续上升。这一数据显示，目前的深圳产业结构仍在"国际标准模式"框架下继续演进与优化。目前这一结构比例可见图 3-12。

深圳从传统农业经济开始转型，距离实现典型工业化产业结构并未经历太长时间。相反，在这一产业结构却持续了较长时间。其时间维度的产业结构比例演进趋势可见图 3-13。

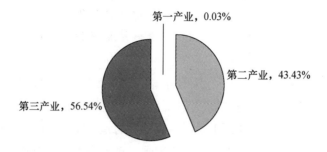

图 3 - 12　2013 年深圳的产业结构

资料来源：相应年份《深圳统计年鉴》。

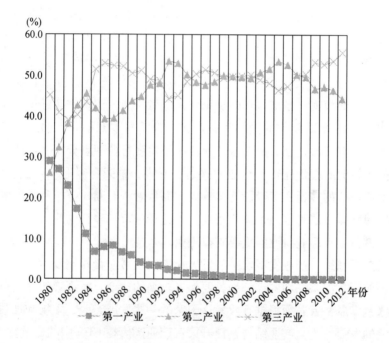

图 3 - 13　1980—2012 年产业结构 GDP 占比

资料来源：相应年份《深圳统计年鉴》。

　　从时间维度观察，深圳目前产业结构中各产业的 GDP 占比结构形成于 20 世纪 90 年代初，自 1995 年后持续稳定，并保持到 2007 年。按照国际标准结构，第三产业的 GDP 占比是对于区域经济发达程度考核的重要参考指标。以 1985 年的第三产业产值占 GDP 总值的 51.4% 为参照，2013 年第三产业产值占 GDP 比重增长到 56.54%。深圳第三产业产值占比在

20年内提高了5个百分点，即使是这一微小改变，也是近两年才实现。根据世界银行发布的《1999—2000年世界发展报告》的标准，1998年，发达国家第三产业的GDP占比评价在65%，中等收入国家56%，世界平均水平达到61%。其中美国、法国等国家比例尤高，已经超过73%，而同为发达国家的日本、德国等则略低，基本维持在68%—70%。众所周知，由于国际分工的特点，以及制造业发展的基础准备和传统需求，顶尖制造业的地位基本保持一贯性，因而德国、日本这类国家因其分工特点等原因，保持着顶尖制造业的国家竞争优势，所以，其第三产业比例稍低，但其第三产业产值也超过GDP占比的68%。

经济理论与国际经验并非机械套用的模板，但可为后发地区的经济增长进行产业选择与结构调整提供有用的参考。由深圳产业结构与经济增长的关系可知，深圳第三产业产值的GDP占比长时间保持稳定，而同期GDP又保持着高增长，其本质是产业结构和产值结构稳定在原有结构框架基础，产业规模与经济体量在扩张。一定意义上，深圳产业结构的质的方面却依然处于20年前的固有状态。这一判断与本章第一节的深圳产业效率评价似有矛盾之处。如果从产业的次级角度行业视点分析，产业的构成是基于行业的起伏变化，行业的兴起、发展、繁荣与衰退不是独立的，而是由产业群的多元、多阶段博弈构成，而且置于时间、空间和效率的环境，出现整体发展稳定而个体互相变化，这正是市场经济的活力所在，也是本书进行主导产业研究的重要支撑理由。

当前深圳第三产业发展水平、发展速度和发展质量相比发达国家存在着不小差距。如果深圳的经济增长要保持较高的速度，实现集约化、可持续的绿色发展，就必须根据吸收发达国家的一些发展经验，重视和加强第三产业的发展，优化产业结构，提升第三产业产值在GDP中的比重。

与深圳产业结构保持长期稳定的情况不同，深圳的产业发展速度不平衡。图3-14是深圳以1979年数据为基期数据进行测算的1990—2012年产业增长比例图。2013年第三产业的增长比例为910447.4，年平均增长率23.7%；第二产业为807443.5，年平均增长率为31.3%。而以上一年为基期计算的话，近十年深圳第二产业的平均增长率为16.6%，第三产业平均增长率为10.3%，第三产业的近年平均增长率低于第二产业较多。实际上各年增长情况也符合平均数据的结论，第三产业增长率仅2013年略高于第二产业1个百分点左右的增长率。整体上，不考虑第一产业的情形，深圳第二产业的发展速度仍要快于第三产业。深圳现实的产业结构发展状态，与深圳战略发展规划中提升第三产业GDP占比60%的目标，短期来看仍存在一些障碍。

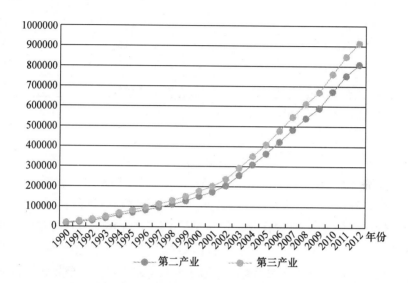

图3-14　1990—2012年产业结构增长比例
资料来源：相应年份《深圳统计年鉴》。

产业问题的研究，从来都无法绕开人口因素。无论是从产业的入口生产要素，还是产业出口市场需求，人口既是产业研究的起点也是产业研究的终点。表3-9针对2006—2012年深圳第二产业和第三产业增加值、从业人数、生产率、就业比例以及产值比例和就业产值比重偏离度进行统计分析，详细数据见表3-9。

表3-9　　　　深圳分产业产值与就业指标统计（2006—2012）

测度指标	2006年	2007年	2008年	2009年	2010年	2011年	2012年
第二产业增加值（千亿元）	306.01	341.66	386.05	382.71	452.34	534.33	573.76
第三产业增加值（千亿元）	274.65	337.81	391.80	436.76	505.17	615.57	720.61
第二产业从业人数（百万人）	371.87	354.67	362.42	373.65	363.08	382.91	373.24
第三产业从业人数（百万人）	273.93	300.19	307.25	318.40	341.75	381.31	397.82
第二产业生产率（万元/人）	8.23	9.63	10.65	10.24	12.46	13.95	15.37
第三产业生产率（万元/人）	10.03	11.25	12.75	13.72	14.78	16.14	18.11

测度指标	2006 年	2007 年	2008 年	2009 年	2010 年	2011 年	2012 年
第二产业就业比例（%）	0.58	0.54	0.54	0.54	0.52	0.50	0.48
第三产业就业比例（%）	0.42	0.46	0.46	0.46	0.48	0.50	0.52
第二产业产值比例（%）	0.53	0.50	0.50	0.47	0.47	0.46	0.44
第三产业产值比例（%）	0.47	0.50	0.50	0.53	0.53	0.54	0.56
第二产业偏离度	1.09	1.08	1.09	1.16	1.09	1.08	1.09
第三产业偏离度	0.90	0.92	0.91	0.86	0.92	0.93	0.93

资料来源：相应年份《深圳统计年鉴》。

与本章第一节采用计量工具进行产业要素分解的技术方法不同，表3-9 数据采用直观、简洁的数值比较方法，对深圳第二产业和第三产业在生产、就业、经济绩效以及产业间进行相关比较，具有较全面的产业分析价值。综合起来，目前深圳第二产业与第三产业在结构演进方面具有以下特征：

第一，第二产业劳动力密集，但就业总量趋于稳定，聚集状态趋于缓解。第二产业主要包括工业和建筑业，在"国际标准模式"所阐述结构演进表述中，第二产业的就业人口聚集主要出现在工业化过程。进入高级化阶段，就业人口将向第三产业聚集。显然，这一表述与深圳目前的产业结构演进具有一致性。2006 年第二产业就业人口 371.87 万，2012 年增加为 373.24 万，六年间就业人口基本保持不变。与此形成对比的是深圳第三产业就业人口，2006 年的就业人口是 273.93 万，而 2012 年则增加至397.82 万。在第二产业就业人数保持不变的背景下，第三产业就业人数增加超过 45%。劳动力的产业间流动极其显著，这一现象符合库兹涅茨和彭德（Pender）等人的观点，深圳就业人口的规模变动与产业间流动趋势也与钟无涯（2013）的分析结论吻合。

第二，第二产业的劳动生产率上冲趋势极强，但目前与第三产业产值就业偏离度较大。这一判断基于两方面，一方面，第二产业自身的劳动生产率提升。2006 年第二产业劳动生产率是 8.23 万元/人，在 2012 年已经达到 15.37 万元/人，增长速度超过 86%；同比第三产业的增长速度是80%。这一趋势对于深圳区域经济发展而言无疑是积极的，直观地说明深圳的第二产业与第三产业都处于快速上升的通道之中，只是在第三产业高速发展过程中，第二产业的市场空间、资源渠道以及其他相关因素对产业的高速发展具有一定影响。另一方面，产业功能定位与自身性质决定产业发展路径与绩效的差异性。第二产业大都属于劳动密集型，而第三产业在人均可支配收入达到相应转型阶段后，必然获得较快发展。因此，产业功能的经济定位和社会定位差异，势必带来产值就业偏离度较大的现象。对于这一现象应客观审视，而不能武断否定第二产业的发展速度、发展规模与发展前景。

第三，深圳产业结构的总体演进趋势与"国际标准模式"吻合。林毅夫（2003）认为，后发区域在经济追赶过程中，世界分工新格局下技术、资本和劳动力等要素的投入差异可能使其产业结构偏离"国际标准模式"。而目前深圳这一高速经济增长的案例中，现阶段以及可预见的未来几年，其产业结构演化与"国际标准模式"吻合度较高，主要包括就业人口数量变化、产业规模、产值比例以及产业的相对生产率等指标。

四　深圳产业结构变迁启示

在库兹涅茨通过国民经济统计的方式量化配第—克拉克（Petty - Clark）定理之后，以 GDP 指标及产业分类形式考察产业结构的演进和探索经济发展路径成为主流。在西方国家进入工业化高级阶段后，"经济服务化"现象，即第二产业劳动力人数和 GDP 占比处于下降通道，而第三产业人数增加，称为"劳动力的蓄水池"，且 GDP 占比不断增加，成为产业结构调整和演进的趋势。在目前仍然处于二元经济结构的社会背景下，从劳动力需求角度而言，过去数年深圳继续保持对外生劳动力注入的需求，这是对数量方面的要求；另外，社会整体城市化程度的提高，意味着劳动力要素价格必然上升。因此在未来一段时期，劳动密集型的第二产业仍将面对劳动力要素成本上升的困境，这无疑会推进深圳目前产业结构调整朝向第三产业就业规模和产值规模持续扩大的路径方向。

深圳经济目前仍保持较高增速，但产业间发展不平衡仍然存在。随着深圳城市化进程的完成，第一产业已退出深圳的产业结构体系。深圳现有产业结构状态持续已近 20 年，包括第三产业和第二产业的 GDP 占比等测度指标，始终未实现质变。若以"标准结构"思路规划深圳产业结构演化方向，必然将集中各种资源，在优化整合第二产业同时，促进、发展和提升第三产业。以此为基础，继续保持深圳 GDP 的高速增长态势，提高GDP 的质量和效率。客观上，产业形式的丰富、产业质量的提升、产链的延伸和扩展等方面可起到积极的作用，同时也能大范围地、大量地吸收劳动力，完善城市体系的功能，形成更加立体和多元的城市特征。

就主导产业选择的视角审视深圳产业结构演化路径，仍存在较多不确定。尤其基于表 3-9 的深圳分产业产值与就业指标统计信息，深圳第二产业发展目前无论是静态指标或动态指标，都具有显著的市场优势。客观而言，深圳第二产业的基础、效率、产值以及市场绩效，恰恰证明深圳的第二产业应该是重要主体。第二产业与第三产业下对应的两位数行业和三位数行业各不相同，但是每个行业都有其经济功能、社会功能和发展特点。定位于商业血液地位的金融业与基础制造业的金属加工业，其生产方式与生产效率具有天然差别，但绝不可能因此否定其存在与发展的必要性。同理，第二产业与第三产业的就业差异、产值差异以及发展路径差异亦是客观必然。虽然从发达国家和地区经济发展过程中，产业结构演进具有一定规律性以及可借鉴性，但是，在产业结构调整过程中如何选择深圳的主导产业，应当具有更综合更全面的视角。

第四节　本章小结

本章从效率、行业和结构三个不同视角对深圳产业发展的历程进行阐述、比较和分析。本章既立足深圳城市整体与国家层次经济整体的效率比较，主要是综合深圳产业的发展梯度、相关要素投入和产品产出之间生产效率等因素进行比较，因而相对而言，比以往研究更加微观和准确；与此同时，本书也结合深圳经济内部的行业视角和结构视角两方面，对深圳的产业结构变迁、行业发展历程以及其经济发展绩效进行分析、归纳和总结，具有综合、全面而立体的判断价值。尤其值得提出的是，通过对深圳产业结构绩效的协整检验、格兰杰因果检验以及要素回归分析发现，在深圳的产业结构演化过程中，经济增长与产业结构调整并不存在格兰杰因果关系。因此可以肯定，单纯追求产业结构的状态，对整体经济增长只是表征而非原因。区域经济发展的内容必然建立在微观企业、行业和产业的经济绩效基础之上。从结构安排的角度，本章研究内容也为继续展开深圳主导产业选择的理论分析和量化设计提供了思想基础和数据依据。

第四章　深圳主导产业选择的理论分析

我国经济在持续数十年的高速增长之后，诸多掩盖在高速增长过程中的隐性问题逐渐呈现。其中，经济领域将不可避免面临三大问题，即环境问题、资源问题与人口问题。蔡昉（2011）、田雪原（2012）等学者预计"刘易斯拐点"可能出现于2015年左右，适时全国劳动年龄人口总数将趋于稳定并可能下降，同时伴随老龄化社会负担的日趋加重。对这一现象比较悲观的看法是，这一人口发展趋势在我国长期独生子女政策背景下，即使现在放开二胎政策，短期内也无法逆转老龄化加剧的趋势。[①] 产业问题的起点和终点都是人口问题，"刘易斯拐点"具体到微观经济层面，将直接导致劳动力供给整体出现拐点。劳动力的相对稀缺必然导致劳动力成本上升，劳动密集型行业将面临生产方式的转变。事实上，刘易斯在二元经济模型的演绎过程并未考虑劳动力要素的约束，这一特征符合工业化早期社会事实，因而在早期产业选择理论中，基本不需要考虑类似因素。但是，随着社会、经济和人口发展，类似要素约束趋紧情形将更加普遍，工业化进程推进过程中，各类型生产要素在市场机制作用下获得其价值发现与赋值过程。尤其进入工业化中高级阶段，要素约束、资源约束逐渐成为产业发展的重要约束。此外，社会的进步、文明的兴起以及教育的普及，平衡社会生产方式、日常生活质量以及环保绿色理念等多样化诉求，也是经济发展过程所增加的客观成本。

我国经济发展整体上仍存在技术层级低、资源利用率低、环境保护程度低等问题。行业发展方面，改革开放早期曾为经济快速增长奠定基础的

---

① 对于我国独生子女政策在控制人口方面的有效性问题虽存在不同观点，但对于随着经济发展，居民生活水平、教育水平等的提高，人口出生率必然持续下降的判断几无异议。现实生活中经济发达国家与地区几乎都陷入出生率过低的困境，例外的仅美国等。刘学良（2014）对此问题进行了相关阐述（刘学良：《中国养老保险的收支缺口和可持续性研究》，《中国工业经济》2014年第9期）。

低端制造业、建筑业和房地产业等劳动密集型行业，在经济阶段前向和生产约束趋紧等背景下，面临可持续发展方式和路径选择的难题；产业结构方面，宏观上整体产业结构仍处于工业化低层次水平，在 21 世纪的互联网信息经济时代，产业结构的优化升级迫在眉睫。与国民经济的整体发展趋势略有不同，局部的区域经济发展视角下，我国京津冀、长三角和珠三角地区的区域经济逐渐形成梯度层次和较大规模，生产能力和创新能力也显著高于其他地区。此外，就产业结构和产业形态而言，这些区域与我国其他地区呈现较大差距，而且这种差异在未来将持续扩大、深化和细化。发达区域产业结构推进、扩大区域经济差异和产业梯度，显然不同地区和行业面临异质化发展契机，必然选择异质化发展路径。显然，正是整体经济背景下各区域经济的发展梯度差异，使得区域经济的产业选择研究具有必要性和可行性。因此，本章将依据深圳的产业发展历史与现状，从区域经济发展视角和产业结构调整等因素出发，对区域产业理论和主导产业选择进行进一步的理论探索。

第一节 深圳主导产业选择的基础

改革开放之初，深圳利用自身的地缘优势、政策优势、信息优势以及市场优势，率先承接大量正寻求产业转移的中国香港、中国台湾和日本等地劳动密集型产业，确立了以加工贸易为核心的经济发展道路，启动地区经济转型的大实验。加工作为一种生产形式，其开端主要是"三来一补"，贸易则是这种生产形式的市场价值实现方式，通过贸易把劳动密集型产品转换成市场价值。这种工业化起步的简单生产形式，在深圳逐渐实现深度发展和广度扩张，量变促进了质变，使深圳实现整体经济的快速发展，也使深圳的地理空间在不断拓展。在深圳经济不断发展的过程中，其经济形态所依赖的支柱产业、主导产业和发展动力等因素屡经变化、更替和发展。在当前随着经济全球化、科技革命、信息革命和互联网革命而来的创新浪潮背景下，深圳面临原有产业定位、转型和升级的客观压力。从产业发展现状分析，深圳产业结构的调整和升级面临许多严峻挑战，产业发展存在"瓶颈"制约、产业转型面临选择困惑以及产业发展结构性矛盾日益凸显；从产业发展趋势分析，深圳现阶段创新研发能力尚有优势，但技术扩散和转移体系尚未完全建立，未来如何保持和扩大研发创新能力值得进一步思考。此外，传统产业升级转型面临障碍，新技术的研发和转化效率偏低，企业研发成本高企和动力不足等问题仍未缓解。随着区域经济的不断发展和城市化进程的不断推进，深圳原有产业格局对社会经济发展的制约作用日益严重。深圳想要在激烈的市场竞争中保持持续、稳定的区域优势，稳固区域中心城市地位，扩大深圳经济特区的经济影响力和区域辐射力，显然面临着诸多迫切需要解决的问题。解决这些问题需要从理论高度进行审视，其中产业的优化、聚散和重新定位是实践层面的契机和关键。深圳经济的下一步发展，需要从宏观、微观、历史过程等多个不同视角切入，综合分析深圳主导产业形成历史、发展现状与面临挑战，从而结合发展契机定位、转型与升级，系统探究如何通过主导产业选择发展带动深圳产业体系的发展和扩展，从而促进经济发展方式的根本转变及经济的可持续发展。

一　经济发展的阶段性

深圳经济发展的总量、速度、持续性以及阶段更替性具有独特性。从纯粹的经济发展阶段与产业更新速度而言，深圳在短短30余年实现经济发展阶段的快速更新，无疑是个奇迹。20世纪80年代，深圳开始改变原有生产方式，并摸索经济制度的相应调整；进入90年代，利用改革开放的机遇及优越的地理位置条件，深圳主动承接发达国家和地区的劳动密集型产业，获得相应技术基础、组织方式、管理经验和市场理念等。从历史和过程的视角分析，深圳自90年代开始已步入我国最发达城市行列。这意味着20世纪90年代至今，客观上深圳的经济发展阶段定位虽仍处于工业化早期，但相对国内其他城市，已居国内区域经济发展的前沿。总体上说，彼时全国区域经济发展的梯度格局尚未拉开，北京、上海具有绝对优势。但在事实上深圳已拥有较内地更先进的经营理念、生产方式、管理方法、技术基础和市场环境，并逐渐汇聚全国范围的人才、资源和资本，探索多元化资本来源，制定较灵活的制度，构筑起良好产业发展基础。这些微观的基础条件使深圳经济发展总量、速度、持续性以及阶段性都与其他城市不同。这些因素都将反映在深圳的产业结构调整速度、状态以及产业发展方向等方面，从而对深圳的主导产业选择产生影响。

深圳目前和北京、上海和广州被通俗地归为"一线城市"。① 这一称谓内含着三个部分的经济学评价：其一，产业竞争水平；其二，资源集聚水平；其三，经济发达水平。因此，基于区域差异和城市发展阶段的不同，深圳不可能完全采用其他城市和地区的主导产业选择基准，更不可能照搬基于国家、省际层面的大产业体系规划目标的主导产业选择理论。甚至可以在一定程度上说，深圳目前的经济发展阶段，需要思考解决的产业选择问题与中国其他任何城市和地区都不相同。因此，将深圳经济发展阶段特点纳入主导产业选择的约束条件集，是深圳主导产业选择的一个重要影响因素。

如何准确地界定深圳当前的经济发展阶段，从技术层面而言目前亦无统一标准，导致这一现象的主要原因在于界定基础与比较维度的差异；另外，这种定位标准的异质性，也为区域主导产业选择的理论基础和实证工具多元性奠定了基础。更宏观的比较维度下，深圳与日本、新加坡、中国香港等国家和地区发展历程具有一定相似性和延续性，因此可以获得许多有价值的借鉴。在深圳主导产业选择过程中，参考这些发达城市的经济阶段与产业发展的匹配状况，同时结合深圳发展阶段的区域定位、功能定位等因素，从理论上可以实现经济发展阶段因素到主导产业选择基准的体现。综合现有主导产业选择理论，当前深圳主导产业选择的关键是基于现有理论基础，吸收体现深圳目前发展阶段的产业基础、发展趋势及经济诉求因素，从理论、实践与可行性等维度为目前阶段深圳的产业发展寻求主导产业。

二 功能定位的特殊性

深圳既是我国改革开放的前沿阵地，也是技术、结构和制度等创新的试验田。成立之初乃至后期发展过程中，一直具有包括政策在内的诸多偏向性机遇，秉承超过其他一般城市的经济发展功能和实验功能。深圳被视为改革的"试验田"，诸多探索性、开放性、实验性的思路在此付诸实践不断尝试。经济特区最初之特，在于某些政策之"特"；随着其他城市也拥有相似的政策之利，却并未获得深圳建设之成就，学界因而认识到深圳

---

① 中华人民共和国住房和城乡建设部城镇体系规划课题组所编制的《全国城镇体系规划（2010—2020 年）》中，将北京、上海、广州定位于国家中心城市，深圳被列为国家区域中心城市。显然深圳和广州等城市在国家区域战略定位中有所差别。"一线城市"概念通常使用于日常生活和新闻报道，而并非学术和公文概念。

的崛起不能单纯与政策之"特"成因果。此后，深圳仍承担着客观上的"试验田"探索和创新功能，这使深圳与一般城市的产业定位有所区别，可将其概括为功能定位的特殊性。综合而言，基于产业结构与产业选择视角的深圳城市功能特殊性，包含但不仅限于此。

深圳地处珠三角，是广东省第二大城市。[①] 从行政地位、占地面积、人口数量与产业总值等方面比较，深圳与广州显然具有一定差距。但这一劣势从功能定位角度放松了作为区域重要城市的若干约束，包括行政功能约束、经济支撑约束、产业体系完整约束以及若干其他具有象征性的功能约束。对区域功能定位最具有实质性意义的约束放松，包括但不限于以下方面：

第一，深圳的产业发展无须考虑产业链完整性。与赫希曼和熊彼特的产业发展理论注重并追求产业体系完整性的定位思想不同，同时也和基于里昂惕夫矩阵的拉斯马森——赫希曼主导产业选择方法存在重大差异，深圳的主导产业选择无须过多考虑产业发展的体系功能，如前向、后向及旁侧效应等产业关联基准的重要测度指标。定位于区域经济城市的深圳，即面临更高行政层级的大经济区域，同时也立足于更大市场纵深的要素和商品选择。因此，深圳能够基于产业效率性、市场效益性以及经济竞争性等测度指标，在选择现阶段具有发展潜力的主导产业问题上拥有更大选择空间。

第二，短期的经济快速增长已非当前深圳产业选择的核心诉求。综观国内外各种产业结构理论与实证设计，几乎都把产业盈利能力作为重要筛选指标。深圳区域功能定位的特殊性，决定其并非所处大行政区域内经济发展的核心承载者和体系规划者，也无实现短期总量经济规模和个量经济快速增长的行政压力。因此，相比经济体系中支柱产业功能，深圳主导产业更倾向实现技术与创新前沿，生产的技术效率在现阶段具有更重要意义，这也是深圳在特区成立初期的重要功能之一。这一功能还包含对国外技术、理念和信息的消化、吸收、创新和推广。获得、保持并引领技术效率前沿、管理效率前沿和产业发展前沿，对于已处于中国城市发展前沿的深圳而言，既是荣誉也是压力。

---

① 单从人口规模维度，深圳已超过广州；但是，从地理空间和行政层级等维度，深圳仍是广东省的第二大城市。随着珠三角一体化的推进，尤其是"一小时都市圈"、"粤港澳大湾区"等建设的推进，城市一体化的规模、程度和联结性愈加提升，城市概念将逐渐被城市群代替。

第三，深圳的产业选择具有效率倾向性。通常意义的效率指成本与收益，但我们所界定的效率将从宏观和微观方面进行拓展，分别是基于投入与产出的产业微观效率以及基于区域生产和流通横向比较的效率。从这种比较维度出发，深圳的产业选择与发展将更具有针对性，同时跳出原有产业选择理论中大而全的体系，更加符合深圳功能定位特殊性的特征。

三 城市结构的特殊性

相比一般发展中城市，深圳的城市结构具有显著特殊性。这一特殊性的本质与特征可以归源于"高速"，高速的深圳产业更新速度、城市规划推进速度和经济发展速度等。高速使很多需要在空间和时间维度逐渐消化的因素，如产业结构调整、人口结构调整和人口资源环境系统的平衡等问题，一定程度被"高速"弱化和掩盖，因而伴生诸多问题，包括区域环境规划及相应公共服务规划等城市发展"软约束"条件更新滞后。基于产业选择视角并参照传统城市发展路径，可从产业结构、产值结构、人口结构等维度对目前大部分城市结构进行归类，从而对城市结构进行量化考察。部分研究的城市结构定位选择以人口结构研究为中心轴，扩展包括性别结构、年龄结构、就业结构和户籍结构等多个子项。以此研究模式对深圳与其他城市进行简单的比较，以下一些方面对于主导产业选择具有影响作用：

首先，深圳人口结构特殊。在国家区域规划的层级定位体系中，深圳归类为区域中心城市，也是年龄结构中中国最年轻的城市，深圳统计公报的数据显示，2014年深圳人口平均年龄不到30岁。因此，"年轻"不仅是形容城市建制，更具有实质经济意义的是劳动力群体的就业年龄状态。另外，深圳持续几十年的人口比例倒挂现象，即户籍人口与流动人口之间的比例严重失衡，也是人口结构特殊性的一个方面。截至2015年10月，深圳户籍人口仍不到300万，就业人数接近800万，管理人口超过1400万，城市人口结构具有特殊性。就业人口通常是城市人口结构体系的核心，尤其是对于区域中心城市，就业人口规模、性质和特征对城市经济、社会和文化等方面的影响举足轻重。深圳这一特殊的人口结构，能够从许多方面放松深圳主导产业选择的约束条件，比如公共服务投入规划、规模、方式与时间节点；市民服务投入类型、产业与就业指标平衡等方面。这就意味着相比具有较长发展历史、较重人口负担的传统城市发展路径，深圳的主导产业发展具有更大的灵活性和更多的创新性。

　　其次，产业结构的特殊性。这一特殊性与深圳功能定位特殊性具有较大关联，也与深圳的城市自身发展定位相关。诚然，深圳经济发展阶段特殊性、功能定位特殊性、城市结构特殊性与区域位置特殊性本质上具有逻辑统一性，城市具体特征的形成是多重因素共同作用的结果。基于传统的产业分类，深圳目前并无第一产业，第二产业与第三产业产值比例长期保持在 5.5∶4.5 左右。参考中国香港、东京、新加坡和纽约等城市发展历程，同时按照"国际标准结构"的理论阐述，深圳现阶段发展规划倾向增加第三产业产值占比和提升第三产业效率，具有强烈的围绕第三产业优化产业结构，从而推进经济持续发展的愿景。以往产业发展理论与选择基准体系，包括国内许多学者的研究，由于大都基于工业化前期的社会经济背景，同时针对解决省际规模以上区域的经济发展与区域就业压力等方面问题，因此就业弹性基准、盈利指标等成为普遍性考虑因素，产业选择呈现偏好大工业产业、关注产业结构平衡及城市就业容量等指标的选择倾向。这一选择思路显然并不适合现阶段深圳的发展现状与未来发展规划，因此，深圳的主导产业选择基准应该放松这一条件，转而更加关注产业的竞争性、市场性、前沿性与扩散性等指标。这是以城市为基础的产业发展观区别于宏观省域乃至更大区域主导产业选择的重要因素。深圳的产业结构附生于华南地区珠三角区域的中观产业体系，同时也是我国整体产业体系纵深构建过程的重要节点，这一互动关系在物流效率不断提升的背景下，使深圳追求区域产业体系完整性的价值和意义降低。从国家规划与建设目标出发，深圳更多的是承担创新与探索功能；从区域发展与城市结构出发，深圳也更加偏重具有资本密集、人才密集的产业。这一偏好的客观基础是由深圳城市的整体要素成本、生产成本以及生活成本等因素共同构建。因此，随着微观上深圳城市产业结构发展与宏观上国家整体经济发展，深圳产业结构必然倾向与常规城市产业发展所不同的产业结构体系，反映在其主导产业选择基准体系，将凝聚在更激进的非均衡式主导产业选择体系，最终形成类似于洛杉矶湾区及东京湾区等大湾区城市群背景下的中心城市与核心城市。

四　区位优势的立体性

　　克鲁格曼（1991）[①] 基于传统区域经济理论，对"报酬递增规律"如

---

　　① Krugman, P., "Increasing Returns and Economic Geography", *Journal of Political Economy*, Vol. 99, No. 3, 1991, pp. 483 – 499.

何影响产业的空间集聚，即市场和地理之间的相互联系进行研究认为，产业在空间分布的不均匀性是"报酬递增"的结果。他关于企业区位选择、区域经济增长及产业收敛与发散性等问题被归为"新经济地理"理论，受到广泛关注。社会学与历史学领域的相关研究，也为新经济地理理论关于产业集聚、区位选择和人口集聚等观点提供历史与文化的佐证。此外，规模经济效益和运输成本降低等因素，很好地解释了全球人口集中于城市的动力与基础，同时也说明区位优势与低运输成本具有一种自我强化进程；伴随城市化人口的增长，区位优势促使了大规模成产增加、实际收入增加以及商品来源多样化。这种结果反过来进一步刺激城市的资源集聚，从而进一步强化初始的区域位置禀赋优势。克鲁格曼的理论显示区位优势与经济发展能够在全球范围内定位区域功能，比如高技术城市化核心地区和发达程度略低的周边地区。事实上，无论是过去文明形成、扩散与发展，乃至今天区域经济的优势凸显和市场效率提升，区域位置对于人类文明和经济发展都呈现出极强关联性。而深圳就是一个具有优越区域优势的湾区城市。

深圳具有区域位置的特殊性，这一特殊性是由其空间定位、经济定位以及政策定位等多种因素作用的结果，是一种立体、综合意义的区位优势。单纯的地理空间优势，若未能契合经济发展时机并加以合理开发利用，并不能自发形成区域优势，更难以获得资源聚集效率。尤其在现代市场的竞争背景下，区域优势的转化路径与转化效率尚处于研究与探索之中。深圳经济定位的特殊性与政策定位的特殊性，总的来说与前面所阐述的功能定位特殊性具有宽泛的被包含与包含的关系，同时存在交叉和分离，本书对此暂不展开具体分析。深圳空间定位特殊性的实质是深圳地理位置优势的一个核心特征与综合体现。从新经济地理的观点分析，深圳处于香港、广州、澳门等大湾区城市群中核心城市的节点，具有湾区、陆运与空运等立体性交通系统，区位优势与交通效率都有保证；深圳的贸易模式在历史传统与现代激励的多重机制下，相比内地显然已经获得先发优势；城市化过程中人口规模在 30 年内从不到 20 万迅速膨胀至超过 1400 万，人口密度超过 6000 人/平方公里，接近芝加哥，低于东京、新加坡和中国香港。深圳的区域优势在贸易模式与人口聚集互动下具有自发强化的功能。综观中国诸多城市，拥有类似深圳的地理空间资源与禀赋的城市不少，如上海、天津、广州以及厦门等，但这些城市区位优势的立体性与城市发展路径与深圳大有不同。从产业体系的梯度层级进行比较，深圳目前已有许多处于我国产业体系顶层的行业，如电子、信息和通信等；而便捷快速的港澳通道，以及在时间与空间上对接海外资源的优势，都能迅速在未来区域竞争中转化为产业动态更新的优势；从创新投入、转化和市场运营效率维度出发，深圳目前的研发投入占比产值与人均专利申请居于我国城市首位，且拥有更强的研发转化效率。这些优势在经济定位的特殊性与政策定位的特殊性等方面，能够强化深圳区域位置的禀赋优势，使之具有切实的资源集聚效率。

第二节　产业理论研究的若干性质

产业理论研究通常具有时效性、区域性、阶段性和基准选择复杂性等性质。因此，在构建区域导向的主导产业选择理论框架时，应该明确研究对象的现实基础，深圳主导产业选择理论的研究亦不例外。本书已对产业研究的起点、基础和演化路径做了相关阐述，同时对国际主导产业研究的主要理论基础，以及西方产业研究理论的中国化过程、发展与实践，尤其是若干重要的主导产业研究流派及其实证经验进行评述。这些理论在中国化、本土化过程中既具有成功案例，也存在"水土不服"、时过境迁的失败。用发展的观点对这些理论进行综合评价，包括国际和国内产业发展理论和主导产业选择理论，然后单纯对应深圳现阶段主导产业的选择问题，具有一定的局限。正因为如此，在对现有产业选择理论进行修正、构建和应用之前，明确产业选择理论的若干性质特征具有重要意义。

一　产业理论研究的时效性

理论的形成与发展有其特定历史背景，理论的成熟与完善也必须依赖客观实践的不断推进和反馈。在相关问题不断提出和解决的互动循环过程中，理论研究将得到充实和完善。这一朴素的辩证法思维存在于各种理论发展的始终，主导产业选择理论也不例外。分工理论无疑是产业理论与主导产业选择理论的源起，也是企业管理、区域经济等诸多理论的发展基础。随着经济形态向前演化，市场规模不断扩大，市场参与者数量与性质、市场结构形态、市场规则与制度等多种因素交织，使市场机制下的多元无限次博弈极其复杂。在市场演化过程中，不同经济阶段所提出的产业理论与实践指导，大都针对其所在发展阶段的经济现象，目标是解决该阶段发展所面临的实际产业问题。产业理论研究具有抽象性、一般性，同时也具有应用的具体性。因此，产业理论的时代背景与研究方法，如何与实践对象及其变化有机契合和衔接，自然成为需要与时俱进的适应性难题，这可以归类为产业理论研究过程中的时效性问题。

具有较大影响力的一些主导产业选择理论都具有理论形成的时代特征，其形成契机也是试图解决其所处时代的产业发展难题。例如，罗斯托的"起飞理论"与发展阶段论、赤松要的"雁行理论"以及波特的"钻石理论"等，分别对应其产业发展过程中迫切需要解决的现实问题。这些理论在其时代背景下，契合经济发展和产业发展的客观规律，在实践应用过程中，往往又能够把握住区域经济发展优势与劣势，实现区域经济发展契机与宏观经济周期的有效结合，从而获得显著的经济发展绩效。此外，理论在实践应用过程中获得的成功，使具有鲜明时代特征的理论既得以被认可和推广，同时又奠定和丰富这些理论的研究基础，构建起能够继续深入的研究平台。事实上，产业理论研究随着产业结构演化、市场形态复杂以及宏观背景下市场环境的变化，必然需要不断充实和完善。当产业结构和经济发展正如预期那样发展演化至下一阶段，经济主体面临新的问题和调整，因而往往又再一次审视和面对发展路径选择。这是产业理论与产业实践的互动循环，也正是产业理论基于时效性因素必须保持更新的重要原因。20 世纪 50 年代日本经济开始跨入高速发展阶段，而当经济快速发展至最初预设阶段，即在有效实现其"中等收入跨越"之时，最初倾向于"三基准"思路的主导产业选择理论就已不适合。显然，市场环境和产业背景的改变，促使其必须根据经济发展的阶段性、产业结构整体性等因素，加以调整、充实和完善，才能适应产业结构调整和经济发展阶段的变化。① 同理，深圳的产业发展也具有显著的阶段性，尤其在高速发展的过程中，短短几十年从传统农业社会快速转换到目前第三产业占比超过 50% 的工业化高级阶段，大量需要时间稀释的一些产业问题因此累积。显然，深圳现阶段产业发展不能简单套用西方的产业理论和方法，即使是国内学者提出的某些具有较大影响力的理论，其理论也不可避免地具有局限

---

① 日本的产业结构演化与大部分其他发达国家不太一样，始终保持较典型的高加工工业化。相比美国、英国、德国这类西方国家，日本这一产业发展的路径与发展类型，具有很多值得深圳产业选择借鉴之处。

性。从时间维度分析，前期具有较好指导意义的产业选择理论，随着经济发展阶段的前向与区域环境差异，也需要有所调整，进而使理论具有与时俱进的生命力。显然，就深圳自身的发展而言，从微观的人均 GDP 指标到宏观的产业结构指标，深圳在最近 30 余年总量经济和个体消费都已发生较大变化。动态的时代背景、不断丰富的建设主体以及多元化主体发展诉求等因素，使深圳对产业发展理论的理解与选择必然处于不断演化过程之中。因此，对于深圳的产业选择而言，产业理论研究的时效性要求深圳主导产业的选择必须在现有理论研究基础之上进行相关修正。

二　产业理论应用的区域性

产业理论在指导区域产业结构调整、主导产业选择以及产业发展规划等实践应用过程中，区域差异的异质性也是影响产业理论应用绩效的重要影响因素。区域差异不仅体现在研究对象的资源禀赋差异，也因研究对象地理空间、行政层级、区域定位等因素不同。通常情况下，根据产业形成、发展、调整的一般性规律并结合区域特征等因素，产业理论通过抽象与总结方式探索内在发展规律，因而具有普遍性。但同时，同一理论又具有在不同区域背景下异化发展的过程。在这一区域性发展过程中，若能有效实现区域化和本地化，便能较好地对区域产业发展起到指导作用；若简单、机械套用这些理论、方法和标准，其效率反而会降低。现实的经济发展类似案例层出不穷，例如市场经济理论在我国应用的若干阶段。西方资本主义国家的市场经济形态与我国目前社会主义初级阶段的市场经济形态各具显著特征，二者既有市场共性因素，也存在大量异质因素。正因如此，建立于西方经济学基础的市场理论、管理理论、绩效评价体系以及福利经济学说等，在我国的企业管理、市场规范及行政事业单位得到广泛应用，但其过程从来不是盲目机械移植。在我国市场机制与计划机制转轨并行初期，由于忽视西方经济理论与一些市场政策所具有的区域性，在实际执行中产生许多消极后果。这些经验教训对于产业理论发展和主导产业选择具有重要价值。区位优势、资源禀赋等条件，就是区域经济发展的客观现实，这一禀赋的差异性必然要求产业理论体现地域的适应性，才能进行合理评价从而做出判断。区域差异的客观存在，要求对经济、市场和产业等理论进行合理的借鉴，不仅要考虑其时效性，还应权衡区域差异对于理论的适应性。目前，我国加入世界贸易组织已 10 余年，在引进、学习和借鉴西方市场理念、理论和方法的同时，已积累丰富经验；对于产业、企业、体系等市场元素的研究，中国学者也在西方经济理论中国化、本土化过程中不断完善中国特色市场经济理论体系。

从空间地理意义上我国是一个疆域辽阔、具有显著纵深优势的大国；但是不同区域间资源禀赋差异极大，而产业基础、经济发展以及文化背景亦存在差异。尤其是改革开放以来，区域间发展极不平衡。这种不平衡体现在经济资源禀赋，表现为劳动力素质差异、区域产业结构差异、居民可支配收入差异、市场消费层次差异以及区域发展定位差异等诸多方面。这直接造成我国的产业水平、产业结构以及产业层次呈现显著梯度。因此，学术界对于主导产业选择观点也从早期主要针对国家层次的主导产业选择、规划和发展，逐渐转向宏观层次大战略框架下的区域性产业选择。这既是基于我国产业发展的区域不平衡特点，同时也是充分利用我国市场的纵深和梯度，更好地发展和完善我国立体工业体系和大经济体系，从而获得更强的市场竞争能力与发展形态。因此，针对深圳的主导产业研究，过于宏观的国家或省际层面产业选择理论显然不合适，有必要对现有理论进行区域层次和区域范围的相关修正。

三 产业理论研究的阶段性

新中国成立后，我国国民经济得以迅速恢复，并且通过若干五年计划，建立和完善我国产业体系。马克思政治经济学理论框架下的高度集中计划经济体制，与经过长期战争后的我国经济背景形成极好的契合度；但是，随着若干五年计划的顺利实施，国民经济快速恢复和发展，生产水平尤其是产业能力的逐渐提升、产业体系的健全以及整体产业竞争力的不断提高，高度集中的计划经济体制从最初取得良好效果，逐渐失去了它的活力。这一动态发展过程不仅出现在中国，即使在计划经济体制最成熟的苏联也同样遭遇发展困境。这一案例客观体现出产业理论研究对于经济建设阶段适应性问题。类似地，这种全国产业体系规划和建设历程中所经历的问题，在区域产业建构过程中也不例外。深圳起步于传统的小农经济，最早利用毗邻香港的优势发展简单的加工业，随后吸收外资开始进入具有科技含量的产品制造业。这一产业发展过程本身并无太多新奇之处，但其经济发展的速度之快，产业阶段更新频率之高，远超其他区域。因此，对于深圳产业发展以及产业选择而言，短期内已实现多产业阶段跨越，微观、短期倾向的产业理论显然不适应其跳跃阶段性发展趋势。此外，宏观的长期性和全局性产业理论，亦无法针对特区城市这一具有功能特殊性的区域产业发展进行概括。

　　客观上，产业经济学研究在产业推进、经济发展和科技进步等因素作用下始终处于不断扩展和完善之中。社会的前向发展具有加速度，现实中经济发展、产业形态演化等也同样如此，市场变化日益频繁，变化形态也更加丰富。在很多革命性技术改变传统产业设计、生产、营销理念的这些过程和事件中，产业经济学研究也阶段性吸收并丰富其理论体系。这正是理论研究具有契合产业发展的阶段性，理论指导实践才成为可能。从开放性视角重新审视深圳产业发展问题，高速经济发展使区域规划、产业更替和市场方向变化的频率更高，而产业投资具有一定折旧周期，市场梯度的存在也使竞争程度下降，这些因素都可导致产业选择相对保守，从而忽视产业理论研究的阶段性局限。因此，对于深圳的主导产业选择，更应选择具有前向性、开放性观点和态度，才能契合深圳当前经济发展趋势与城市产业定位。

四　基准量化方式的复杂性

　　显然，上述三个产业理论研究的局限性，即时效性、区域性以及阶段性等特点是普遍存在的，因此区域产业的选择和发展，不可能较长时期依赖某一种理论或方法。此外，从产业理论的实践分析，诸多不同产业理论的选择标准也具有不一致性；即使同一指标，研究对象和选择方法也存在差异，因而产业理论研究对于产业选择基准的确定方面，具有显著的复杂性。其主要体现在如下一些方面：

　　其一，单一基准的片面性。20世纪50年代以来，主导产业选择逐渐成为研究热点，不同理论提出的备选基准也已涉及产业的各个方面。总体而言，早期研究中大部分所采用的基准主要针对产业选择问题的某一方面，如从产业的社会效益、市场潜力、财务状况、可持续发展等角度展开。诚然，由于产业发展的阶段性、区域性以及时效性等问题，单一型基准准确地反映出区域经济发展的短期诉求，力图在短时间内迅速达成发展愿景；但从应用角度分析，主导产业选择是一个复杂的系统工程，从任何一个单一基准出发来选择某一区域的主导产业，必然存在一定的片面性，因此难以对产业的整体状况和效益进行评估。正是在这一背景下，近年的研究文献中，这类单一基准型选择模式逐渐淡出主导产业选择研究。

　　其二，多基准导向的内在冲突性。随着主导产业选择研究的推进，产业选择过程中逐渐增加约束条件，采用多类型基准强化约束渐成主流，从而在符合条件的产业中更富针对性地进行选择。但一般情况下，一个产业很难符合所有基准或多数基准要求。如化工行业虽然关联度大，但不可能整个生产链都具有或收入弹性高，或就业弹性高的特征；同理，就业弹性高的行业吸纳较多就业人口，但其产业链高端和低端又呈现显著不同的就业性质；某些低收入地区具有比较优势的行业，其实际竞争力往往又被多基准体系低估，从而形成战略误判。当不同基准之间发生冲突时，选择标准就需要进行折中，根据现实情况判断不同基准的重要性，从而对方法的整体效率予以综合考虑。这一定程度又削弱了多基准导向的理论合理性。

其三，主导产业与支柱产业选择的区分不明显。目前国内许多基准，过分强调被选择产业当前的经济效益，而对产业的发展潜力和社会效益的发挥知识不够，尤其是立足点相对狭隘，不太考虑国际分工、产业发展趋势以及科技革命方向等前瞻性因素，从而使主导产业选择异化成支柱产业识别问题。

其四，部分基准量化困难。以国际分工、产业发展趋势以及科技革命方向等因素为例，对于区域主导产业发展而言，这些因素都具有一定意义，甚至在某些经济发展阶段这些因素直接影响产业选择。但根据目前的学术研究现状，这些选择基准大都只能定性描述分析而难以量化实证，因此存在指标体系难以具体反映真实状况的客观障碍。当然，定性与定量方法的结合能够解决类似问题，但从研究形式的统一性角度，显然具有一定缺陷。基准量化的困难广泛存在于人文学科研究过程。事实上，许多其他非经济因素的度量，如制度因素、民族文化、社会舆论、国际环境、国情、重大突发事件的影响等，都难以量化。当然，对于中观层次的区域主导产业选择，也无须过分考虑各种有形和无形、国内和国外因素，即使这些因素会不同程度影响产业选择的结果。产业选择理论的基准复杂性，这一定程度上决定主导产业选择的方法论，那就是必须定性分析和定量分析相结合，任何单一方法的分析都必然具有局限性。

第三节 修正的深圳主导产业选择理论

相比通常意义中的产业研究理论和主导产业选择基准研究对象，深圳行政范围和空间禀赋显然与国家层次研究和省际层次研究存在较大差异。

即使与行政层级平行的其他城市相比较，深圳经济发展的阶段性、功能定位的特殊性、城市结构的特殊性以及区域优势的立体性等因素，客观要求深圳主导产业选择理论必须基于前人基础进行必要修正。基于这些因素，本节将对深圳主导产业选择的方法基础、理论基础、理论框架和相关基准体系进行理论阐述。

赫希曼对一个国家内区域间经济关系进行研究，他认为对于发展中国家，资本、技术等因素的约束，导致经济进步无法同时平衡地出现在所有区域，只能通过核心区域发展，进而带动其他区域，即经济增长不平衡是区域间经济增长不可避免的产物。

区域不平衡发展过程将催生极化效应和涓滴效应。以往研究大都关注落后地区赶超，而深圳主导产业研究的立足点需要更综合和立体。从国内视角观察，深圳无疑是产业发展和经济发展的"极点"和"高地"；从国际视角分析，却仍属致力跨越"中等收入陷阱"的一个发展中国家城市。通常，极化效应是区域发展梯度所导致发达区域对落后地区的不利影响，涓滴效应则是发达区域对落后地区的有利影响。极化效应主要表现为生产和市场方面：在生产领域，发达地区的经济快速发展促使生产要素聚集，一定程度弱化落后地区经济发展能力；在市场方面，区域发展梯度将具体化在生产效率、生产技术和生产工艺等方面，结果导致落后地区产品难以获得市场，而发达区域则继续扩大市场优势。深圳的主导产业选择理论建构，需综合考虑深圳目前处于国内产业体系的高端和国际产业体系的中端的立体定位，"一带一路"战略又一定程度强化了该定位的现实价值。因此，客观看待和把握区域"极点"地位，将是深圳产业选择的一个定位关键。

一　深圳主导产业选择的方法基础

综观近几十年主导产业及主导产业选择基准研究成果，其研究思路与方法选择等方面，已呈现多元化与规范化趋势，但其研究的基本方法仍可归纳为定性研究和定量研究两个方面。近年若干较大影响力学术期刊的产业研究成果，大都采用定性研究与定量研究结合的方法。

随着经济发展阶段、生产方式演化、组织效率提升及新技术持续应用，一方面，产业领域的理论研究逐渐多元化，其观察分析的空间更广阔、引入的影响因素更多样，同时研究结论趋于开放和动态；另一方面，实证研究的技术手段日益丰富。早期赫希曼基准、罗斯托标准及筱原三代平弹性基准等数量关系简单、逻辑层次简洁；而后逐渐拓展到包括 TFP 全要素生产率等考察要素投入、技术效率及综合生产率的考察、DEA 和 SFA 等非参数包络方法以及参数回归等方法，对于某些参数的测量更加精确。主导产业选择基准的考察维度也得到不断扩展。实证工具选择与实证方法的丰富，一定程度上使产业理论的研究具有更宽广的视角、更扎实的基础及更包容的形式。产业研究理论的深化和广化，显然得益于实证工具在产业研究领域的推广和普及。另外，由于产业理论研究视角的不断扩大，在实证过程中也发现越来越多的变量联系、作用关系及其作用方式，这又一定程度拓展了固有思维方式和分析视角。

从宏观和历史视角审视经济学方法论发展历程，其中涉及经济及产业发展研究方法等若干问题，无疑，问题研究范围属于经济领域，但其产生根源、背景以及影响因素则更多是社会问题。思考这一研究对象与研究方法的辩证关系需要更加审慎。可以认为，经济领域的产业发展问题，其实质是综合社会、人文、历史、地理等多学科且处于不同时间背景下的研究课题。对于动态发展的多学科研究课题，单纯的定性研究或定量研究都不足以分析透彻；同样，理论方法和实证方法也不足以解决所有问题。正因如此，目前主流文献大都采用理论与实证、定性和定量结合方法。奥地利学派经济学家卡尔·门格尔（Carl Menger）认为，理论性科学对于认知和理解现象的价值，并不因其真理不那么严格而丧失。[①] 林毅夫（2005）也认为，在对经济问题分析过程中，理论的解释往往需要实证支撑，而实证过程往往是建立在理论可行的基础之上。[②]

产业研究的性质、内容和范围，尤其是产业发展所依赖的诸多非市场因素，如国家战略规划、技术创新发展、新兴产业的崛起等，应该结合宏观、中观与微观多个层次和视角加以分析。即使在各种优化条件和强化条件作用下，某些区域产业发展的约束得以放松；但不可否认，尤其在目前我国的经济发展环境下，行政干预、区域规划甚至领导偏好都对产业发展具有较大影响。因此，不考虑这些因素的产业发展理论，不可能符合我国当前实际，因而也难以具有现实价值。这也从侧面说明，纯粹的定量研究必然具有较大局限性，因为并不是所有因素都能够或者都适合量化、指标

---

① ［奥］卡尔·门格尔：《经济学方法论探究》，姚中秋译，新星出版社 2007 年版，第 35 页。

② 林毅夫：《论经济学方法》，北京大学出版社 2005 年版，第 120—121 页。

化、具体化。当然，纯粹的定性研究，没有相关的必要的数据、指标、标准支撑，也必然苍白空洞。

区域主导产业的选择，必须是定性与定量结合的分析框架。定量分析是一个基于实证为主的产业比较与选择过程，但其实证价值和意义仍依托在理论框架之中。早期理论研究主要集中在区域性、阶段性的主导产业选择基准领域，以被广泛认可和接受的罗斯托、赫希曼和筱原三代平等学者的研究为例，赫希曼基准不仅界定主导产业内涵，还把产业关联度定位于产业选择最重要基准；罗斯托从技术推动、产出增长及影响力三方面确定主导产业选择的主要参考；筱原三代平则把收入弹性和生产率两个基准确定为日本当时进行主导产业选择的重心。其基准的选择、确定和指标选择方法，都建立在其产业分析的理论基础上，实证指标和实证方法的应用，使其理论获得区域经济发展的实践效果支撑，因而成为后续主导产业选择研究的范式。严格意义上，理论与选择基准的成功，本身也契合理论时效性、研究对象的区域适应性及理论本身发展阶段性等因素。正如筱原三代平面对日本的产业发展阶段与现实问题，提出不同于赫希曼选择的思想与方法；反之，罗斯托所处的背景之下，亦不可能套用筱原三代平的基准进行主导产业选择。因此，对深圳主导产业选择问题，必须抓住深圳当前发展的基础、现状、特点以及规划进行深入思考和探索。

本书沿着产业理论研究的发展路径，并根据现阶段深圳这一研究对象特点，形成对于深圳主导产业选择的方法和理念：

第一，重视定量分析的设计、工具和数据，但不能机械地偏向定量结论而锁定产业选择结果。定量分析的基础建立于数量指标，而数量指标的价值建立在两个方面：其一是数据的完整与质量；其二是实证方法的严谨与准确。综合评价目前我国的相关统计数据，基于这两个方面的标准，显然难以达到数量指标的高质量，尤其对于判断和决策主导产业选择的决定性数据。当然，从数据完整性考察，由于研究对象是特区城市深圳，相对国家层面以及省际层面数据而言，具有微观挖掘的条件与优势。但是，在我国目前的统计制度、统计方法与统计口径下，跨期完整数据的时间节点极其有限，行业完整性也存在较大缺陷。这些原因造成产业统计数据质量的缺陷。这种情形的普遍存在，是目前我国的实证类文章较多偏重于方法选择，而对样本数据质量相对宽容的重要原因。这是一种基于研究对象和研究方式的妥协与平衡，但无形之中弱化了数据的说服力。另外，对于实证方法的选择而言，既是一个方法、工具本身在不断演进和完善的过程，同时也是研究者对于工具与方法使用范围、结果解读与技术处理的不断研究与完善过程。从一定意义上说，对于某个研究对象或者研究课题而言，我们永远无法得知这一研究工具是否完美。基于以上分析，本书在深圳主导产业选择基准研究中坚持对定量研究的重视，但绝不依赖定量研究结论而忽视定性分析的重要性。

第二，依赖具有逻辑统一性与发展一致性，并且具有定量研究支撑的定性研究。经济学研究中的定性研究方法，一度因为定量工具兴起、数量方法盛行而受到攻击。但时至今日，经济学研究中定性方法依然占重要地位，尤其在涉及思想史、方法论以及社会研究等跨学科课题研究，定性方法仍然占主导地位。这反映了定性研究对于经济问题研究的重要价值。定性研究具有的缺陷主要在于理论体系间的对立、问题解释的不统一以及历史发展过程的矛盾等方面。对于同一个问题，不同的理论体系基于不同的基础可以得出相反的结论；即使采用同一种理论，不同发展时期也可能得出不同结论。诚然，这一部分是由于事物发展过程本身所具有的多变性，但不可否认定性研究过程本身也存在严谨性不够的缺陷。定性研究的随意性、偶然性以及个体异质性经常导致研究结论的不准确，因此需要相应的实证数据支撑。对于深圳主导产业的选择，本书基于不同理论，对所侧重的考察维度通过构建立体分析框架与选择标准，使定性分析的基础、过程和结论都能依赖具有逻辑统一性与发展一致性的理论基础，同时能够得到相应的量化数据支撑。这样可以较大程度避免定性分析所伴随的结论随意性与偶然性等主观分析错误。

对于在众多约束条件中寻求最优解过程出现的具有矛盾性、冲突性的标准，应该基于理论基础放松一些约束条件。这既是基于方法论的原则，也是深圳这一研究客体具有多重特殊性的客观发展要求。基于这些理念，本书将根据主导产业研究所关注的若干发展领域和问题，进行相应定量分析并获得相应数据，并重视定量数据所呈现的数量特征；同时依赖理论分析所推导的逻辑结论，最终根据定性分析手段，对深圳产业发展的非市场因素，如现状与未来规划、宏观战略与微观禀赋等诸多方面展开定性分析，坚持定性分析与定量分析有机结合，积极探索现阶段深圳主导产业的选择问题。

二　深圳主导产业选择理论基础

沿着西方经济学理论、产业发展理论以及我国学者的产业选择理论思路，深圳现阶段主导产业选择必须建立于深圳当前的客观现实之上，即四个特性：经济发展的阶段性、功能定位的特殊性、城市结构的特殊性以及区位优势的立体性。这四个客观特性决定着建构深圳主导产业选择的思路和方向。现有研究文献的各种具体产业选择标准以及实证方法和实证指标，彼此间存在较大差异，显然，并不是所有理论和方法都适应于现阶段的深圳产业分析。深圳主导产业选择的基准与相关子项需建立于成熟的理论框架之内，从而保证深圳主导产业选择的思路与过程具有逻辑性、自洽性以及体系性，同时使基准得以完善和准确。

新经济地理框架是深圳主导产业选择的重要理论依托，其中空间聚集、人口聚集及产业发展路径依赖等核心因素，将综合反映在深圳功能定位特殊性与区域位置特殊性选择维度，从而形成主导产业选择基准维度、层级与指标的体系建构基础。

将空间资源、区位优势、人口聚集以及交通效率等因素纳入区域产业研究框架，是在区域产业研究过程中逐渐形成的。迪克西特和斯蒂格利茨（1977）将张伯林的垄断竞争理论形式化，激起新经济理论与区位选择论研究。之后相继有赫尔普曼、格罗斯曼和滕田昌久等经济学家在此领域深入，其中以克鲁格曼的工作最为突出。他对 D—S 模型的空间意义作了极有说服力的解释，被认为是新经济地理学的开创性工作，进而激起"经济活动的空间区位"问题的研究兴趣。克鲁格曼定义的新经济地理，是指"生产的空间区位"的理论框架，从而探索经济活动的地理结构和空间分布规律。克鲁格曼的新经济地理学主线，即经济发展的空间状态存在多重均衡。为了更清楚地分析经济发展的空间区位，克鲁格曼提出了四个命题，即运输成本、报酬递增、空间聚集和路径依赖，他认为先发优势能够形成某种经济活动的长期聚集过程。通过采用四种分析工具，即 D—S 垄断竞争模型（迪克西特—斯蒂格利茨—张伯林模型）、"冰山"形运输成本、自组织演化模拟以及计算机技术（用于模拟并显示复杂的经济空间结构演化过程）。[1] 在此基础上，克鲁格曼建立了三个空间区位模型，

---

① 段学军、虞孝感、陆大道、Josef Nippe：《克鲁格曼的新经济地理研究及其意义》，《地理学报》2010 年第 2 期。

即"中心—外围"模型、城市体系模型和国际模型,分别模拟产业集聚、城市体系形成以及经济全球化与区域化等过程。

总体上,克鲁格曼以杜能的古典区位理论为基础引入经济地理的最新研究理论与研究方法,通过考察产业集聚、城市区位以及国际贸易机制与动力的形成机理,构建了具有较大创新价值的区域地理和区域经济研究方法与理论。新经济地理学解决了许多传统区位理论未能解决的难题,从而使经典区位理论获得新的发展动力。而新经济地理学对于深圳主导产业选择研究的重要支撑,提供了区域资源聚集,包括人口、资本和技术等要素,对应不同经济阶段的经济效率差异性。这是以经济发展阶段的定位确定深圳主导产业选择框架大方向的理论基础,也是将人口聚集指标纳入产业发展方向进行实证考量的重要理论支撑。

深圳经济发展阶段具有特殊性。当前与罗斯托所阐述的经济发展阶段划分标准存在较高契合度。根据西方先行国家的发展经验,目前处于工业化高级阶段的深圳,其人均收入水平与总体消费水平的对应关系,由于历史情境的差异,其匹配关系与产业形态也有所不同。因此,结合深圳发展实际进一步充实发展阶段论,从而为深圳的主导产业选择提供理论支撑,具有一定的理论价值。从发展维度看,总体上我国的消费层级尚未完全进入大众高额消费阶段,但从局部考察各区域中心城市的经济发展阶段以及实际消费状况,显然已超越整体的国家层面平均消费水平。从发展的前向性观点以及区域中心城市的引导消费功能角度,基本可根据罗斯托的经济发展阶段论将这些城市定位于高品质消费阶段,城市经济发展状态则倾向成熟过度经济阶段,服务业通常被称为这一经济发展阶段的主导产业。总之,罗斯托的经济发展阶段论为深圳主导产业选择过程中定位发展阶段、归类相关产业方向、分离不同消费群体与市场潜在需求,以及深圳主导产业发展倾向等方面提供了理论基础。

建构现阶段深圳主导产业选择基准的另一重要理论基础则是波特的钻石理论。波特将主导产业选择的主要方面概括为六个要素,即生产要素、市场需求、企业战略结构与竞争、相关与支持性产业四个基本要素,并将机会和政府两个辅助要素纳入模型。相比罗斯托等提出产业理论的时间节点,波特的钻石理论提出时间较晚,相关实证应用与各种类型的案例也较晚。就研究的历史阶段而言,钻石理论一定意义上最契合世界经济发展的节奏,更适应工业化高级阶段及后工业阶段的经济发展状态。从六要素的性质可以发现,波特相比前期研究者更加重视两个方面,即市场因素的发展机会和非市场因素的政府引导对于产业发展的作用。虽然筱原三代平等经济学家同样着重政府对于产业规划和发展的影响,但其侧重点仍有所不同。日本市场的本质虽是具有较大流动性的资本主义市场体系,政府对于其经济的影响却带有强烈的计划经济倾向;而波特所强调的政府则更多的是自由市场发展背景下的政府引导与促进。基于钻石理论,深圳的主导产业选择将从政府的影响力与发展愿景,对功能定位的特殊性以及区域位置特殊性的发展规划等角度进行基准选择,从而使主导产业选择基准更具立体性和时代性。此外,波特所重视的市场机会和政府引导因素,目前并没有找到合适的定量方法指标化、数据化,因此,波特对于产业选择和产业分析的理论框架,也是沿用传统产业分析的定性方法与定量方法结合。

产业发展不仅受空间区位、资源禀赋以及经济发展阶段等因素的制约,也与区域人口规模、结构、增长率、迁移频率及就业状态等人口因素密切相关。任何国家与地区的产业发展问题,其本质必然是人的经济、社会和资源分配等问题,其中与微观的个体劳动者联系最密切的自然是产业发展问题、就业问题以及区域公共服务问题;而对于城市发展而言,就业机会多少、就业效率高低以及就业性质和状态,都是决定城市发展趋势的重要因素。因此,人口集聚与差异发展理论也是深圳主导产业选择的重要理论基础之一。

克鲁格曼对人口发展与产业发展的关系非常明确,他认为人口对产业发展速度、发展层次与发展类型有重要影响。滕田昌久和亨德森(Henderson,2003)发现日本人口流动和制造业集聚呈现较高一致性。Ottaviano和Puga(1998)认为基于人口聚集所扩大的消费需求,是促成企业规模收益递增的重要原因;罗默和卢卡斯(Romer and Lucas)的研究已经具体到人力资本与区域产业发展,Midelfart - Knarvik(2000)等发现产业区位是由熟练劳动力、科学家和产业前后相关联所决定的。范红忠(2003)认为,中国要缩小地区差距应该加速劳动力流动;胡双梅(2005)则发现我国现阶段城市集聚与人口和产业的关系密切,认为人口集聚是产业集聚和城市集聚的基础。因此,她强调只有人口集聚到一定规模,产业的聚集、扩展和全面发展才有可能。

产业集聚带来积极作用的同时,也可能伴随消极后果,例如人口的过度集聚所伴随的交通拥堵、环境压力、犯罪增加、土地价格攀升、商务成本上扬①等。此外，人口和产业集聚的相互作用不可能立竿见影。人口对产业集聚的作用与产业集聚发展带来的人口后果之间需要时间与空间作用节点。初始区位条件、人口、基础设施、政策、资源、历史传统及偶然因素等，产业集聚带动人口集中率提高、基础设施建设扩展、地区经济发展等，这些又将成为产业集聚发展新的影响因素。所以更应该以一种全新的多角度多元化视角观察和研究产业发展、区域经济与人口问题。

国内外关于产业研究大多局限经济学范畴，产业研究尤其是产业集聚研究中较少考察人口因素的影响及人口学后果。特别是中国有超过 13 亿存量人口并具有很大流动性的背景下，忽略人口因素的产业理论与研究对策，必然面对与现实对接的障碍。因此，本书在分析深圳主导产业并进行基准选择时，将沿着克鲁格曼、滕田昌久、Ottaviano、蔡昉、马瀛通、李建民和田雪原等学者研究的相关理论与思路，将深圳乃至更大范围的人口与产业发展结合起来，使人口因素成为构建深圳主导产业选择基础的重要部分。

三　深圳主导产业选择的理论框架

深圳产业研究与主导产业选择必须从深圳产业性质特点以及存在问题出发。其原点仍是深圳这一特定研究对象在现阶段的若干特性。本书第三章已从效率、行业和结构等视角对深圳产业发展的历史和现状进行了综合性分析。显然，深圳目前的产业结构、产业效率和行业发展，整体视角下其行业发展在全国范围已具有较大的绝对发展优势，但基于深圳乃至珠三角区域，产业间、行业间发展又必然存在相对优势与劣势。如果以动态、发展的思维审视，若空间、资源、技术和竞争等因素在市场机制下重新配置，加上具有倾向性的区域发展战略等外生冲击，都有可能对深圳未来的产业发展趋势形成冲击。因此，在目前中国整体经济和社会面临"大转型"契机下，重新对"新常态"深圳的产业发展，尤其深圳主导产业发展进行具有针对性的分析与选择，从而确定深圳未来产业发展方向，具有较强理论价值和实践意义。

基于产业发展客观规律，深圳主导产业选择的理论框架必然包含市场因素与非市场因素分析，坚持定性分析与定量分析的结合。目前，深圳主

---

① 钟无涯：《人口聚集、收入水平与城市环境污染——基于广州的经验数据：1997—2013》，《城市观察》2015 年第 2 期。

导产业选择理论框架构建的事实基础，即深圳现阶段具有较强区域特征的若干性质，可归纳为深圳经济发展的阶段性、功能定位的特殊性、城市结构的特殊性和区域优势立体性四个方面。深圳主导产业选择理论需要基于深圳的特殊性进行分析，挖掘基于这些特殊性的相关约束和偏向，从而建构其产业分析框架，最终通过定性分析和定量分析模块，实现对深圳主导产业选择的判断和结论。

事实上，经济发展的阶段性、功能定位的特殊性、城市结构的特殊性和区域优势立体性四个方面，本质上具有统一性。正如在前文"深圳主导产业选择的基础"部分，时效性、区域性和阶段性是一个基于核心不同分析维度的问题。正是基于维度的差异性，又必然导致选择基准的复杂性。因此，深圳主导产业选择研究的方向性与诸多其他新选择理论仍然是统一的，所不同的是基于深圳主导产业选择的方式和方法。

客观分析和定位深圳经济发展阶段，是深圳主导产业选择理论框架构建起点。深圳经济发展阶段特殊性这一维度，基于深圳经济发展阶段具有绝对定位和相对定位二重性。客观地说，深圳主导产业选择问题与目前其他地区的该类问题研究有所区别，主要表现在两点：其一是区域性产业选择与整体性产业选择的差异。早期国内研究主要针对国家工业体系的布局，其主要方向是体系合理、产业强化、优势突出；而后研究进入大区域研究，如马利彪（2009）、黄林秀（2011）和曾伟鹏（2013）等，这类主导产业选择研究的着力点和发展方向与深圳主导产业选择存在差异。其二是目前深圳的产业梯度位置的错位。深圳的产业发展水平处于国内市场的梯度顶层，但与国际市场相比，则应该归类为梯度中层。开放的市场环境使这两个不同环境的梯度差异重合在一个市场主体。深圳的经济发展阶段定位可以沿用目前的主流方法，即通过人均 GDP 指标在钱纳里和塞尔奎因的"国际标准结构"进行定位。但对于梯度存在落差的国际和国内两个市场，仍需结合国际产业分工的趋势进行分析。对于深圳产业选择的经济发展阶段定位二重性，显然可以具体化为经济发展阶段与产业匹配、经济发展阶段与供需匹配和世界分工体系的宏观环境与梯度转移三个方面。尤其是对于无法量化的世界分工趋势、技术创新方向等问题的思考，必须通过定性分析结合定量分析加以具体化，为深圳主导产业选择提供可靠的理论支撑。

经济发展阶段特殊性并非孤立的，其重要子项目"经济发展阶段与供需匹配"也是深圳功能定位特殊性的重要部分。供需匹配无疑是纯粹的市场化内容,市场既是定位和实现发展阶段的途径,也是深圳功能定位的载体,因为深圳的发展缘起即为市场经济在计划经济的大环境下的实验与探索。诚然,这一阶段特殊性包含诸多方面,而基于深圳产业选择而言,最大的特殊性在于产业选择约束条件的放松。这体现在两个方面,一方面是对产业体系规模和长度等条件的放松。旨在测度产业关联效应和产出效率的赫希曼基准,一度成为各种主导产业选择的基础基准,其理由主要是基于大区域选择的就业规模和产业关联。这一基准对于深圳主导产业选择的强约束作用逐渐消失。原因在于深圳无论是区域面积、行政定位以及产业功能等,既不是大工业体系发展模式,也不是大区域经济模式。深圳最重要的功能是生产前沿、行业前沿以及创新前沿的探索,因此评价、衡量和选择产业,效率基准的重要性远高于产业关联。另一方面是对于效率和绩效的选择。如果单从市场绩效评价,深圳现有产业结构下的大部分行业在全国都具有优势,如从计算机、电子信息到金属加工的全系列制造业,以及银行、保险和证券等金融业到医药研发等服务业。显然,对于深圳主导产业的选择,存在经济绩效和产业效率的评价矛盾。本质上讲,各个产业的市场竞争强度、市场竞争效率和产业结构绩效一定程度上也是统一的。诸多产业具有多方面的竞争优势,无疑,从这一维度的判断而言,这样的产业必然需要在主导产业选择过程中重点关注。基于这些因素,在深圳功能定位特殊性维度下,选择市场竞争效率、市场竞争强度和产业结构绩效模块进行分析具有逻辑合理性与实践可操作性。

深圳城市结构特殊性表现在许多方面,其产业结构中,第一产业已随着工业化进程推进而式微、第二产业和第三产业产值比例趋近,这一结构在目前我国其他城市中较为罕见。深圳城市结构中最特殊之处不在于其经济结构,而是城市人口结构的现状与发展趋势。众所周知,人口问题是产业研究的起点与重点,产业研究基于经济学研究母体的细枝,不可能离开"生产什么"、"如何生产"和"为谁生产"的思考。而产业在市场中对应的也是具有双重身份的消费者和劳动者,一个定位于市场需求,决定着产业的市场绩效;另一个定位于要素投入,决定着产业的生产绩效。从古典的刘易斯"二元经济"模型到克鲁格曼(1991)基于劳动力迁移所伴随的要素聚集与贸易绩效研究,都证明了劳动力要素或者就业集聚对于区域产业发展的重要性。克罗泽特（Crozet，2004）[①] 利用欧洲五个国家的双边劳动力迁移的数据验证了克鲁格曼（1991）对于劳动力聚集与区域产业发展关系的预测。我国的发展事实同样支持此判断，Zhu 和 Poncet（2003）利用新经济地理框架，对中国省际劳动力迁移和流动进行了实证分析。[②] 他们用克罗泽特方法研究中国各省及跨省劳动流动情况，发现劳动力流入地政府大都未承担外来劳动力相应的义务。这一定程度属于劳动流入地对劳动输出地的人口红利掠夺，显然这一状态随着"拐点"的到来和产业结构调整而将得到改变。基于这些文献的研究基础，深圳主导产业选择也将人口因素纳入考察框架，与现有研究区别在于，对深圳人口因素的考察不仅包含就业的行业分布，也需考虑深圳未来整体的就业规模。

深圳的人口问题与产业发展问题的核心在于，前期的深圳是基于产业高速发展中创造大量就业机会，从而将刘易斯"二元经济"模型下劳动力无限供给的假设转化为现实；而目前，深圳的经济发展已处于转型期和"瓶颈"期，空间资源、劳动力价格以及相关产业的市场需求面临新的发展环境，显然，经济发展前期那种低成本获得劳动力无限供给并实现就业资源集聚的状态难以持续，劳动力要素成本价格上升已成必然。同时，随着深圳经济发展阶段的攀升，城市生活成本、生产成本以及城市发展定位渐趋于高端，一定程度带来运营成本上升，产业的转型和升级、行业发展的集聚与分散面临重新选择。

目前深圳人口过度聚集于低产出、高能耗产业，如一些低端密集型制造业、带有较大污染的化工企业，从动态的、长远的发展角度看，这一类型企业不代表产业的发展方向，更不可能成为主导产业。但是，人口过于分散，自然无法实现资源聚集，其他相关因素聚合效应的实现亦不可能。显然，人口的聚集与分散之间需要保持一种动态平衡。此外，对区域经济发展与主导产业方向选择具有重要影响的是未来的人口发展趋势与人口聚集状态。其中包括深圳这一快速发展城市进入发展稳定期后，人口总体规模进入相应稳态后的人口结构，如户籍人口、流动人口、就业人口等指标及其相互关系。这些指标不仅以就业的形式对区域产业发展有直接影响，

---

① Crozet, Matthieu, "Do Migrants Follow Market Potentials? An Estimation of a New Economic Geography Model", *Journal of Economic Geography*, 2004, 4 (4), pp. 439 – 458.

② Zhu Nong, Sandra Poncet, "Provincial Migration Dynamics in China: Borders, Centripetal Forces and Trade?" 2003, http://www.ersa.org/ersaconfs/ersa03/cdrom/papers/148.pdf.

同时依托家庭这一经济体中的基础单元形式，从社会公共服务、社会经济稳定、区域经济循环以及城市总体稳定性等多方面对产业未来发展产生重要影响。无疑，人口在目前发展阶段，必然是区域经济分析、区域产业分析不可忽视的重要评价基准。基于以上分析可知，对于人口规模、就业状态的现状和未来趋势的考察，构成深圳主导产业选择理论框架的重要组成部分。

深圳区位优势的立体性一直被具体化为特区、沿海和毗邻香港特区的特征性定位，显然具有一定的局限性。因为区域的资源禀赋既包含自然禀赋，也包含社会禀赋。对于自然禀赋的理解，赫克歇尔、俄林、斯托尔珀和奥布斯特费尔德（Heckscher, Ohlin, Stolper and Obstfeld）等学者已经做了丰富的阐述；而社会禀赋，在目前中国特色的市场经济体制下，则更多地倾向于具有强势市场影响力、区域经济推动力以及社会资源集聚力的政府发展战略与区域经济规划。与西方产业理论以及新经济地理的研究对象不同，西方的市场经济与有中国特色的市场经济具有市场的共同性，也存在市场的异质性。显然，对于深圳的主导产业选择，必须基于中国社会主义特色市场经济的分析范式，从而具体化深圳区域位置特殊性所匹配的社会资源禀赋因素。

基于四个视角进行的深圳主导产业选择理论分析可以发现，这些因素大都可以归类为市场因素，具有较大的量化空间。同时，在主导产业选择的分析过程中，不能忽略诸多非市场因素对于产业发展、区域发展和战略选择的影响。概括起来，深圳空间资源禀赋的诸多优势，其重要程度最高、意义最大的是深圳当前的湾区经济发展战略，这也是一个重要的非市场因素。这一战略依托宏观"一带一路"战略、"粤港澳"大湾区战略以及"深圳湾区"经济发展战略。目前具有相似性质的京津冀一体化战略正有序快速地推进，其对区域经济发展、区域产业定位以及区域资源配置无疑将起到极大的影响。无疑，深圳区域位置特殊性背景下的主导产业选择必须将此重大战略契机纳入分析框架。

深圳经济发展的阶段性、功能定位的特殊性、城市结构的特殊性和区位优势的立体性四个方面，是深圳主导产业选择理论框架中具有深圳区域和产业特殊性因素的总体概括，是深圳主导产业选择理论的核心基础。深圳主导产业选择既将深圳的特殊性因素纳入分析框架，同时也沿袭这一问题研究的规范性，对相应的非市场因素以及广泛采用的共性指标进行有选择的吸收,使深圳主导产业的理论研究框架保持学术研究的规范性、合理性与逻辑一致性,同时具有区域研究的异质性与创新性。

例如,产业发展与产业选择的环境友好和可持续评价问题。绿色、低碳、环保以及可持续发展等理念无疑是当今世界各地重要的发展方向,具体到产业发展则是能源消耗、碳排放、能耗成本包括水耗、电耗、煤耗等细节指标。传统意义的经济效益即为收益、成本和利润概念,动态化之后有了时间轴的比较,继而考虑短期与长期的经济效益。但是在进入现代社会之后,由于科技的进步,同时也是自然环境对于人类社会的负面反馈,普遍认为,经济发展与环境友好之间是能够而且必须实现平衡。深圳作为国家区域中心城市,从单纯地理环境而言,相比北京、上海和广州具有较明显的环境优势,这既与深圳这一城市"年轻"的属性有关,更与深圳的产业发展路径不可分割。因此,在目前区域经济发展过程中重视提升城市品位的今天,具有良好区域优势、环境优势以及产业优势的深圳,更应该在这一禀赋基础上提升对环境评价的标准。

此外,主导产业分析研究中出现频繁的就业弹性、需求弹性、产业关联以及产业结构研究等因素,都将不同程度纳入深圳主导产业选择的理论框架之中。而有些具有重要影响的因素,如区域战略规划,却是无法以量化指标的方式进行实证,因此必须结合定性分析的模块进行阐述。综上所述,深圳的主导产业选择将分别通过两大部分展开研究:其一是对相关基准的量化体系与量化指标进行具体分析,从而获得相应的定量数据与定量分析结论;其二是利用相关的定量数据与结论,结合定性分析的模块进行综合性分析,最终获得深圳主导产业选择的结论。

总之,深圳现阶段主导产业选择既立足深圳当前现状的四个特性,即经济发展的阶段性、功能定位的特殊性、城市结构的特殊性和区位优势的立体性,也需要包括产业选择理论中共性的环境友好等方面因素。尤其需要强调的是,在这一理论框架构建中,作为主导产业发展的生存环境,市场因素是最重要的考量标准;同样不能忽略,产业发展尤其是主导产业选择,非市场因素同样具有举足轻重的作用和意义,例如政府规划、区域战略以及引导政策与市场规制等,这些不能量化的非市场因素,需要通过定性分析进行补充,从而形成较完整的深圳主导产业选择理论框架。

四 深圳主导产业选择的基准体系

时至今日,国内外主导产业选择研究数量与质量俱已丰富。西方学者和我国学者根据研究对象差异，提出了自己的观点和见解，也构建了相关主导产业选择的基准，但关于"基准"的内涵并未给出明确的阐述。本书沿用现有研究的分析框架和方法，在研究内容、研究层次和类别设定以及量化工具、量化指标等方面有所创新。从理论发展的总体脉络而言，本书对深圳主导产业选择展开研究的理论基础主要是罗斯托的经济发展阶段论、克鲁格曼以及滕田昌久等学者的新经济地理、波特的钻石理论、Ottaviano 和 Puga 等学者的产业发展与人口聚集以及国内学者范红忠等的研究脉络；研究的方法基础是定性分析与定量分析的结合，在实证方法的选择上，将沿用现有主流研究方式的实证路径，采用 DEA 进行效率测度评价、VAR 进行系数评价、绩效指标的偏离度分析以及因子分析等技术手段。

从主导产业选择基准的构建角度分析，现有主导产业选择研究已经放弃了单基准选择模式，大多是基于若干基准背景下结合定性研究方式和定量的多维约束求解方式。多维约束分别根源于主导产业选择的若干不同方面，体现了主导产业选择基准的主体框架与侧重领域。当然，不同侧重方面对于主导产业选择的影响是非平衡的，因此主导产业选择基准需要定量的权重配置和定性的理论矫正。这是主导产业研究依赖定性研究与定量研究的重要原因。虽然目前深圳具有多样化的发展特性，一定程度放松了诸多选择约束，但其主导产业选择仍需多方面考察，本书的基准体系也沿用多基准模式。

在梳理国内外学者主导产业选择研究方面的理论和实证研究基础上，本书结合深圳经济发展的阶段性、功能定位的特殊性、城市结构的特殊性以及区位优势的立体性，结合宏观的国家层面战略规划、中观层面省际区域发展规划以及微观的城市战略定位等因素，基准以定性分析模块和定量分析模块两部分构成深圳主导产业基准，在两个分析模块下分别建立相应的分析指标，从而形成完整的主导产业选择基准体系。定性分析模块主要针对以下一些方面进行考察：

第一，深圳经济发展阶段的定位，包括绝对经济发展阶段与相对发展阶段两部分。罗斯托的经济发展阶段论指出：作为地区经济发展驱动力的主导产业，具有发展的阶段性与经济适应性。在不同的经济发展阶段，主导产业的选择与类型显然具有阶段性与倾向性。只有根据不同的经济发展阶段选择主导产业，才能发挥主导产业的经济驱动作用，推动地区经济发展。这一具有普适性的宏观表述，在转化为实际选择基准时有两个需要解决的问题：深圳的绝对经济发展阶段与相对发展阶段定位。这种定位需要建立于收入、人口、消费以及产品市场等若干重要方面。从宏观方面，相对定位必须锁定主要产品市场，既包括国内市场也包括国外市场。与宏观对应的微观定位则是深圳目前的生产水平、收入水平以及创新水平。从发展阶段定位角度出发，选取若干核心指标即可。目前针对国内外著名城市发展阶段的比较分析的研究成果较为丰富。基于这一维度的定性分析内容还包括经济发展阶段与产业匹配、经济发展阶段与供需匹配以及世界分工趋势下的宏观市场环境等若干因素。当然，本质上这些考察维度存在较多内容重合之处，尤其从经济总量、空间面积和人口规模维度评价下，面对国内市场和国际市场而言的深圳，其体量相对有限。

第二，经济发展阶段与产品需求结构匹配。这一维度仍属于经济发展阶段的微观化考察。新古典经济学认为需求决定供给，从而决定了生产数量与质量。产品存在需求的深度与广度，才能保持并扩大市场份额，因而使供给该产品的产业获得即期与未来一段时期的确定性发展。市场需求代表消费者偏好，而交通效率的提升使消费者偏好具有数量的叠加，从而形成规模报酬递增，使主导产业具有现实的选择价值与意义。主导产业是区域经济发展的关键产业，选择时必须考察市场的需求结构状况，这种需求结构的考察，应该同时兼顾本地市场和外地市场，既需考虑国内市场也需关注国际市场；此外，仍需考察产业技术研发的方向与更替速度，才能保证区域主导产业在一定时期不被消极淘汰。当然，决定产品需求的除了商品形式，还包括商品质量、品牌和包装等因素，而决定其供求匹配的核心则是消费能力，亦即个人可支配收入所设定的可行域。

第三，深圳产业政策空间、作用范围以及区域发展战略。对于深圳产业发展来说，应该选择具有市场潜力、就业潜力、发展潜力以及创新潜力的产业。另外，并非所有产业都具有较大政策空间，因此存在轻重缓急与权衡取舍。目前，深圳最大的战略契机无疑是国家层面、省际层面和城市层面的湾区经济战略。

第四，经济绩效，包括市场竞争强度、市场竞争效率和产业结构绩效三个方面，亦即表征深圳功能定位特殊性的三个方面。经济绩效的三个指标在定量分析方面相对成熟，但是，对于定量方法的选择，仍有值得改进之处。此外，在其他诸多产业研究中的一个重要产业考察指标"产业关联度"，亦有考察意义。所谓的"关联产业"，通常指产业发展过程中提供产品和要素的产业，或以该产业产品为基础进行再加工的产业。由于产业间关联效应的存在，因此对于区域主导产业选择，基于产业关联而形成的产业群将成为主导产业选择的技术创新溢出和经济绩效溢出。如果关联产业的发展现状、发展潜力与发展规模都较理想，主导产业发展将具有较好的发展趋势，反之则不利于主导产业发展。当然，深圳的产业功能定位具有一定特殊性，关联产业的发展现状与潜力和规模之间不一定具有强相关性，具体原因已在理论框架中做出说明。与此对应的是，深圳功能定位的特殊性对应产业效率的关注较高，因此这一基准本质属于产业效率的测度与评价。

第五，经济发展与城市结构。如前所述，产业结构和人口结构是区域经济发展过程中最重要的两个结构概念。从产业结构视角分析，深圳产业结构演进具有一般趋势与特殊趋势，即既具有一般区域经济产业结构演进的特征，又具有深圳独特的产业结构特点。主导产业属于产业的范畴，因此主导产业的选择应立足于地区产业结构基础。深圳的主导产业选择的未来规划须依托深圳产业结构演进历史和现状。配第—克拉克定理认为，产业结构演变的规律是从以第一产业为主到以第二产业为主，最后逐渐过渡到第三产业占绝对比重，这一描述得到西方先发经济体的实证支持，但也存在例外。这一简单的表述并未揭示产业结构调整的时间、空间及方式等内容，因此其仅是一种结论性描述。脱离现实的产业发展基础，盲目追求形式化产业结构，必然是一种机械的形式主义。显然，深圳主导产业选择首先需尊重自身产业结构基础，另外，考察产业结构演化方向。深圳主导产业选择的人口结构，与深圳产业结构一样，具有独特的城市特征和时代特点。诚然，研究主体可以通过量化工具考察相关指标，获得量化分析基础，因而可以通过定性研究和定量研究具体化深圳城市结构特殊性的特征。

第六，区域位置特殊性的资源禀赋与战略契机。和其他许多经济区域不同的是，深圳区域位置的特殊性具有非常优良的"湾区经济"优势。但湾区的地理区域不同，拥有的资源禀赋类型和资源的丰裕程度也存在差异。此外，交通效率的高低，一方面从资源供给强弱程度影响产业发展，另一方面从成本角度影响产业的市场竞争能力。因此，资源禀赋和交通效率在一定程度需要综合考察衡量。要素禀赋部分决定了深圳目前所能发展的主导产业的范围，而交通效率无疑扩展和强化了这一选择。目前深圳最大的战略契机即"湾区经济"战略,作为区域主导产业选择研究,战略契机的发展意义一定程度上超过一般产业选择思路。在进行主导产业选择时,须结合国家、省际和区域的产业规划战略进行权衡,积极利用战略发展契机,合理培育、扶植并促成具有市场潜力的主导产业形成与发展。

第七,深圳主导产业选择与生态环境和可持续发展的统一。欧美及亚洲的日本、新加坡等先发国家和地区,在其工业化发展转型之时,无一例外经历经济增长与环境和谐的冲突与治理问题。当前环境保护与可持续发展理念已深入人心,受到国际社会重视与监督,粗放式高污染产业发展已不合时代主流。当然,这并不意味着一些具有污染的产业不能发展,而是需要以更严格、更审慎的态度去处理。从经济学角度出发,则是类似行业的发展需要增加更多的生产工序、购置更多的生产设备、执行更严格的生产标准、接受更严格的监督监管,最终将转化为更高的生产成本。这种外生成本的叠加无疑会弱化该类产业的市场竞争能力,自然影响其在主导产业选择过程中的获选概率。尤其对于具有较多产业发展选择的区域,这类产业获选可能性极低;对于落后的经济发展区域,因为选择项不多,却因此能够形成相应产业链。

表4-1　　　　　国内部分学者区域主导产业选择基准体系比较[1]

选择基准	需求收入弹性	影响力系数	感应力系数	TFP增长率	市场占有率	净产值率	固定资产产出率	销售利润率	产值规模	就业吸纳率	出口规模	比较优势系数	技术扩散
王岳平	○	○	○	○								○	○
钱雪亚		○	○	○	○				○				
陈晓剑	○	○	○	○		○	○	○	○	○			
刘思峰	○	○	○	○								○	
邓玉金	○	○	○	○									
刘克利	○	○	○	○					○		○		

与定性基准侧重于主导产业的发展背景和约束条件有所区别,深圳主

---

① 张雷:《资源环境技术约束下我国主导产业选择研究》,博士学位论文,上海社会科学院,2012年,第54页。

导产业的选择也需要通过一定的指标对部分能够量化的经济特征、性质进行衡量与评价。国内学者对于区域主导产业研究的相关基准选择，具有一定共同点，又存在其各自特色之处。表 4 - 1 对国内一些学者研究的定量基准体系进行了比较。结合当前主流研究文献的做法以及深圳目前的发展特点，本书定量基准包括以下几个方面：

第一，行业规模基准。这一基准的选择价值和选择意义在理论分析框架部分已进行相对详细的分析。传统意义的行业规模基准，一定程度与关联效应基准联系，通常产业间经济活动所引起的产业间相互影响，某种程度也是一种生产领域的需求和供给的关系。尤其是在现代产业体系中，分工倾向微观、细小、专业的模块化，产业间共生依赖关系趋于强化。这一发展方向在信息时代具有跨产业、跨结构的带动效应，且这种效应可通过梯度转移产生波及效应，催生众多新兴行业，从而推动地区经济的发展。行业或产业通过关联形式，使产业整体规模扩大，逐渐成为区域产业发展日益重视的产业集群概念。在定量分析框架中，对于行业规模的定量研究将综合考虑市场绩效、产业关联及产业群在整体产业发展中的地位与作用，摒弃传统产业关联度测算方法。主要理由在于，在当前新材料、新能源以及产业交叉性趋强的综合性市场竞争背景下，传统的关联效应基准略显狭隘和僵化。因此，本书将对包括赫希曼基准在内的若干行业规模基准适度放松，转而关注其产业间协作与定性联系，使其更符合当前产业测度趋势。

第二，技术进步基准。筱原三代平选择生产率上升率作为技术进步基准。生产率上升基准具有不可避免的选择偏向，通常具有生产率优势的产业容易入选主导产业。目前主流产业分析中，"生产率"通常被具体化为全要素生产率（TFP）概念，是一种将所有投入要素全部考虑在内，并利用索洛分解的方式测度总产量和要素投入贡献之间相对关系，目前此方法的理论与应用都较成熟。同时，对技术进步水平测度还可通过DEA 方法分解为技术效率、技术变化效率等因素，具有更微观和立体的比较效果。通常，全要素生产率提高速度较快，该产业技术进步的效率也相应较高。因此，具有相对较高全要素生产率产业具有更好的经济绩效，同时能够在产品出口和要素入口获得更高的资源集聚效率，为产业进一步集聚与发展积累技术和资源，从而获得更多发展机遇。21 世纪的现代经济发展，技术对于经济的激励作用逐渐提升。新古典经济增长理论强调技术对于一个地区或国家健康持续发展的重要性，因此主导产业选择必须坚持技术效率原则，这适用于一个地区的经济持续发展。全球化无疑加剧区域间经济竞争，同时也促进技术交流。技术效率已成为一个地区产业竞争的基石，技术创新则是市场竞争的关键。这不仅体现产业目前发展状态，也必然影响产业未来竞争趋势。显然，对于区域主导产业的选择，产业技术效率的定量分析与比较是核心测度基准，同时也是分析和选择的重要基础。

第三，经济效益基准。经济效益基准与市场潜力基准都是衡量产业发展市场性绩效的重要尺度，其测度目标和分析工具具有较大程度一致性。经济效益通常是对产业现状的描述与评价，而市场潜力则是更具发展倾向的总体趋势判断。综合相关指标特征与性质，最终具有决定产业市场潜力和经济效益的核心因素仍是产业技术进步效率。因此，从这个意义上说，市场潜力基准与经济效益基准是技术进步效率基准的扩展和支撑。

经济效益基准是主流主导产业研究的通用基准，因此有其存在的合理性、可行性与必要性。通常而言，经济效益指标较好的产业，可以理解为在生产方面或市场经营等方面具有比较优势。比较优势的本质是建立于区位优势、要素禀赋及科技创新或市场效率等综合因素的一种量化比较，其依据是市场化成果与成本之间差额大小。显然，经济效益基准是一个相对静态的指标，对于许多创新性、前向性和风险性产业，注重现期市场绩效的经济效益基准可能并不一定合适。但是，在定量分析的模块，适度地选取传统的选择基准也是一种对比和参考的重要途径与手段，保持判断标准的合理性和延续性。

第四，市场潜力基准。与技术进步基准供给角度不同，市场潜力基准是从市场对于某一产品的需求程度和需求持续周期等视角切入。所谓市场潜力，指的是在现有市场环境、产业背景、竞争格局以及消费模式下，当某一产品或服务能够获得市场需求规模并将其转换为现实经济效益的能力与机会。显然，市场潜力基准与经济效益基准具有较大的差异，这一指标更加倾向于未来的市场容量和市场绩效。需求的本质是抽象化的市场，在市场经济条件下，需求是维持产业生存、推动产业发展和导致产业优胜劣汰的直接驱动力；而市场潜力基准，一方面从市场需求的深度广度考察，另一方面从自身的技术、经验和发展潜力等因素考察。深圳主导产业的选择应考虑产业的市场经济效益和市场发展潜力。

第五，人口聚集与分散关系的评价基准。人口过度聚集于低产出、高能耗的产业，如一些低端密集型制造业、带有较大污染的化工企业，也许在短期能够获得较大的经济收益，并能较好地解决就业等问题，但是从动态的、长远的发展角度看，这一类型企业无法代表未来发展的方向，更不可能成为主导产业。而人口过于分散无法实现资源聚集以及其他相关因素的聚合效应。因此，人口的聚集与分散之间需要保持动态平衡。另外，对区域经济发展与主导产业方向选择具有重要影响的是未来人口的发展状态。其中包括深圳进入发展稳定期后，人口总体规模进入相应稳定状态后的人口结构，如户籍人口、流动人口、就业人口等指标及其相互关系。这些指标不仅以就业的形式对区域产业发展有直接影响，同时以家庭这一经济体中的基础单元形式，从社会公共服务、社会经济稳定、区域经济循环以及城市总体稳定性等多方面对产业未来发展产生重要影响。无疑，人口在目前发展阶段，必然是区域经济分析、区域产业分析不可忽视的重要评价基准。

第六，环境友好的可持续评价标准。绿色、低碳、环保以及可持续发展等理念无疑是当今世界各地都非常注重的发展方向，具体到产业发展则是能源消耗、碳排放、能耗成本包括水耗、电耗、煤耗等细节指标。传统意义的经济效益即为收益、成本和利润概念，动态化之后有了时间轴的比较，继而考虑短期与长期的经济效益。但是在进入现代社会之后，由于科技的进步，同时也是自然环境对于人类社会的负面反馈，普遍认为经济发展与环境友好之间是能够而且必须实现平衡。深圳作为区域中心城市，从单纯的地理环境而言具有较明显的环境优势，这既与深圳这一城市具有"年轻"的属性有关，更与深圳的产业发展路径密切联系。因此，在目前区域经济发展过程中重视提升城市品位的今天，具有良好区域优势、环境优势以及产业优势的深圳，更应该在这一禀赋基础上提升环境评价标准。

此外，还有若干具有较强定量分析的模块，比如就业贡献、环境友好程度等。根据深圳主导产业选择的理论框架，以及相关分析对象和内容的特点与性质，将对深圳主导产业选择的相关定性分析模块和定量分析模块归纳，具体内容见表4-2。

表 4 - 2　　　　　　　深圳主导产业选择的整体分析框架

子系统	定性分析模块	定量分析模块
经济阶段特殊性	经济发展阶段与产业匹配	发展阶段定位
	经济发展阶段与供需匹配	
	世界分工趋势的宏观环境	
功能定位特殊性	市场竞争强度	行业规模
		技术进步
	市场竞争效率	经济效益
	产业结构绩效	市场竞争力
		市场潜力
城市结构特殊性	经济发展与城市结构	人口聚集
	要素聚集与产业发展偏向	就业贡献
区域位置特殊性	区域战略发展契机	
	湾区环境	
生态环境与可持续发展		环境友好程度

这一框架分析将基于深圳主导产业选择所立足的 4 个重要基础，同时综合考虑生态环境与可持续发展模块，采用定性分析模块和定量分析模块对此进行展开分析。其中，对于较难量化的部分以及量化不足以说明问题的部分，通过定性分析方法进行补充阐述；而定量分析模块，将选择 9 个方面作为研究入口，继续进行次级量化指标选取、数据收集以及实证方法选择等问题的思考。基准指标的选择对于量化分析的范围、质量和研究结论具有重要影响，因此在下一章的量化分析部分，将继续对量化基准、量化指标以及量化数据等方面内容展开分析。

第四节　本章小结

本章以前一章为研究基础，针对现有主导产业研究理论在时效性、区域性、阶段性和基准复杂性等方面存在的若干局限，提出对深圳主导产业选择研究的理论思考。基于四个特性，即经济发展的阶段性、功能定位的特殊性、城市结构的特殊性和区位优势的立体性，对深圳主导产业选择的基础进行思考、补充和扩展。沿用主流产业理论研究及主导产业选择分析的研究传统，确定以定性分析和定量分析两个模块相结合的方法基础，并通过构建若干模块对深圳主导产业选择的维度、范围和方式进行分析研究。这一方法论的确定既是研究传统和研究方法的沿袭，也是由研究对象性质和研究目标特点所决定的。本章的最后部分基于罗斯托经济发展阶段、克鲁格曼新经济地理、波特的钻石理论和滕田昌久的劳动力要素流动等相关理论，对深圳主导产业研究的理论框架进行了梳理和确定，并以此为基础，结合深圳主导产业研究框架中若干研究模块的性质及相关研究基准的定性和定量特征因素，设计了深圳主导产业研究的基准体系。

第五章　深圳主导产业选择的量化分析

实证分析是基于主导产业选择理论框架下的定量分析模块，通过选择部分可量化的因素，在可量化领域选择部分可行可控指标，同时采用若干方法进行处理所获得可比较分析数据的过程。由于定量分析过程中选择特征指标的差异，因而定量分析也存在一定的主观选择性与客观片面性。这既是不同产业选择研究的差异性所在，也反映了不同研究者对于该类问题的不同观点与看法，即使同一研究对象，也存在样本与特征的选择差异。

第一节　深圳主导产业定量分析指标体系的构建

主导产业选择基准的指标体系，是基于产业研究目标、研究对象的性质和相关目标的量化性质及量化效果，包括样本数据可得性和可信度等多方面因素的确定和建立。因此，必须从研究框架中诸多的考察方面选取相关模块，构建能够进行量化分析的定量研究指标，并寻找合适的定量方法进行考察。

一　深圳主导产业选择基准的量化分析模块

本书从定性研究与定量研究的相关方面选择若干侧重点，并归类为若干基准指标作为实证对象，从而获得这方面的排序指标，为综合性的深圳主导产业选择提供相关方面的基础数量指标。根据分析框架，需要关注的模块主要包括定性研究方面的经济发展阶段与产业匹配、经济发展阶段与供需匹配、市场竞争强度、市场竞争效率、产业结构绩效、经济发展与城市结构、要素聚集与产业发展偏向、区域战略发展契机、湾区环境与湾区经济等内容。事实上定性研究模块包含一个问题的不同方面，比如经济发展段与产业匹配、经济发展阶段与供需匹配、世界分工趋势的宏观环境侧重经济发展阶段的产业发展趋势，而市场竞争强度、市场竞争效率、产业结构绩效无疑是产业市场效率的表征；定量研究则包含发展阶段定位、行业规模、技术进步、经济效益、市场竞争力、市场潜力、人口聚集、就业贡献和环境友好程度等方面。综合考察定性研究与定量研究模块，并结合深圳主导产业研究的内容、方向与侧重点，本书将实证分析的范围再次筛选重新组合，确定在经济发展阶段定位、行业发展规模、技术创新与进步能力、行业经济效益、市场前景和市场竞争力、环境友好状态、市场增长潜力、产业就业贡献以及人口聚集与分散状况等部分进行指标选择与数据收集。确定实证分析模块之后，仍需要寻找这些模块的特征指标、样本数据、评价维度以及实证方法。事实上，有些模块在定量化方面存在若干障碍，比如没有能够准确反映相应特征的核心指标，或者指标体系的认可度不高，以及数据获得与数据处理方面的障碍，都将影响量化分析的质量。因此，对于确定的模块仍需要进行处理，寻求合适的定量分析模块体系。

基于这些方面的考虑，在对相关模块进行考察之后，把选择基准确定为发展阶段、行业规模、技术进步、经济效益、市场竞争力、环境友好、市场潜力、就业贡献和人口聚集九个基准。具体见表 5 - 1。

表 5 - 1　　　深圳主导产业选择定量分析模块相关指标选择

量化基准	指标选择	数据来源
发展阶段	个人可支配收入	国家与相关区域的收入数据
行业规模	产值、增加值等	工业总产值、工业增加值、销售数据
技术进步	技术效率指标等	劳动投入、资本投入、劳动生产率
经济效益	资产贡献率、利润率等	成本费用利润率等财务数据
市场竞争力	市场占有率、成本费用率等	区域销售收入等统计数据
环境友好	主要能源能耗指标及偏离度	污染指标、能源消费量/总产值
市场潜力	产业增长率	增加值、行业销售比、产品销售率市场数据
就业贡献	就业规模—产值偏离值等	年均从业人员资产比、从业人员等人口数据
人口聚集	就业集聚指数、人口结构等	相关人口数据

表5－1基准列中所列出的九个选择基准，与表4－1的深圳主导产业选择的框架体系是不同概念的内容。这九个基准是从定性研究与定量研究框架诸多考察模块，选取适宜进行量化分析中的若干基准进行实证。其实证结论结合定性分析，包括政策、区域、发展规划等因素，共同确定现阶段的主导产业选择。表5－1实证基准的选择理由是建立在可获得、可处理、可控制及可比较的基础之上，由主导产业筛选需要而进行的选择组合，其数据与参数只代表一种数量的关系。最终的判断与选择仍需要参考其他相关因素。

表5－1中列出的实证分析基准数量综合反映了主导产业选择的相关考察内容。表中九个选择基准，关联的内容不仅仅局限于这九个方面。不同的考察模块，其考察基准依赖同一个参数指标的质量，因此，需要更多相关数据、理论以及支撑参数进行相互支撑。主导产业选择基准本身只是提供数据分析的方式与数据分析结果，应用于不同的模块能够得到不同的分析结论，而处理和阅读数据的关键在于基准所用于解读的内容。

二　深圳主导产业选择基准的量化指标与数据来源

选择基准的确定与最终体现基准内容与要求的指标，存在若干不确定性。因为指标体系类型的实证通常要求指标选择能够体现所研究问题的主要特征，而通常在实践中，对于某一研究问题存在若干不同的研究指标。以人口聚集这一基准而言，现有文献对这类问题的处理存在较多不同选择，如流动人口、户籍人口数、户籍人口占年末常住人口比、流动人口占年末常住人口比、管理人口、流动人口占管理人口比以及人口密度等。显然，在不同的研究设计中，选择基准、指标选择以及数据结论之间，存在较多的差异性。

本书将深圳主导产业选择基准实证研究的基准项目确定为发展阶段、行业规模、技术进步、经济效益、市场竞争力、环境友好、市场潜力、就业贡献和人口聚集九个基准。现就各基准项目所确定的指标选择、指标构成及其数据来源进行粗略说明。

发展阶段基准目标是衡量并确定深圳目前所处的经济发展阶段，其主要理论支撑来自罗斯托的经济发展阶段论，现有研究大都参考钱纳里和塞尔奎因对经济结构与人均国民收入、人口增长关系提出的基于人均收入水平的经济发展阶段量化表。尤其是他们以1979年美元收入为基准提出的生产阶段参照标准，为全世界国家和地区进行经济发展阶段与生产阶段的定位提供了一个可供参照和比较的尺度。正因为不同的发展阶段对应于不同的消费阶段、生产阶段以及产业构成阶段，因此对于发展阶段的确认，是了解区域经济发展状态以及整体经济发展趋势的重要宏观方向信息。定位其经济发展阶段，需要绝对阶段与相对阶段两方面的考察。绝对阶段既参照实际人均收入水平指标，主要选择钱纳里和塞尔奎因生产阶段与人口收入发展对应表所列出的相应指标进行钱纳里和塞尔奎因定位，锚定目前深圳发展的大概阶段；相对阶段的考察则需要拓展视野，从更加宏观的视角考察目前相对我国其他主要地区城市以及主要贸易伙伴和竞争对手的发展阶段。基于这一视角，相对经济发展阶段比绝对经济发展阶段更具现实价值与意义。

行业规模基准主要基于对产业发展潜力、市场竞争力以及市场发展阶段等模块的回应。行业规模过大已不再属于主导产业而应归入支柱产业行列；行业规模过小，则未来发展充满不确定性。在当前技术创新、市场需求快速变化以及信息爆炸的市场环境下，产业更新的速度相比过去有较大变化，因此适度的产业规模是主导产业选择的一个重要参考。当然，行业规模本身对于产业未来发展的决定作用不大，仅是作为其他基准的支撑性基准。行业规模基准选择两个指标，分别代表总产值和增加值。考虑行业发展规模这一基准对于主导产业选择的参考价值较小，因此放弃次级指标。尤其是对于具有更核心意义的技术进步指标而言，行业规模指标的参考价值相对弱化。

技术进步基准是大部分产业研究和主导产业选择研究项目的重要尺度。围绕技术进步所展开的各种理论研究、方法研究、指标构建以及数据分析等内容，几乎涉及从宏观经济发展到微观企业效率的各个环节和方面。客观上说，技术进步基准的研究已经相对成熟，尤其是指标构建、方法选择以及评价标准等。目前最主流的技术进步基准是基于全要素生产率（TFP）的资本、技术和劳动力分解，这是目前被广泛认可的指标体系。对于技术进步基准的指标选择、数据测算和效率评价，也采取类似经济发展阶段基准的定位思路，分别为行业绝对技术进步与行业相对技术进步。绝对技术进步是产业内部在时间序列数据中体现出的进步效率，反映行业自身在时间轴的发展趋势；而相对技术进步则体现出产业在产业群中的进步效率，这样的相对技术效率对于未来的发展趋势、竞争趋势和研发趋势，具有重要的影响与意义。沿用这一工具的分类比较分析，相对而言具有更客观全面的判断效果。技术进步基准不仅是定量研究部分的核心参考方面，也是实证过程里最重要的依据。这一数据与主导产业选择基准中的其他维度数据相互印证，为综合分析、判断和选择提供支撑。

　　经济效益基准与行业规模基准具有对立统一性。一般情况下，行业规模能发展壮大，必然与其前期良好的经济效益有关；如果经济效益较差，这一行业必然进入衰退期。同样道理，经济效益较差的行业，其行业规模自然趋于缩小。体现在市场竞争的过程中，则必然表现为就业规模下降、利润率降低、产品销售量萎缩等方面。因此，经济效益基准与行业规模基准既可以作为相互印证的一对指标，也可根据其变化发展的趋势进行粗略的行业发展判断。出于简洁考虑，同时参考近年该领域的研究成果，本书沿用主流指标体系，选择资产贡献率以及利润率指标作为经济效益基准的考察尺度。

　　市场竞争力基准一定程度是比技术进步基准略宏观的综合性判断基础。技术进步无疑是企业获得长期竞争优势，尤其是未来一段时期获得较强市场竞争力的核心因素，但这一优势并不一定可转换为现实优势，在远期则充满不确定性。因此，对于产业发展的判断，既需要一个短期判断基准，也需要从更宏观、更综合的角度来对市场竞争力进行衡量。市场占有率指标是目前用于衡量企业或行业市场竞争力的常见指标，并且这一指标还可以继续细分，比如同一产品或同一行业的销售收入区域间比较、同一产品的企业间比较等，具有较大指标灵活性。总体上讲，市场竞争力基准侧重于现状描述，其预测判断的效率要低于技术进步基准。如果某产业既具有较高技术进步效率，同时市场竞争力也处于上升通道，那么这一产业显然具有较好的市场竞争力与发展前景。

　　环境友好基准是目前大部分主导产业选择研究的重要内容。可持续发展、绿色、环保、低碳、低能耗以及低污染等诸多方面约束，尤其在目前经济发展、社会发展及互联网信息时代，落后的生产方式对产业发展带来的不仅是经济损失，极可能对企业个体带来不可挽回的社会抵触情绪。产业是由数量众多的不同企业所构成，因此，无论从企业、行业和产业发展角度，还是从社会、环境及长期发展视角，生产方式的环境友好基准也是必须坚持的底线。正因如此，对于环境友好基准的指标选择部分，本书采用较简单的能耗指标进行概括，比如能源消费量以及能源消费量与总产值比重等。需要指出的是，环境友好基准在产业研究中是重要组成部分。但从深圳的产业现状出发，深圳目前工业体系中排名前五的行业占工业产值的60%以上，无一属于高能耗、高污染企业。选择这一基准是出于分析体系的严谨性，其对应深圳主导产业选择实际价值有限。

市场潜力基准与市场竞争力基准与技术进步基准同属一个大类，即市场竞争状态模块。如前所述，市场竞争力基准侧重于现状，市场潜力基准则侧重于未来，而真正决定两者持续性、发展性和竞争性的核心基准是技术进步基准。因为市场潜力基准属于核心基准的次级基准，同时考察方向侧重未来市场，因此选择需求收入弹性和产业增长率两个指标对市场潜力基准进行概括，指标则由产业增加值、行业销售比及产品销售率构成。

就业贡献基准与前面若干基准测度方向存在较大不同。就业贡献并未直接测度市场容量、市场前景及产业竞争等因素，而是考察作为生产要素的"劳动力"内容。从古典经济学的基础框架分析，构成市场的基础单元，一为企业，二为家庭。从市场视角，"人"的概念具体化为劳动力；从社会视角，"人"的概念即为构成家庭的社会成员。这一古典假设被经济学家所认可并重视，最终发展成为福利经济学的重要起点。当然，就业贡献基准并不是与市场割裂，社会成员的"人"具体到市场就是劳动力概念，而产业、行业、经济、市场的问题，最终也必须具体到"人"的概念。一个行业的就业容量大，通常被归类为劳动密集型行业，因而从个人产出角度具有一定劣势。如果一个行业处于上升期，其市场规模在扩大，吸纳的劳动力数量也呈现出增长趋势，这对于区域经济良性发展具有推进作用。因此，必须客观、中性地看待就业规模的问题。基于这样的考虑，本书选择就业—资本比表征就业贡献基准，并以年均从业人员资产比和从业人员比重对就业—资本比进行充实完善。

人口聚集基准与就业贡献基准是考察视角和考察内容相近的基准体系。两者着力点都在于"人"，只不过就业贡献基准考察的重点是"劳动力"，而人口聚集基准考察的是更加多元和立体的"劳动力"，即建立在劳动力基础之上的整体的"人"的聚集程度。另外，就业贡献基准的测度更加注重产业绩效与就业强度和就业规模，而人口聚集基准则围绕"就业人口"指标，建立起基于"就业人口"的人口结构指标群。其中较为关键的几个指标是就业人口增速和人口结构，其次级指标由就业人口、年末常住人口、管理和服务人口、流动人口以及户籍人口等基础指标所构成。

三　量化指标选择与相关数据说明

基于现有文献以及研究对象的性质和特点，本书的实证分析部分选择经济发展阶段基准、行业规模基准、技术进步基准、经济效益基准、市场竞争力基准、环境友好基准、市场潜力基准、就业贡献基准和人口聚集基准九个方面进行考察，同时选择若干指标对这九个基准进行细化反映。九个基准之间不是平行、独立而互无关联的状态，而是具有不同程度内在、外在或发展路径的联系。基于九个基准间不同性质、不同程度的相互联系，因此采用框架图对此进行粗略的描述，见图 5 - 1。

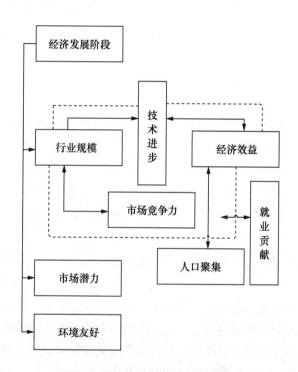

图 5 - 1　基准要素相互关系结构

图 5 - 1 中采用若干不同的图框表示其基准之间的相关关系。整体而言，整个基准体系可以分为发展阶段、市场、人口和环境四个宏观的方面。其中处于上层的基准是发展阶段，它是一个相对宏观的基准，为区域整体经济发展阶段的确定进行一个粗略的定位，通常其数据获得途径较多，技术方式也较简单。

另外两个部分是市场大类和人口大类。市场大类的核心基准是技术进步基准，而市场竞争力基准基于技术进步基准，并综合考察多种其他市场因素而更立体、更抽象的市场测度基准。另外两个隶属于市场基准大类的是行业规模基准与经济效益基准。行业规模基准相对于经济效益基准而言，偏向于相对静态的现状衡量；经济效益基准具有一定动态性，倾向于测度企业的发展情况。两个基准的核心成分仍是基于技术进步、市场竞争所伴随的行业或产业发展状态，因此这四个描述市场内容的基准总体归属于同一基准大类。

评价和选择产业必须将市场和人口作为重要参考依据。本书建立的主导产业选择体系的另一实证分析大类是人口，其核心基准是就业贡献基准。准确地说，市场由生产者和消费者两大核心构成，具体到经济循环圈的微观个体，每个社会成员最终都是消费者，同时也是生产者。无疑，人口问题才是所有经济问题的起点和终点。就业贡献基准密切联系着市场大类的相关基准，同时也是更宏观、更直接的人口聚集基准的核心。人口聚集与市场大类基准的联系是通过就业基准的衔接实现，但聚集指标体系是围绕就业展开的更加庞大的人口指标群。每一个国家、城市或其他区域都非常重视人口的问题，如就业人口、流动人口、管理人口等指标，这不仅与经济生产密切联系，同时影响到社会生活以及相关政策的制定与实施。

环境友好基准对于产业研究与主导产业选择重要性与日俱增。环境友好一方面是基于生产阶段、生产形式以及科技进步水平；另一方面也与人口素质、生活方式以及对环境保护的态度密切联系。这一基准本质上可以看作与经济发展阶段、市场和人口平行的环境约束基准。随着科技进步、社会进步和文明进步，今天的可持续发展与环境友好概念深入人心，成为经济发展必须正视的硬约束。不过，正如前文所分析的，环境友好基准对于目前深圳的发展而言，并不是具有实质意义的约束条件。因为深圳功能定位的特殊性、区域位置的特殊性以及城市结构的特殊性，深圳从未有建立完整工业体系的目标和必要，同时经济发展也早已度过依赖高污染高能耗实现经济规模扩张的阶段。此外，生产要素价格以及其他市场机制的作用，自发的淘汰相关对环境具有较大负面影响的产业，这是深圳经济发展的一个特色。

本书所有实证数据除有特别说明外，全部来自相应地区、城市的各类型统计年鉴以及各类型相关公报。诸多两位数、三位数产业数据，由于统计口径的屡经调整，致使诸多产业数据的时间序列数据，其内容和形式的连贯性与严谨性具有若干缺陷。这是当前统计制度下难以避免的现实约束。因此，除有特别说明，统计口径以及相关序列数据，大部分沿用政府年鉴的口径数据。此外，实证分析中所采用的行业子类数据和细项数据全部来源于深圳市统计局。

第二节　基准指标实证工具的选择

对于产业数据的选择与处理，需要采取有针对性的数量统计方法，随后对各产业进行实证研究。但是，目前实证工具的选择范围较广，处理方法也较多，需结合研究对象、研究目标和研究数据性质对实证工具进行必要筛选。

一　实证工具选择思路与依据

近年产业研究以及主导产业选择研究的诸多文献中，实证过程应用的相关工具以及数量统计方法，相比早期研究已极大地增加与丰富，主要包括投入产出法、因子分析法、AHP 方法、主成分分析法、偏离—份额分析法（SSM）、灰色关联法、数据包络分析法（DEA），随机前沿分析法（SPA）、线性规划法、SWOT 方法、德尔菲专家赋权法、熵值检验法、模糊分析法、BP 神经网络法、加权归总法、聚类分析法、支持向量机法等多样化定量分析手段。诸多分析工具与方法之间也可分为不同的大类，如AHP 方法、德尔菲专家赋权法、SWOT 方法等，基于分析者或者专家的主观赋权，具有一定主观性，因而可以归类为具有较强主观判断性质的量化模型；主成分分析法、因子分析法以及聚类分析法等，针对拥有较多指标内容的指标体系，且指标之间具有层级、主次关系，属于多元统计分析方法；模糊分析法、BP 神经网络法、支持向量机法等利用变量不同时期的特征值进行数据挖掘，从而获得相应信息，本质上属于时间序列预测方法；数据包络分析法（DEA）和随机前沿分析法（SPA）是目前最主流的TFP 测度工具，尤其是对于要素投入、产出和技术效率的比较及项目运营评价等方面。

各种实证工具和分析方法都有其适应的研究对象与应用空间，同时也有其各自分析的有利方面与相应缺陷。依据前面部分对实证基准指标的选择以及数据性质，本书基于以下理由，对众多实证工具进行选择和应用：

第一，对于核心选择基准与具有充沛数据量的指标，采用主流实证工具，如技术进步指标，无疑是所有指标中最为核心和关键的评价标准，它的作用不仅仅在于判断产业的技术进步、要素投入效率等方面，同时也为产业规模基准、市场竞争力基准和经济效益基准等模块提供方向选择。无疑，对于技术进步指标的实证方法和实证工具就要更加细致和严谨。

第二，对于数据较易获得且具有较强参考价值的基准，尽量采用简洁、精确且可比较的实证方法。通常具有较丰富样本数据的情况下，实证方法的选择空间相应较大；同时，该基准的实证结论具有较强的参考价值，因此客观也需要实证方法较准确。基于这样的背景，选择参数性、回归性等具有较强数量客观性的实证工具，能够更加符合基准体系的判断要求。

第三，对于数据获得存在困难，或者数据不连续、不完整等情况，尽量采用非参数性实证方法。数据缺失、数据间断以及数据指标冗余等情况，采用非参数实证方法，如灰色关联分析法、数据包络分析法（DEA）等实证工具能较好获得分析结果。这也是目前研究文献中广泛采用的实证方法。

第四，对于某些具有共性研究价值且研究已较广泛的基准，其数据在已经被较多的学者进行挖掘的背景下，可以采取简单的数据分类、比较以及矫正后采用。比如经济发展阶段基准中选择的人口收入指标，无论是GDP、GNP还是人均GDP，这类指标无疑是各种类型经济研究成果的基础数据。因此对于这类指标，并无重复计算和反复矫正的必要，只需在较权威的数据获得来源进行相应处理即可采用。

诚然，对于实证工具的选择，其最终出发点仍然是研究目标、研究对象的性质与研究对象的特点。但是，对于具有较多实证工具选择的样本数据，采用不同的方法，其过程、结论以及整体效果具有一定偏差。因此，确定相应的实证工具选择思路和依据，从而形成对深圳主导产业选择基准实证研究的量化工具选择标准，对于研究形式的逻辑性、统一性和严谨性具有积极意义。

二　技术进步指标的实证工具选择

表5-1基准列中所列出的九个选择基准并未构成完整的主导产业选择基准体系，且相关基准的选择标准是建立在可获得、可处理、可控制以及可比较的基础之上，由主导产业筛选需要而进行的选择组合，其数据与

参数只代表一种数量的关系。表中列出的实证分析基准数量较多，综合地反映了主导产业选择的相关考察内容。图 5-1 是在表 5-1 的基础上，进一步对表 5-1 中若干考察基准间相互关系进行比较和归类。根据基准所包含的子项考察指标的重要程度，有必要对主要指标及实证工具选择进行确定，从而获得相应的实证结果。

技术进步基准是最重要的评价基准，其核心指标要素生产率无疑是整个市场模块的核心指标。沿用现有大部分做法，数据包络分析法（DEA）和随机前沿分析法（SFA）是目前最主流的 TFP 测度工具，尤其是对于要素投入、效率比较以及项目评价领域的比较分析。对于 DEA 和 SFA，其应用范围和测度对象早已突破单纯的对技术效率、技术进步等方面。

库普斯曼斯（Koopsmans，1951）和德布勒（Debreu，1951）很早提出技术效率概念，谢泼德（Shephard，1953）则引入距离函数构建技术效率模型，而后法雷尔（Farrell，1957）基于二者基础，尝试以距离函数思想测度生产效率，以此构建生产前沿分析的理论基础。从时间角度看，以参数估计为基础的 SFA 方法略早于非参数方法 DEA。Meeusen 和 Broeck（1977）以及 Aigner、Lovell 和 Schmidt（1977）分别提出 SFA 的基础模型，其基本表达为：

$$Y_i = X_i\beta + (V_i - U_i) \tag{5-1}$$

其中，$i \in N^+$、Y_i 是第 i 家企业的产出，X_i 是第 i 家企业的 $K \times 1$ 投入向量，β 为待估计参数向量，代表着企业的技术水平，而 V_i 是独立同分布的随机冲击变量，且 $V_i \sim N(0, \sigma_{v^2})$；$U_i$ 是度量生产过程中的技术无效变量，通常被设定为非负和独立同分布的随机变量，而且与 V_i 相互独立，U_i 的分布状态在基础模型中一般被设定为 $N(0, \sigma_{u^2})$。这一基础模型主要有两个扩展方向：一是 β 系数的选择，即核函数特征界定与具体计量函数设定；二是 V_i 与 U_i 的分布特征。因为变量分布特征差异将直接影响核函数估计方法，因而 V_i 与 U_i 的设定对实证结果具有重要影响。SFA 扩展模型基本沿着这两个路径深入。基于大多计量模型中所采用的做法，基础的 SFA 模型通常选择复合残差项，假定 V_i 和 U_i 为正态—半正态或正态—指数分布，并采取 OLS 或 ML 方法获得相关参数。以正态—指数分布为例，基础方程可以修正为 $Y_i = X_i\beta + EXP(V_i - U_i)$；符合 $Y_i = X_i\beta + EXP(V_i)$ 标准的生产企业定义为处于生产前沿的高效率企业；反之，则是低于前沿的较低效率企业。以柯布—道格拉斯函数具体化生产函数并对数化，即为被广泛应用的 SFA 基本估计方程：

$$\ln Y_i = \beta_0 + \sum_n \beta_n \ln X_{ni} + V_i - U_i \qquad (5-2)$$

对于 V_i 和 U_i 的分布状态，只是事前假设而非严谨论证。

随后，法雷尔放弃计量模型对参数求值而采用线性规划对目标域进行定位，通过将成本效率分解为技术效率和配置效率的 DEA 方法测量了美国的农业发展状况，随后采用非参数方法测度效率的相关研究逐渐展开。DEA 方法的理论基础与 SFA 类似，但它忽略随机因素的冲击干扰，并绕过烦琐的参数估计过程而寻求线性规划方式获得可行域，是一种不需要确定函数表达式的确定性前沿分析手段。查尼斯、库珀和罗德斯（Charnes, Cooper and Rhodes, i. e. C^2R, 1978）通过 DMU（Decision Making Unit）概念扩展 SFA 的"厂商"定义，使 DEA 研究对象和研究领域更加独立、多元。SFA 通过参数及其概率分布描述实际产出与前沿产出效率差距，DEA 方法则采用"比例"描述分段曲线，并通过多条件线性约束进行规划求解的方式获得可行域。以 CRS 条件下的 N 个独立 DMU（K 种要素投入，M 种产品产出）为例，一种获得生产最优化的线性规划问题可以具体为最大化问题：

$$\begin{cases} \max_{\mu,\nu}(\mu', \ y_i) \\ \nu' - x_i = 1, \\ \mu' y_j - \nu' x_j \leq 0, \ j = 1, \ 2, \ \cdots, \ N, \\ \mu, \ \nu \geq 0 \end{cases} \qquad (5-3)$$

式（5-3）中，i、j 代表不同的 DMU，x_i 和 y_i 分别代表投入和产出向量。其与 SFA 基本假设相同，但含义有所区别。式（5-3）最优化目标是产出最大化，对应 CRS 条件下投入的最小化。DEA 进行效率评价的基础是 DMU 投入的标准化和无量纲化。单个 DMU 的投入产出效率不会高于整体 DMU 效率，使线性问题有了强约束，实现对 DMU 进行逐一效率评价并得出结论。DEA 提供 DMU 的效率评价、比较、排序。最大化的对偶问题是最小化：

$$\begin{cases} \min\theta, \ \lambda\theta \\ -y_i + y\lambda \geq 0, \\ \theta x_i - x\lambda \geq 0, \\ \lambda, \ \theta \geq 0 \end{cases}$$

其中，θ 是第 i 个 DMU 的效率值。无疑，$\theta \leqslant 1$，其最大值 1 说明该 DMU 的技术效率已经到达了前沿面。求解的结果是为每一个 DMU 提供其 θ 值。

目前深圳产业结构中并无第一产业，主要产业都集中于第二产业与第三产业。即使从一般的两位数产业细化到三位数产业，也存在超过 10 个大类的产业空白。这一方面说明深圳的产业发展具有特殊性，另一方面说明深圳产业发展一直保持较为集中的发展优势。基于这些考虑，参数化选择 SFA 方法显得较为烦琐，因此对于深圳的主导产业选择分析中，实证分析的技术进步基准采用 DEA 方法进行数据挖掘。当然，这一技术进步比较不仅仅用于深圳产业内技术比较，还需要处理平行产业与产业内跨期效率比较。Malmquist 指数能够较好地反映动态的全要素生产率变化、技术变化以及规模变化，且能够很容易地处理大样本面板数据。

DEA 模型通常为 CCR 模型、BCC 模型和马尔姆奎斯特（Malmquist）指数模型三种。马尔姆奎斯特指数是在 20 世纪 50 年代由瑞典经济学家马尔姆奎斯特提出，后来 Caves（1982）对马尔姆奎斯特思想进行扩展建立马尔姆奎斯特生产率指数。该指数能够反映决策单元（Decision Making U-nit，DMU）前后期生产率的变化，为前沿面技术的变化和相对于前沿面技术效率的变化。马尔姆奎斯特指数模型与一般的 DEA 分解和 SFA 回归不太一样，它主要用于衡量不同时期各 DMU 的全要素生产率（Total Factor Productivity，TFP）变化，具有处理多单位跨期面板数据能力。通常马尔姆奎斯特指数将 TFP 分解为技术变化指数（Technical Change，TC）和技术效率变化指数（Technical Efficiency Change，TEC）两个部分，再将技术效率变化指数分解为纯技术效率变化指数（Pure Efficiency Change，PEC）和规模效率变化指数（Scale Efficiency Change，SEC）的乘积，其目的是识别生产率提高是以技术进步为主还是以效率改进为主。马尔姆奎斯特指数主要基于三个方面，即技术变动分析、效率变动和生产率变动进行测度评价。法雷（Fare，1989）基于费希尔指数的构造思想改造卡维斯（Caves，1982）关于 t 期和 $t+1$ 期的马尔姆奎斯特生产率指数 M $(x^{t+1}, y^{t+1}, x^t, y^t)$，其表达如下：

$$M_0(y_{t+1}, x_{t+1}, y_t, x_t) = \sqrt{\left[\frac{d_0^t(x_{t+1}, y_{t+1})}{d_0^t(x_t, y_t)} \times \frac{d_0^{t+1}(x_{t+1}, y_{t+1})}{d_0^{t+1}(x_t, y_t)}\right]}$$

t 期和 $t+1$ 期的时间动态性使马尔姆奎斯特生产率指数能够处理面板

数据，从而更好地挖掘样本数据的信息。这一公式还可以继续分解：

$$M_0(y_{t+1},\ x_{t+1},\ y_t,\ x_t) = \frac{d_0^{t+1}(x_{t+1},\ y_{t+1})}{d_0^t(x_t,\ y_t)} \times \sqrt{\left[\frac{d_0^t(x_{t+1},\ y_{t+1})}{d_0^{t+1}(x_{t+1},\ y_{t+1})} \times \frac{d_0^t(x_t,\ y_t)}{d_0^{t+1}(x_t,\ y_t)}\right]}$$

M_0 被认为是生产率水平变化指标，"$M_0 > 1$"表示生产率水平在提高，反之则下降；M_0 还可以继续分解，其中，$\dfrac{d_0^{t+1}(x_{t+1},\ y_{t+1})}{d_0^t(x_t,\ y_t)}$ 是技术效率变动指数(Technical Efficiency Change，TEC)，其判断基点与 M_0 一样，当 $EC < 1$ 时，通常被认为技术效率下降。$\sqrt{\left[\dfrac{d_0^t(x_{t+1},\ y_{t+1})}{d_0^{t+1}(x_{t+1},\ y_{t+1})} \times \dfrac{d_0^t(x_t,\ y_t)}{d_0^{t+1}(x_t,\ y_t)}\right]}$ 是技术变动指数(Technical Change，TC)，如果 TC = 1，则被认为是技术不变；技术变动指数也可以继续分解为两个部分：

$$PTEC = \frac{d_0^t(x_{t+1},\ y_{y+1})}{d_0^{t+1}(x_{t+1},\ y_{t+1})}$$

$$SE = \frac{d_0^t(x_t,\ y_t)}{d_0^{t+1}(x_t,\ y_t)}$$

其中，PTEC（Pure Techincal Efficiency Change）是指纯技术效率变化，而 SEC（Scale Efficiency Change）是代表规模效率变化。考虑到深圳产业体系的两位数和三位数行业的数量以及截面数据的容量，选择 DEA – 马尔姆奎斯特指数对深圳产业效率进行测度和评价。

三 人口聚集指标的实证设计与工具选择

人口聚集基准是表征平行于经济发展阶段、市场和环境的人口部分唯一基准。这一基准的核心指标是就业人口指标。就业人口是城市人口的核心构成部分，而人口聚集指标的测度核心包括建立于就业人口之上的诸多其他指标，如流动人口、户籍人口、实际管理和服务人口等，这些指标都具有明确的经济学意义与统计学要求。从另外一个视角观察，就业人口的过去与现状，揭示的是伴随城市经济增长过程中，人口变化的趋势与现状。这个指标既是城市发展状态的支撑指标，也是产业发展过程中就业人口与产业发展的路径指标，具有重要意义。同时城市未来就业人口的变化揭示的是产业发展的趋势，对于产业的未来变化路径同样具有支撑、证明的作用。基于以上分析，对于就业人口这个核心指标，实证部分将采用基于劳动生产率为基础构建的就业人口预测体系进行处理，从而获得其过去、现在和预期的就业人口信息。

利用以劳动生产率为基础构建的就业人口预测体系的优点之一，就是把单纯的就业人口预测分解为对国家、区域和产业增长速度差异以及一定数量代表性行业、不同产业的劳动生产率差异，从而将一个主体的预测误差分解为多体系下不同层次的较多微观个体，最大限度挖掘出误差中的有效信息。因此逻辑更加符合现实情况发展，短期预测结果也更加准确。研究思路和步骤如图 5 - 2 所示。

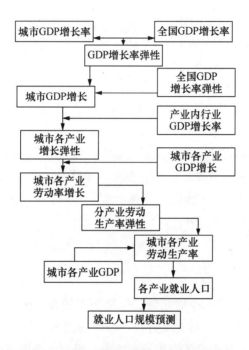

图 5 - 2　基于劳动率的就业人口集聚链路

根据理论逻辑，选择以劳动生产率建立起就业人口规模的预测模型。最基础的劳动生产率表示如下：

$$P_l = \frac{GDP}{Q_l}$$

其中，P_l 为宏观概念的劳动生产率，Q_l 为劳动数量，亦即就业人口规模，GDP 为区域经济规模。传统的弹性概念是一定时期内相互联系的两个经济指标变化程度的比率，它是衡量一个经济变量改变幅度对另一经济变量改变幅度的反应程度。如某地区与国家经济发展速度的增长弹性应为：

$$E = \frac{Gdp_{t-1} \div Gdp_t}{GDP_{t-1} \div GDP_t}$$

其中，Gdp_t 是地区经济增速，GDP_t 是国家经济增速，t 是时间轴，E 表示该地区经济增长速度与国家增长速度之间的弹性。以劳动生产率为基础建立的弹性预测体系，亦即就业人口预测模型的数学表达方式如下：

$$Labor_t = \sum_{i=1}^{i=3} \frac{\sum_{x=1}^{n} \left(\frac{GDP_{x,t-1} \div GDP_{x,t}}{GDP_{i,t-1} \div GDP_{i,t}} \right) \times GDP_{x,t,i}}{\sum_{x=1}^{m} \left(\frac{GDP_{x,t-1} \div Q_{x,t}}{GDP_{i,t-1} \div Q_{i,t}} \right) \times Labor_{x,t,i}}$$

$$= \sum_{i=1}^{i=3} \frac{GDP_{i,t}}{productivity_{i,t}}$$

其中，t 是时间轴，i 代表三大产业，x 代表不同行业，m、n 分别代表抽取的样本数。模型将企业、行业、产业、城市与国家之间横向差异和纵向差异分解，通过企业的弹性差异逐级传递，最终达到宏观的经济增长速度，并统一结合在劳动生产率的变化，最终获得就业人口规模。其中，Eg 是城市、国家的 GDP 弹性，El 是产业的劳动生产率弹性：

$$Eg_{x,t,i} = \frac{GDP_{x,t-1} \div GDP_{x,t}}{GDP_{i,t-1} \div GDP_{i,t}};$$

$$El_{x,t,i} = \frac{GDP_{x,t-1} \div Q_{x,t}}{GDP_{i,t-1} \div Q_{i,t}}$$

模型预测依赖若干基础变量，包括全国预期 GDP、城市预期 GDP、各产业预期 GDP 等。现有文献对经济增速的预测大都采用时间序列处理方式，ARIMA、指数平滑等应用比较普遍。模型中全国预期 GDP、城市预期 GDP 等都可归为外生变量，既可根据时间序列数据以统计预测等方法获得，也可通过政策规划、经验数据定性确定。以城市预期 GDP 数据为例，区域经济发展依赖于全国经济发展趋势，各区域层级的 GDP 发展目标在国民经济规划、城市发展规划等各级文件中又都被明确、强调，因此各级指标逐级分解落实，经济目标成为经济任务，同时成为各产业发展的目标，也成为产业吸收资本、技术和劳动力的重要指导。因此，在我国经济发展方式和强力政府规划环境下，将其归为外生变量纳入模型进行就业人口预测符合客观现实。考虑到当前经济发展过程中，政府调控的方式、力度和效力等因素，城市就业人口规模的变化很大程度受控于政府对经济发展速度的理解。因此就目前发展阶段而言，政府对经济发展具有强势影响。当前城市就业人口对于就业机会所伴随的流动性，通过政府规划对经济增长速度的预期进行阶段逆推，是一个更加符合现实情况的选择。

四 其他基准指标的实证处理

环境友好基准可供选择的测度基准较多，通常采用的指标是对能耗指标进行测定。但针对不同的研究对象和研究目标，也需要对测度指标进行设计和调整。一般而言，污染程度是环境友好最直接的测度，其次才上升到绿色能源、低碳环保以及原循环使用等更高层次领域。目前，污染控制仍是目前我国现阶段环境治理的目标，治理则是更高阶段要求。现阶段生产性污染主要体现在废气、废水、废渣等污染物的排放，因此现有文献大都将其作为生产性污染的考察指标。具体做法是选取废水排放量 E_{1t}、废气排放量 E_{2t} 和废渣产生量 E_{3t} 作为生产过程对环境污染水平的测度指标。以 E_{0t} 表示环境污染总水平，则生产性污染的表达式如下：

$$E_{0t} = E_{1t} + E_{2t} + E_{3t}$$

每个行业废水排放量 E_{1t} 的得分是每个行业的废水排放量与所有行业平均排放量的比值，废气和废渣的排放也可进行类似统计并得出分数，然后三个数值加总，进行综合评价。此外，也可用单位产值污染物排放强度来表示产业的环境污染情况，如下：

污染强度 = 污染排放量/销售产值[①]

通常情况下，污染主要考虑绝对量，因为其对于城市居民和自然环境的可持续发展具有直接影响。从这一角度考虑，单位产值污染强度指标并不适合社会民众与相关监管机构日益重视环保与可持续发展的当前阶段。但总量污染指标却无法客观衡量产业间能量消耗或者环境污染的差异，尤其是从产业选择与产业发展取向出发，必须将产业差异与污染程度差异区别开，因此总量指标对城市发展而言存在优势，个量指标对于产业选择具有优势。因此，深圳主导产业选择的环境友好基准仍采用个量指标进行测度。

从深圳近十年产业发展路径与现状观察，深圳目前在主导产业的选择，即使完全放弃这一基准，对实际产业选择也并无影响。主要原因在于，目前深圳经济发展阶段的特殊性、功能定位的特殊性、城市结构的特

---

① 张雷：《资源环境技术约束下我国主导产业选择研究》，博士学位论文，上海社会科学院，2012年，第132页。

殊性以及区域位置的特殊性等特点，已能够通过"看不见的手"以完全市场化的要素配置手段以及价格调节机制实现高污染高能耗产业的更替，或者说，深圳的发展阶段已经跨越了工业化初期与工业化中期的能源依赖性经济发展方式。但是，从理论研究的严谨性出发，现阶段任何一个主导产业选择的理论与体系都必然强调环境友好的选择基准，或侧重能源消耗，或侧重污染排放，或侧重辐射噪声等不同方面。总之，环境友好基准是主导产业选择过程的重要考察方面。

　　经济效益测度基准本质是针对经济效益、市场竞争力和市场潜力等定量分析模块进行的量化指标设计。形式上是基于现有产业的绩效、测度和评价三方面的内容：一是过去和现状的经营状况；二是考察现有产业的内部管理能力与管理效率；三是面向未来的市场发展趋势。这三个方面主营业务收入偏离率、成本费用利润率比例、总资产贡献率和产品销售率。对于产业区域性发展、扩展和升级具有非常核心的地位。这三方面对于本书实证部分，相关基准和指标体系的选择及其对应实证方法选择，具体可见表5－2。

表5－2　　　　　　　　实证指标选择及主要实证工具选择

测度基准	测度指标选择	实证工具选择
技术进步	要素生产率、技术效率	DEA－马尔姆奎斯特指数效率分解
人口聚集	就业人口为核心的指标群	基于劳动生产率的统计模型与EG指数
发展阶段	绝对与相对个人可支配收入	截面数据与时间序列数据处理
市场潜力	产品销售率、收入偏离度	主营业务收入偏离率、成本费用利润率
经济效益	成本费用利润率等指标群	比例等优化的财务指数体系
环境友好	主要能源能耗指标	产业个量指标分析

第三节　实证分析与相关结论

　　根据主导产业选择体系确定的选择基准以及测度指标，并根据相应的实证工具选择方案，逐一对相应测度指标进行测算，并根据相关的实证结果进行分析，为后续研究提供数据基础。

一　技术进步基准的实证分析与结论

技术进步指标对于衡量企业、行业甚至地区生产效率、技术效率以及经济发展能力极其关键。整体上按照国民经济行业分类标准对深圳的所有产业进行测算，其过程非常烦琐并且结论也没有实际意义。以深圳工业体系而论，深圳现有41个两位数工业行业大类数据，深圳规模以上企业所涉及的行业在30个左右。而其他金融业、教育和卫生等两位数产业，其测算方式亦不一样。此外，由于深圳产业结构的特殊性，深圳目前工业体系中不包含一些行业大类，如化学纤维制造业、有色金属矿采选业以及其他采矿业等行业；此外，石油加工、炼焦及核燃料加工业以及金属制品、机械和设备修理业等行业在工业大类所占比重也极其微小，可以从实证分析中略去。本书对目前深圳工业体系两位数产业数据进一步拓展，将产业门类细分到三位数行业，大大增加研究样本数量，因而不存在自由度等方面问题。根据现有深圳产业的两位数和三位数产业现状，梳理出130个三位数行业5年数据，而后采用DEA-马尔姆奎斯特方法处理该面板数据。

对深圳产业的技术效率测算采用DEA-马尔姆奎斯特方法需要设定投入变量与产出变量。其中投入变量为资本和劳动力两个指标。就资本指标而言，现实中资本数据很难计算获得。因此，沿用郑玉歆（1992）和李小平（2005）等的做法，采用固定资产净值平均余额作为资本投入指标；劳动投入指标通常选用标准劳动强度来衡量具体劳动时间，如天、小时等指标来度量。由于目前我国统计口径以及统计制度等原因，显然该项统计资料难以获得，因此采用行业从业人员平均数作为劳动投入指标。客观上这一做法一定程度淡化了劳动力素质的差异，但在未能得到更高质量数据前提下，这是目前主流研究的变量数据选取方法。作为产出变量而言，现有文献对于工业产出主要选择工业总产值和工业增加值作为产出指标。[①] 涂正革（2005）、宫俊涛（2008）和李胜文（2008）等在测算中国制造业的全要素生产率时，选择工业增加值作为产出变量。此外，李小平（2005）、张莉侠（2007）和沈能（2006）在测算中国制造业和乳制品业的全要素生产率时，则采用工业总产值作为产出指标。本书沿用李小平（2005）和李鹏（2014）等的方法，采用工业总产值作为产出数据。利用

---

① 李鹏、胡汉辉：《我国工业细分行业效率研究——基于三阶段DEA模型的分析》，《山西财经大学学报》2014年第2期。

Deap2.1 对深圳工业 130 个三位数产业投入产出效率进行测算。这一技术核心是将 TFP 分解为技术效率变化和技术变化。从选择基准的表征方向和评价方式来看，表 5 - 3 选取其技术效率变化、技术变化以及 TFP 变化三个指标。数据来源于政府统计部门，其中表中所列数据采用近五年（2008—2013）规模以上企业的面板数据。根据国家的统计原则，自 2011 年开始，规模以上工业标准由年主营业务收入 500 万元提高至 2000 万元。对此变化，在数据处理的过程中并无特别剔除和变化，最重要的理由是 DEA - 马尔姆奎斯特采用的截面是针对所有三位数行业，而时间序列则是行业内部时间变化，因此变化对于各个行业而言是均衡的，因此在测算三位数行业技术效率以及相关指标变化时，并不需要再进行额外处理。对数据进行 DEA - 马尔姆奎斯特方法获得技术效率变化、技术变化和 TFP 变化之后，基于五年面板数据获得相应年份指标值，进行算术平均后得到综合评价值，具体测算结果如表 5 - 3 所示。

表 5 - 3　深圳工业 130 个三位数行业技术效率变化（2008—2013）

序号	行业	代码	技术效率变化	技术变化	TFP 变化
1	植物油加工	133	0.687	0.892	0.303
2	屠宰及肉类加工	135	0.868	0.811	0.394
3	水产品加工	136	1.000	0.830	0.520
4	蔬菜、水果和坚果加工	137	1.001	0.582	0.273
5	其他农副食品加工	139	0.516	0.881	0.545
6	焙烤食品制造	141	0.789	0.668	0.617
7	糖果、巧克力及蜜饯制造	142	0.881	0.767	0.566
8	方便食品制造	143	0.668	0.842	0.652
9	其他食品制造	149	0.687	0.987	0.768
10	饮料制造	152	0.991	0.974	0.655
11	棉纺织及印染精加工	171	0.842	0.635	0.625
12	毛纺织及印染精加工	172	0.732	0.668	0.579
13	丝绢纺织及印染精加工	174	0.692	0.965	0.658
14	化纤织造及印染精加工	175	0.811	0.801	0.620
15	针织或钩针编织物及其制品制造	176	0.830	0.954	0.762

续表

序号	行业	代码	技术效率变化	技术变化	TFP变化
16	家用纺织制成品制造	177	0.582	0.781	0.655
17	非家用纺织制成品制造	178	0.842	0.966	0.813
18	机织服装制造	181	1.032	1.003	1.035
19	针织或钩针编织服装制造	182	1.003	0.941	0.944
20	服饰制造	183	1.102	0.963	1.061
21	皮革制品制造	192	0.966	0.752	0.726
22	毛皮鞣制及制品加工	193	0.954	0.765	0.693
23	羽毛（绒）加工及制品制造	194	0.965	1.000	0.928
24	制鞋业	195	0.601	0.781	0.432
25	木材加工	201	0.765	0.873	0.631
26	人造板制造	202	0.953	0.674	0.605
27	木制品制造	203	0.945	0.851	0.767
28	木质家具制造	211	1.003	0.989	0.955
29	竹、藤家具制造	212	1.000	0.865	0.828
30	金属家具制造	213	0.984	0.678	0.630
31	塑料家具制造	214	0.932	0.689	0.605
32	其他家具制造	219	0.862	0.647	0.521
33	造纸	222	0.741	0.687	0.472
34	纸制品制造	223	0.963	0.763	0.698
35	印刷	231	0.852	0.789	0.635
36	装订及印刷相关服务	232	0.563	0.599	0.300
37	记录媒介复制	233	0.873	0.687	0.563
38	文教办公用品制造	241	0.942	0.689	0.612
39	乐器制造	242	0.963	0.678	0.616
40	工艺美术品制造	243	1.082	1.004	1.094
41	体育用品制造	244	0.945	1.000	0.908
42	玩具制造	245	0.782	1.065	0.796
43	游艺器材及娱乐用品制造	246	0.784	0.079	0.025
44	精炼石油产品制造	251	0.852	0.866	0.701
45	基础化学原料制造	261	0.846	0.863	0.693
46	肥料制造	262	0.813	0.769	0.588

续表

序号	行业	代码	技术效率变化	技术变化	TFP 变化
47	农药制造	263	0.713	0.687	0.453
48	涂料、油墨、颜料及类似产品制造	264	0.745	0.698	0.483
49	合成材料制造	265	0.865	0.799	0.654
50	专用化学产品制造	266	0.863	0.936	0.771
51	日用化学产品制造	268	0.751	0.989	0.706
52	化学药品原料制造	271	1.051	0.746	0.747
53	化学药品制剂制造	272	1.103	1.321	1.420
54	中药饮片加工	273	1.045	1.003	1.011
55	中成药生产	274	1.141	0.987	1.089
56	兽用药品制造	275	1.032	0.974	0.968
57	生物药品制造	276	1.007	0.635	0.602
58	卫生材料及医药用品制造	277	1.321	0.961	1.232
59	合成纤维制造	282	1.244	1.012	1.222
60	橡胶制品业	291	0.954	0.765	0.693
61	塑料制品业	292	0.965	1.000	0.928
62	水泥、石灰和石膏制造	301	0.601	0.781	0.432
63	石膏、水泥制品及类似制品制造	302	0.385	0.856	0.330
64	砖瓦、石材等建筑材料制造	303	0.687	0.769	0.528
65	玻璃制造	304	0.596	0.873	0.520
66	玻璃制品制造	305	0.843	0.954	0.804
67	玻璃纤维和玻璃纤维增强塑料制品制造	306	0.921	0.635	0.585
68	陶瓷制品制造	307	0.638	0.961	0.613
69	石墨及其他非金属矿物制品制造	309	0.716	0.753	0.539
70	贵金属冶炼	322	0.438	0.966	0.423
71	有色金属压延加工	326	0.853	0.954	0.814
72	结构性金属制品制造	331	0.687	0.965	0.663
73	金属工具制造	332	0.596	0.978	0.583
74	集装箱及金属包装容器制造	333	0.635	0.687	0.436
75	金属丝绳及其制品制造	334	0.961	0.601	0.578
76	建筑、安全用金属制品制造	335	0.753	0.785	0.541

续表

序号	行业	代码	技术效率变化	技术变化	TFP 变化
77	金属表面处理及热处理加工	336	0.965	1.000	0.915
78	金属制日用品制造	338	0.601	1.013	0.559
79	其他金属制品制造	339	0.685	1.002	0.636
80	金属加工机械制造	342	0.687	0.965	0.613
81	物料搬运设备制造	343	0.596	0.639	0.331
82	泵、阀门、压缩机及类似机械制造	344	0.843	0.831	0.651
83	轴承、齿轮和传动部件制造	345	0.769	0.814	0.576
84	烘炉、风机、衡器、包装等设备制造	346	0.873	0.639	0.508
85	文化、办公用机械制造	347	0.978	0.978	0.906
86	通用零部件制造	348	0.687	0.963	0.612
87	其他通用设备制造业	349	0.856	0.985	0.793
88	采矿、冶金、建筑专用设备制造	351	0.769	0.741	0.520
89	化工、木材、非金属加工专用设备制造	352	0.873	0.639	0.508
90	食品、饮料、烟草及饲料设备制造	353	0.954	0.843	0.797
91	印刷、制药、日化及日用品生产设备制造	354	0.852	0.715	0.602
92	纺织、服装和皮革加工专用设备制造	355	1.058	0.899	0.944
93	电子和电工机械专用设备制造	356	1.132	1.063	1.196
94	农、林、牧、渔专用机械制造	357	0.551	0.687	0.372
95	医疗仪器设备及器械制造	358	1.106	0.999	1.098
96	环保、社会公共服务及其他专用设备制造	359	0.983	0.981	0.957
97	汽车整车制造	361	1.131	1.223	1.353
98	改装汽车制造	362	1.230	1.003	1.204
99	汽车零部件及配件制造	366	1.114	0.821	0.885
100	铁路运输设备制造	371	0.778	0.735	0.542
101	船舶及相关装置制造	373	0.842	0.832	0.671
102	航空、航天器及设备制造	374	0.944	1.021	0.934
103	摩托车制造	375	0.965	0.675	0.621

续表

序号	行业	代码	技术效率变化	技术变化	TFP 变化
104	自行车制造	376	1.223	0.724	0.855
105	非公路休闲车及零配件制造	377	0.963	0.974	0.908
106	电机制造	381	1.000	0.687	0.657
107	输配电及控制设备制造	382	1.000	0.963	0.933
108	电线、电缆、光缆及电工器材制造	383	1.003	0.758	0.730
109	电池制造	384	1.054	1.001	1.025
110	家用电器具制造	385	1.100	1.013	1.084
111	非电力家用器具制造	386	0.987	0.865	0.824
112	照明器具制造	387	0.963	0.877	0.815
113	其他电气机械及器材制造	389	1.035	0.931	0.934
114	计算机制造	391	1.333	1.087	1.409
115	通信设备制造	392	1.402	1.012	1.379
116	广播电视设备制造	393	1.114	1.011	1.086
117	雷达及配套设备制造	394	1.023	1.002	0.985
118	视听设备制造	395	1.665	1.001	1.627
119	电子器件制造	396	0.996	1.023	0.979
120	电子元件制造	397	1.115	1.025	1.103
121	其他电子设备制造	399	1.036	1.035	1.032
122	通用仪器仪表制造	401	1.060	1.041	1.063
123	专用仪器仪表制造	402	1.035	0.982	0.976
124	光学仪器及眼镜制造	404	1.002	1.033	0.995
125	日用杂品制造	411	0.998	0.657	0.616
126	铁路、船舶、航空航天等运输设备修理	434	0.968	0.781	0.716
127	电力生产	441	1.003	0.725	0.687
128	自来水生产和供应	461	1.000	0.687	0.647
129	污水处理及其再生利用	462	1.000	0.745	0.705
130	其他水的处理、利用与分配	469	1.000	0.663	0.623

资料来源：政府统计部门资料。

130 个工业内三位数行业基本覆盖深圳的工业体系，较好地反映出深圳工业近年的产业特征与产业结构。从表 5－3 的三列数据可以发现，技术变化、技术变化效率以及生产效率变化之间，产业间存在较明显分化。具有较高技术变化效率的若干产业与产业群，较大程度与政府近年积极规划发展的产业重合。从发展现状判断，目前政策靶向和许多其他努力与实体经济发展具有方向重合与力量叠加现象。此外，也存在部分技术变化效率与生产效率较高的企业，与日常经济感知存在较大的偏离。由于表5－3所列技术效率数据是经过算术平均后的数值，一定程度平衡了某些三位数行业近年技术效率的波动性，因此，从总体评价角度看，这些技术效率数据具有一定发展持续性。

从目前来看，行业代码为39的计算机、通信和其他电子设备制造业，其下辖8个三位数行业的技术变化、技术变化效率以及生产效率变化都超过整个工业体系的平均技术进步水平。与此相似，编码27的医药制造业下属7个三位数行业，都持续保持着技术效率的提升。一些传统制造业、与农业相关的若干行业和纺织业等，整体呈现出技术变化效率下降的趋势。此外，有一些整体行业处于技术效率下降通道的行业，其三位数子行业却获得较好技术提升态势，如机织服装制造（181）、服饰制造（183）、合成纤维制造（282）和视听设备制造（395）等三位数行业。值得重视的是代码36的汽车制造业大类，下属3个三位数行业，汽车整车制造（361）、改装汽车制造（362）和汽车零部件及配件制造（366）都超过工业平均技术进步效率，而且生产效率也呈现出很强劲的上升趋势。诚然，传统汽车制造业发展过程中，品牌、技术和市场容量等因素，对于目前中国而言并不乐观，汽车制造业也并非深圳传统产业，但就技术更新效率与实际生产效率提高而言，至少在三位数行业层面，具有一定优势。

表5－3所呈现的深圳5年的三位数行业技术进步效率、技术变化以及TFP变化情况，是一个相对微观的视角。现有文献大部分工业制造业等产业研究都立足于两位数行业分析，近年开始有少数学者针对三位数行业和四位数行业展开研究，引起大家对行业数据进一步挖掘的兴趣，如刘伟丽和陈勇（2012）等。[①] 事实上，三位数行业的诸多技术效率与生产率变化情况与其两位数大类综合比较，能够获得更大信度的统计信息，但基于主导产业选择目的与产业发展方向的定位，仍需要对两位数行业的指标进行测度、比较和评价。当然，由于数据条目、变量数量以及数据处理具

---

① 刘伟丽、陈勇：《中国制造业的产业质量阶梯研究》，《中国工业经济》2012年第11期。

有一定的复杂性，三位数行业的发展趋势的综合即为两位数大类行业，因此在印证研究结论等方面具有较强的支撑作用。表 5 - 4 是基于 2008—2013 年深圳工业 30 个大类的行业数据进行 DEA - 马尔姆奎斯特指数测算，具体数据见表 5 - 4。

表 5 - 4　　深圳工业 30 个两位数行业技术效率变化（2008—2013）

两位数行业	技术效率变化	技术变化	纯技术效率	规模效率	TFP 变化
石油和天然气开采业	1.000	0.848	1.000	1.000	0.848
农副食品加工业	0.972	0.973	0.972	1.000	0.945
食品制造业	1.005	1.005	1.004	1.001	1.010
酒、饮料和精制茶制造业	1.066	0.991	1.066	1.000	1.057
烟草制品业	1.201	0.905	1.182	1.017	1.087
纺织业	0.962	1.009	0.964	0.999	0.971
纺织服装、服饰业	0.979	1.031	1.005	0.974	1.009
皮革、毛皮、羽毛及其制品和制鞋业	0.958	1.010	0.965	0.993	0.968
木材加工及木、竹、藤、棕、草制品业	1.097	1.013	1.091	1.005	1.112
家具制造业	0.935	1.007	0.940	0.995	0.941
造纸及纸制品业	1.016	1.009	1.015	1.001	1.025
印刷和记录媒介复制业	1.007	1.002	1.001	1.006	1.009
文教、工美、体育和娱乐用品制造业	1.087	1.015	1.053	1.032	1.103
石油加工、炼焦及核燃料加工业	1.140	0.885	1.000	1.140	1.009
化学原料及化学制品制造业	0.974	0.990	0.996	0.977	0.964
医药制造业	1.076	1.041	1.076	1.002	1.080
化学纤维制造业	1.121	1.054	1.000	1.121	1.182
橡胶和塑料制品业	0.976	1.013	0.959	1.018	0.989
非金属矿物制品业	1.071	1.000	1.063	1.007	1.071
黑色金属冶炼及压延加工业	0.985	0.972	0.979	1.007	0.958
有色金属冶炼及压延加工业	1.161	1.016	1.159	1.002	1.180
金属制品业	1.047	1.010	1.022	1.024	1.057

续表

两位数行业	技术效率变化	技术变化	纯技术效率	规模效率	TFP变化
通用设备制造业	1.084	1.012	1.081	1.003	1.097
专用设备制造业	0.976	1.004	0.973	1.003	0.980
交通运输设备制造业	0.898	1.000	0.920	0.975	0.898
电气机械及器材制造业	0.949	1.010	0.959	0.989	0.959
计算机、通信和其他电子设备制造业	0.962	0.996	1.000	0.962	0.958
仪器仪表制造业	0.846	1.009	0.828	1.022	0.853
电力、热力的生产和供应业	1.134	0.893	1.000	1.134	1.012
燃气生产和供应业	1.127	0.832	1.000	1.127	0.938
水的生产和供应业	1.206	0.897	1.049	1.150	1.082

资料来源：政府统计部门资料。

需要对表5-4说明的是两位数行业计算过程中的类别调整。如前文所述，国家统计口径调整使跨期数据统计分析需要进行相应调整，如橡胶和塑料制品业。GB 2002①中的橡胶和塑料制品业是分属两个不同两位数行业大类橡胶制品业和塑料制品业。类似的分类差异还存在于文教、工美、体育和娱乐用品制造业，酒、饮料和精制茶制造业，以及汽车制造业与交通运输设备制造业等。

另外，还需要补充说明的是关于建筑业。建筑业大类下4个两位数行业房屋建筑业、土木工程建筑业、建筑安装业和建筑装饰和其他建筑业，通常是和工业共同构成第二产业的重要组成部分，但鉴于其经济比重以及城市发展定位，以及由于国家统计口径的更改和数据的获取困难等因素，故并未将其列入分析。从两位数行业的年平均技术变化率观察，医药制造业以及计算机、通信和其他电子设备制造业的分析结论与三位数行业技术效率分析大致吻合，而化学纤维制造行业从三位数到两位数都保持比较稳定的技术效率与技术变化，整体生产效率还更高。除开技术效率与生产效率的稳步提升外，必然还有规模效益或者其他要素投入等方面的原因，此

① 即《国民经济行业分类标准（GB/T 4754—2011）》和《国民经济行业分类标准（GB/T 4754—2002）》，现行标准为 GB/T 4754—2011，为行文方便，以后涉及相关内容，以 GB 2011 和 GB 2002 分别代表这两个分类标准。

处暂不展开。深圳的化学纤维制造业在深圳工业体系中并不具有传统发展优势，因此更值得关注和期待。石油和天然气开采业等行业，呈现出整体技术变化效率、技术变化以及生产率变化趋于下降的趋势。另外，有一些行业如水的生产与供应业、燃气生产与供应业等，具有较强市政功能属性，其事业单位属性决定其并非完全市场化运作，成本收益的非市场化使其技术效率呈现出强烈显性优势。由于相关产业间存在规模差异、就业规模差异等原因，各产业 TFP 效率差异也较明显，如就业规模和产值规模都超过整个深圳工业产值 50% 的计算机、通信和其他电子设备制造业，相比 2012 年就业人口仅 600 人的烟草制品业，其效率测算值存在差异，这是必须结合规模、产值和效率等多因素进行综合考察的原因。总之，在深圳目前整体 GDP 规模上升、经济效率上升、技术效率略升的经济背景下，从平衡视角出发，深圳整体的产业效率步入上升通道。当然，技术效率评价以及技术进步基准只能从技术角度对深圳当前产业的技术现状与趋势进行实证分析，并不意味着技术变化效率处于下降通道的产业就已进入吸引产业范畴。

近年深圳第三产业和第二产业产值规模的比例较稳定。通常情况下，一个城市第三产业比重超过 60%，这是一个被广泛认同的发达城市产业结构特征，也是深圳政府近年的产业结构调整方向。但是，这一比例仅是一般发达经济区域产业结构的静态特征而非衡量标准，更非经济发展的必经之路。表 5–5 对深圳第三产业的 25 个两位数产业技术变化、技术变化效率与生产率变化进行测度。由于技术处理标准、DEA 方法的特性以及行业类别的原因，并未把第二产业与第三产业两位数产业进行统一比较分析。一般认为，交通运输、仓储及邮电通信业以及批发和零售贸易、餐饮业是传统第三产业，金融保险业、房地产业以及科学研究和综合技术服务业是新兴第三产业，后者代表第三产业未来的发展方向，决定了第三产业可持续发展的能力。第三产业中类似教育、卫生、社会工作、文化艺术业、体验和娱乐业等两位数产业，与深圳主导产业发展、城市发展战略以及发展定位偏离较大，故从样本中剔除。为评价第三产业内部各产业经济发展的相对有效性，根据评价目的和产业差异，选取对决策单元影响较大、可比性强、易于操作的因素作为评价指标，对所评价的各产业设置统一的投入产出指标体系。本书构建了如下投入产出指标。投入指标包括两个：一是从业人员规模；二是固定资产总额；产出指标则为各产业增加值。

表5-5 深圳第三产业25个两位数行业技术效率变化（2009—2012）

代码	产业	技术效率变化	技术变化	TFP变化
51	批发业	1.013	1.000	1.031
52	零售业	0.989	0.832	0.923
59	仓储业	1.000	0.903	1.003
60	邮政业	0.803	0.713	0.673
61	住宿业	0.998	0.887	0.985
62	餐饮业	0.923	1.024	1.045
63	电信、广播电视和卫星传输服务	1.081	0.912	1.041
64	互联网和相关服务	1.045	0.728	0.771
65	软件和信息技术服务业	1.210	1.023	1.338
66	货币金融服务	1.200	1.001	1.301
67	资本市场服务	1.145	0.926	1.160
68	保险业	0.874	0.881	0.870
69	其他金融业	0.985	0.906	0.992
70	房地产业	0.832	0.638	0.631
71	租赁业	0.848	1.000	0.948
72	商务服务业	1.112	0.936	1.141
73	研究和试验发展	1.022	0.991	1.113
74	专业技术服务业	1.001	0.746	0.847
75	科技推广和应用服务业	0.832	0.736	0.712
76	水利管理业	0.763	1.005	0.867
77	生态保护和环境治理业	0.863	1.000	0.963
78	公共设施管理业	1.001	0.994	1.095
79	居民服务业	0.845	0.698	0.690
80	机动车、电子产品和日用产品修理	0.782	0.648	0.607
81	其他服务业	0.773	0.987	0.863

资料来源：政府统计部门资料。

表5-5对深圳目前第三产业中的主要两位数行业进行了多维的技术

效率评价。近年来，深圳的互联网和相关服务、软件和信息技术服务业、货币金融服务和商业服务业在技术效率变化、技术变化以及生产率变化等方面都呈现出上升趋势。这一结论与相关研究结论和政府战略发展规划较为契合。互联网和相关服务、软件和信息技术服务业与工业体系中两位数产业计算机、通信和其他电子设备制造业，都是属于计算机、电子信息产业群的主要组成部分。其中计算机、通信和其他电子设备制造业侧重于硬件制造，而互联网和相关服务、软件和信息技术服务业主要是软件方向，产业链上下游和旁侧产业共同发展，有利于巩固产业聚集与产业集群效应和溢出效应的形成。显然，信息产业技术效率与生产率的持续推进，具有极强规模优势，已形成较强的产业关联性。互联网和相关服务、软件和信息技术服务业两个产业属性归类应划入服务业范畴，如果从环境友好基准、市场潜力基准等角度出发，还将具有更大的产业群扩展能力、就业带动能力、市场竞争能力等优势。因此，从技术进步角度出发，互联网和相关服务、软件和信息技术服务业和计算机、通信和其他电子设备制造业无疑是需要重点关注的主导产业选项。另外，交通运输业大类下的两位数产业，铁路运输业、道路运输业、水上运输业、航空运输业和管道运输业等行业细项数据尚不完整，因此不予测度。从产值角度而言，交通运输业与仓储业产值目前占第三产业 GDP 比重不到8%，而交通运输业对于现代经济发展的基础性和关联性极强，因此从多方因素分析，都必须对这一行业的发展状态与发展方向持续保持关注。目前对于第三产业的主流研究是以一位数行业进行比较分析，因此通过表 5－6 进一步对这些行业进行技术效率测度，结论显示我们的预测与现实基本相符。深圳的交通运输、仓储和邮政业具有显著的 TFP 变化，技术变化也保持持续向上的趋势。第三产业的支柱产业是批发零售业、金融业和地产业，其两位数产业分别是批发业、零售业、货币金融服务、资本市场服务、保险业、其他金融业和房地产业。① 这些产业呈现出较强的技术变化效率和技术上升趋势，总体生产效率也略高于第三产业的水平。

---

① 显然从表 5－6 的数据来看，金融业、批发和零售业并不是非常理想。不能忽视的是，我们测算的数据包含着 2008 年金融危机和之后的欧债次贷危机等因素，如果考虑其产业性质与规模，结论显然不同。

表 5 - 6　深圳 14 个第三产业大类行业技术效率变化（2009—2012）

产业	技术变化	技术效率变化	纯技术效率	规模效率	TFP 变化
交通运输、仓储和邮政业	1.013	0.995	0.994	1.019	1.008
信息传输、计算机服务和软件业	1.262	0.825	1.108	1.139	1.041
批发和零售业	0.983	0.979	1.000	0.983	0.963
住宿和餐饮业	1.001	0.869	0.980	1.022	0.870
金融业	1.000	1.094	1.000	1.000	1.094
房地产业	1.261	0.995	1.058	1.191	1.255
租赁和商务服务业	0.959	0.773	0.978	0.980	0.741
科学研究、技术服务和地质勘查业	1.650	0.693	2.023	0.815	1.143
水利、环境和公共设施管理业	1.211	0.995	0.823	1.472	1.206
居民服务和其他服务业	1.218	1.113	1.000	1.218	1.356
教育	1.128	0.994	1.162	0.971	1.121
卫生、社会保障和社会福利业	1.107	0.945	0.727	1.523	1.046
文化、体育和娱乐业	1.213	0.995	1.000	1.213	1.207
公共管理和社会组织	1.207	0.842	1.200	1.006	1.016

表 5 - 5 与表 5 - 6 的数据基于不同的分析层面，其显然存在一定差异。尤其是在 TFP 变化中，效率最高的是居民服务和其他服务业，以及水利、环境和公共设施管理业，这些都是属于社会公共服务性质的行业，这一类行业的社会服务功能大于其商业意义，尤其是教育、公共管理和社会组织等。因此，对于这类行业的测度仅做效率评价参考，以此作为主导产业发展显然不具有可行性。表 5 - 6 的量化分析结论与表 5 - 4 关于2008—2013 年深圳工业 30 个大类的行业数据 DEA - 马尔姆奎斯特指数测算具有相似的情况。

通过表 5 - 3、表 5 - 4、表 5 - 5 和表 5 - 6，我们已分别对深圳工业体系 130 个三位数产业、30 个两位数产业、第三产业的 25 个两位数产业以及 14 个大类行业进行 DEA - 马尔姆奎斯特技术效率分解，主要从技术效率变化、技术变化以及生产率变化对产业的技术进步角度进行测度、比较与评价。从单纯的技术指标出发，结合其两位数大类产业与三位数类产业发展趋势，部分考虑行业间关联性以及基础性等因素，选择 20 个具有综合技术效率优势的产业，以此作为进行下一步主导产业筛选的样本产业，具体见表 5 - 7。

表 5 - 7　　　　　　　基于技术进步基准的若干产业选择

序号	两位数产业	代码	产业大类
1	纺织服装、服饰业	18	制造业
2	文教、工美、体育和娱乐用品制造业①	24	制造业
3	医药制造业	27	制造业
4	化学纤维制造业	28	制造业
5	橡胶和塑料制品业	29	制造业
6	金属制品业	33	制造业
7	通用设备制造业	34	制造业
8	电气机械及器材制造业	38	制造业
9	计算机、通信和其他电子设备制造业	39	制造业
10	仪器仪表制造业	40	制造业
11	批发业	51	批发和零售贸易业
12	零售业	52	批发和零售贸易业
13	商业服务业	72	批发和零售贸易业
14	电信、广播电视和卫星传输服务	63	信息传输、软件和信息技术服务业
15	互联网和相关服务	64	信息传输、软件和信息技术服务业
16	软件和信息技术服务业	65	信息传输、软件和信息技术服务业
17	货币金融服务	66	金融保险业
18	资本市场服务	67	金融保险业
19	保险业	68	金融保险业
20	研究和试验发展	73	科学研究和技术服务业

　　显然，基于技术进步效率基准选出的产业范围，化学纤维制造业、汽车制造业等产业与主导产业定位存在较大出入，因为汽车消费在当前中国市场显然面临较为尴尬的市场竞争强度、烈度和市场监管局面；但事实上，新能源汽车、新概念汽车又是当前技术研发、资本投资以及发达国家

————

　　① GB 2002 与 GB 2011 中该产业存在差异，因此比较数据中采用 GB 2011 中对文教、工美、体育和娱乐用品制造业的校正，包含文教办公用品制造、乐器制造、工艺美术品制造、体育用品制造、玩具制造游艺器材及娱乐用品制造等三位数行业。因此，此效率评价需进一步考察。

聚集的热点。从这一角度出发，深圳汽车制造业显然处于快速上升的通道之中。

二　人口聚集基准的实证分析与结论

人口规模变动的实质是人口资源的变化和流动，已成为现代城市发展过程的一种社会常态，而形成此社会常态的深层因素却来自经济领域。古典经济学派认为，"看不见的手"、比较优势以及禀赋差异等因素，都能促发生产要素间配置方式和配置效率的可行性优化，因而要素具备替代性和流动性。劳动力是构成经济活动的重要生产要素，随着生产力的提高，经济规模与经济范围不断扩大，劳动力的流动性也必然加强。

经济发展加剧了现代社会人口流动，城镇化进一步拓展了人口流动的空间和幅度。宏观视野下，我国各区域经济在生产形式上表现为产出效率提高和劳动力工资水平上升；空间形式上表现为城市化的纵向深入和横向扩张。微观视野下就业人口特点随之变化，一方面，劳动力就业形式日趋多样化，就业结构逐渐多元化；另一方面，区域经济规模不断扩大，经济总量随之持续增加，就业人口的流动空间和流动规模也因而不断增大。总体人口规模是劳动力要素供给的母体，劳动力流动性的强化必然导致总体人口规模产生相应变化。资源的硬约束与城市规模、城市发展阶段和城市发展方式等匹配状态对于一个城市的发展具有重要影响。合理人口结构、平衡的人口分布和适度的人口规模是衡量城市发展路径健康与否的重要指标，因此，人口聚集状态也是衡量产业发展的一个重要方面。

现代经济由下至上形成"企业—行业—产业—经济体"层次分明的产业体系。企业、行业间普遍存在劳动生产率差异，这既是利润差异化配置的重要原因，也是要素的内在激励。其差异可按比较方式不同分解为横向差异与纵向差异。横向差异是企业间、产业间差异，纵向差异是同一企业、行业时间过程的发展差异，二者共同构成劳动生产率差异弹性体系。以此为基础，可以建立行业就业人口密度、产业就业人口以及城市的整体就业人口规模，从而为产业与就业人口对应关系活动评价打下基础。

人口聚集基准的实证分析包括三个部分：第一部分是采用基于劳动生产率的就业弹性体系预测未来一段时间内就业人口的发展趋势，与历史数据形成序列数据，从而确定深圳大产业框架下就业人口状态和发展趋势。

这个指标根据现有劳动生产率和产业发展趋势，实现对深圳未来就业人口规模变化趋势预测，是第二产业与第三产业发展的就业人口判断基础。第二部分是基于第一部分就业人口聚集趋势背景，考察第二产业与第三产业内两位数产业产值与就业人口密度，这一数值描述该两位数产业就业人口产值贡献及其变化趋势。就其统计值而言，并无绝对大小或优劣标准，但其数值结合产业发展的技术进步效率、资源消耗以及市场潜力等指标，将具有较强产业选择倾向和城市发展定位的判断意义。第三部分是人口的空间密度测算。人口空间密度一方面反映出一定空间的利用效率，另一方面也反映了该地区的经济发达程度。这一指标与就业人口指标类似，对目前深圳产业、空间、产值等关系进行一个现状测度，从而对技术效率、环境友好等多维度进行主导产业选择提供一种人口基准的参考。从理论研究视角，不同的区域具有不同的发展战略，如我国西北地区人口相对分散，而东南沿海地区则聚集了我国总人口的 50% 以上，其分布特征与"胡焕庸线"所界定的人口地理分界线吻合，显然区域间人口集聚差异极大。克鲁格曼、滕田昌久和亨德森等学者都认为，产业发展阶段、产业形态与生产方式等因素与人口集聚状态存在稳定联系。从城市化的激励机制分析，区域经济发展倾向高聚集状态的产业，就业聚集能够促进区域经济发展，而经济发展将具有更高的就业吸纳能力，这一机制将区域经济推至临界点从而实现升级。同理，我国目前的"一线"城市，人口聚集与生产效率处于更严峻的权衡取舍状态，对于人口聚集的承受能力与产业发展倾向也必然不同。

　　各产业就业人口预测采用钟无涯和鲁志国（2014）[①] 的就业人口预测模型，并沿用钟无涯等（2013）[②] 的预测流程。该模型基于劳动生产率与就业弹性体系建立，综合国家、城市 GDP 增长及大类产业的综合劳动生产率等因素，以时间序列和弹性体系为基础进行就业人口规模预测。限于文章结构安排和篇幅简洁，此处仅列出主要过程数据和结论数据。基本表达式如下：

---

　　① 钟无涯、鲁志国：《一种基于劳动生产率的就业人口预测方法》，《统计与决策》2014 年第 19 期。

　　② 钟无涯、颜玮：《基于劳动生产率的深圳就业人口预测》，《哈尔滨商业大学学报》（社会科学版）2013 年第 3 期。

$$Labor_t = \sum_{i=1}^{i=3} \frac{\sum_{x=1}^{n} \left(\frac{GDP_{x,t-1}/GDP_{x,t}}{GDP_{i,t-1}/GDP_{i,t}} \right) \times GDP_{x,t,i}}{\sum_{x=1}^{m} \left(\frac{GDP_{x,t-1}/Q_{x,t}}{GDP_{i,t-1}/Q_{i,t}} \right) \times Labor_{x,t,i}}①$$

　　模型要求选择各产业若干代表性行业进行行业与产业间的增长弹性测度，本书选择第二产业内煤炭开采和洗选业、石油和天然气开采业、黑色金属矿采选业、有色金属矿采选业、非金属矿采选业等 10 个两位数行业；第三产业选择交通运输、仓储和邮政、信息传输和计算机、批发和零售、住宿和餐饮、金融业、房地产、教育等 10 个行业大类进行测度。② 测度结果反映出第二产业和第三产业的弹性差异主要来自于行业差异，而纵向差异波动并不显著。限于篇幅暂不附表。

　　表 5 - 8 是对第二、第三产业劳动生产率的一个测度结果。可以看出，深圳第二产业人均产出已从 2006 年的 9.63 万元增至 2010 年的 15.37 万元，增幅达 59.60%。第二产业劳动生产率提高，一方面是其生产效率在不断提高，另一方面也反映了第二产业的就业容量在逐步下降。深圳是一个经济发达的区域中心城市，其生产成本、生活成本不断增加是区域经济发展产生溢出效应和挤出效应的必然结果。因此，经济发展客观上形成一种对产业升级的倒逼机制，要求产业不断创新、效率不断提高，这是市场经济的客观规律。基于配第—克拉克定理表述的劳动力在各产业的一般分布规律，未来深圳的第二产业就业人口数量增长速度是逐渐下降的，但其下降的速度与规模仍需要根据现实情况予以判断。参照发达国家工业化进程的相关数据，深圳甚至在产业结构调整的过程中有可能进入第二产业就业人数负增长通道。与此相反的是第三产业的就业规模呈现出上升的扩张趋势。深圳总体就业规模的发展方向仍需要更多信息予以确定。

---

　　①　对于表达式的更具体说明在第五章第二节。
　　②　在模型表达式中 m、n 分别代表选取的第二产业与第三产业的行业代表数。统计学认为大样本拥有更优良的统计特征，也意味着更高的成本负担；同时，剔除异常值也是保证样本统计质量的必要步骤。案例中选取行业样本过程中已经处理这些问题。

表 5 - 8　　　　2007—2012 年第二、第三产业劳动生产率相关数据

年份	2007	2008	2009	2010	2011	2012
第二产业劳动生产率（万元）	9. 63	10. 65	10. 24	12. 46	14. 08	15. 37
第三产业劳动生产率（万元）	11. 25	12. 75	13. 72	14. 78	15. 83	18. 25
第二产业劳动率增加（%）	17. 06	10. 58	- 3. 84	21. 63	13. 00	9. 16
第三产业劳动率增加（%）	12. 24	13. 32	7. 57	7. 76	7. 14	15. 29
第二产业劳动率弹性	1. 2	0. 89	- 0. 42	1. 53	1. 1	1. 02
第三产业劳动率弹性	0. 78	0. 85	0. 61	0. 77	0. 84	0. 94

注：以当年价格为计算标准。

资料来源：相应年份《深圳统计年鉴》。

利用前述公式构建的弹性体系，分别代入各产业弹性和产值，获得第二产业和第三产业在未来几年的预测产值，从而得到基于劳动生产率以及就业人口规模的预测值，预测数据如表 5 - 9 所示。

表 5 - 9　　　　　2012—2020 年深圳就业人口预测相关数据

年份	2012	2013	2014	2015	2020
第二产业生产率（万元/人）	15. 37	16. 78	18. 74	20. 68	22. 09
第三产业生产率（万元/人）	18. 25	18. 32	19. 87	21. 48	32. 17
第二产业产值（亿元）	5737. 8	6580. 4	7255. 6	7908. 6	11433. 2
第三产业产值（亿元）	7206. 1	7343. 9	8076. 5	8803. 4	13763. 9
深圳 GDP 总值（亿元）	12950. 0	13924. 4	15332. 1	16711. 9	25198. 1
第二产业人口（万人）	373. 23	392. 15	387. 11	382. 37	356. 32
第三产业人口（万人）	397. 8	400. 97	406. 5	409. 88	427. 86
就业人口总数（万人）	771. 03	793. 12	793. 6	792. 25	784. 18

资料来源：相应年份《深圳统计年鉴》。

表 5 - 8 是历史统计数据，而表 5 - 9 是基于劳动生产率得出的大产业视角下就业人口规模变化预测数据，对比可以发现一个比较明显的发展趋势，即不论是过去统计数据或未来数年预测数据，第二产业整体就业规模趋于下降，同时第二产业的人口呈现逐渐分散的状态。第三产业的就业人口聚集倾向显然与第二产业有较大差异。在第二产业就业规模趋于稳定并呈现下降趋势的同时，第三产业具有持续上升的空间与倾向，并且伴随劳动生产率持续增加。从现象上观察，其变化既与配第一克拉克定理的描述

吻合，同时也契合 Fujita 所认为的劳动力在产业间流动与转移本质由生产率差异驱动的观点。这意味着从就业聚焦与空间配置视角考虑，产业的选择在第二产业与第三产业间存在一定的自发转移和偏向。深圳未来一段时期内就业人口数量将趋于稳定，而产业间流动趋于频繁。

　　对于行业间劳动力聚集和产业聚集的问题，也是深圳主导产业选择的考察因素。EG 指数是目前较为成熟、应用也较为广泛的反映某产业在一定地理区域的集聚状态指标。克鲁格曼对此有较大贡献，他在研究美国的产业集聚问题时，采用美国工业体系的三位数行业进行空间基尼系数的测算，其基本表达式为：

$$G = \sum_{i=1}^{N} (S_i - X_i)^2$$

其中，S_i 代表 i 地区某产业就业人数占全国该产业就业人口比重，X_i 则代表 i 地区全部就业人数占全国就业人数的比重。这一系数能够较好地测度该地区某产业就业水平与全国范围内产业就业平均水平的差距。这一系数是正向指标，较大的系数说明该产业的就业集聚水平较高。它的缺点是并未考虑伴随就业规模变化的产值变化因素。埃利森（Ellison，1997）在此基础上进行改进，提出 EG 指数的概念和算法，相比空间基尼系数而言，EG 指数考虑了企业规模，其计算公式如下：

$$\gamma = \frac{\sum_{i=1}^{N} (S_i - X_i)^2 - (1 - \sum_{i=1}^{N} X_i^2) \sum_{j=1}^{r} z_j^2}{(1 - \sum_{i=1}^{N} X_i^2)(1 - \sum_{j=1}^{r} z_j^2)}$$

EG 指数普遍用于衡量某产业的区域集聚程度。N 代表区域空间，S_i 代表某产业在 i 地区就业人数占该产业整体区域就业人数比重；X_i 代表 i 地区全部就业人数占全国就业人数的比重；$\sum_{j=1}^{r} z_j^2$ 代表某产业在整体区域的 Herfindahl - Hirschman 指数（HHI），$\sum_{j=1}^{r}$ 代表某产业中企业 j 产值占整体产业比重。出于简洁和实用，可以沿用吴三忙等（2009）[①] 的 HHI 替代指标计算方法，这一指标假设产业内各企业规模相似。因为本书测度的是产业聚集，因而这一假设并无实质性影响。HHI 替代指标的表达如下：

---

　　① 吴三忙、李善同：《中国制造业集聚程度演变态势的实证研究——基于 1988—2007 年数据》，《山西财经大学学报》2009 年第 12 期。

$$HHI = \sum_{j=1}^{r} n_{i,j} \left(\frac{output_{i,j}/n_{i,j}}{output_i} \right)^2 = \sum_{j=1}^{r} \frac{1}{n_{i,j}} \left(\frac{output_{i,t}}{output_i} \right)^2 = \sum_{j=1}^{r} \frac{1}{n_{i,j}} S_{i,j}^2$$

其中，$output_i$ 指代产业在区间的就业人数，$n_{i,j}$ 代表产业的企业个数。这一统计指标设计，一定程度保持 EG 指数方法一致性，同时保持数据在时间维度的连续性。沿用技术进步基准的测算评价过程中两位数和三位数产业分类的思路，将全国和深圳两个层次各产业的相应数据归类整理，然后代入修正后的 EG 指数模型获得计算结论。目前，对于 EG 指数的判别标准仍不统一，尤其未能形成公认的聚集临界值。但作为应用较为广泛的正向指标，较大值通常被认为具有较高的集聚水平和市场优势。因此，这里沿用牛昱昱等（2014）[①] 的聚集度评价方式，选取 EG 指数大于 0.02 的 15 个大类产业，具体数据见表 5 - 10。

表 5 - 10　　2008—2012 年 EG 指数大于 0.02 的两位数行业集聚趋势

代码	产业	2008 年	2009 年	2010 年	2011 年	2012 年
18	纺织服装、服饰业	0.0612	0.0764	0.0706	0.0503	0.0519
23	印刷和记录媒介复制业	0.0983	0.1023	0.1132	0.0841	0.0629
27	医药制造业	0.0423	0.0458	0.0567	0.0598	0.0605
28	化学纤维制造业	0.0412	0.0478	0.0469	0.0511	0.0507
36	通用设备制造业	0.0317	0.0468	0.0542	0.0518	0.0508
38	电气机械和器材制造业	0.0316	0.0314	0.0453	0.0513	0.0522
39	计算机、通信和其他电子设备制造业	0.0853	0.0868	0.0932	0.0874	0.1133
51	批发业	0.0687	0.0677	0.1175	0.1118	0.0932
52	零售业	0.0532	0.0621	0.0645	0.0678	0.0711
64	互联网和相关服务	0.0632	0.0603	0.0519	0.0647	0.0676
65	软件和信息技术服务业	0.0432	0.0644	0.0521	0.0723	0.0714
66	货币金融服务	0.1014	0.1315	0.1129	0.1172	0.1093
67	资本市场服务	0.1315	0.1162	0.1178	0.0864	0.0835
68	保险业	0.0912	0.0652	0.0835	0.0745	0.0713
69	其他金融业	0.0489	0.5019	0.5698	0.5810	0.5033

资料来源：相应年份《深圳统计年鉴》、《中国工业经济统计年鉴》和国泰君安产业数据库。

[①]　牛昱昱、钟坚、钟无涯：《行政垄断、市场配置与中部地区制造业地理集聚》，《当代财经》2014 年第 3 期。

由于赫芬达尔—赫希曼（Herfindahl – Hirschman）指数的简化，r 呈现出的是一个基于区域与整体差异化的劳动力集聚指数。从产业集聚的时间变动趋势分析，深圳传统强势产业保持着明显的集聚优势，如金融保险业大类下的货币金融服务、资本市场服务、保险业以及其他金融业。制造业里的纺织服装、医药制造业以及化学纤维制造业等，都随着时间的推移呈现出较强的集聚趋势。与前面部分对深圳产业的技术进步基准的测度结果类似，深圳通用设备制造业、电气机械和器材制造业等传统就业集聚行业，仍然表现出较强的劳动力集聚趋势。

此外，与金融保险业大类下的几个两位数产业的较强优势具有类似特点，深圳的软件与信息技术服务业、计算机、通信和其他电子设备制造业以及电气机械和器材制造业也呈现出明显的产业群效应。这一现象将使产业具有两方面的优势：其一，具体产业优势扩展到产业群，从而使关联效应得以形成并强化，并逐渐通过前向效应、后向效应或旁侧效应使优势产业范围进一步扩展，产业群优势从而获得进一步巩固与强化；其二，这类产业都具有较强的研发、创新和规模优势，而产业群的集聚又将使共性技术的研发成本降低，从而使研发效率增强。这一优势已从目前的市场优势转化为未来竞争的技术和创新优势。基于以上分析可以认为，这些产业具有在未来阶段继续获得市场竞争的优势地位。

三　基于人均收入水平的经济阶段定位分析

对于当前深圳经济发展阶段基准的定位，人均 GDP 和人均可支配收入都是较常使用的指标。消费者是联系产业与市场的桥梁和媒介，消费者的实际消费能力具有推动"生产—流通—再生产"转化和扩大的现实可行性，因此，本书采用经过价格指数平减后的人均可支配收入作为经济发展阶段的评测指标进行测算，参照系选择钱纳里和塞尔奎因制定的生产阶段与人口收入发展对应参照表。

钱纳里和塞尔奎因制定的生产阶段与人口收入发展对应参照表，是被广泛接受的经济发展阶段参照标准，大部分研究采用以 1979 年价格为基期和 1990 年价格为基期进行测算。本书选择以 1990 年价格水平为基期进行美元换算，主要统计数值见表 5 – 11。经过价格折算可以发现，近 20 年我国的物价水平上涨幅度超过 2 倍，我国目前经济增长的统计数字显然具有一定程度的高估现象。以 1990 年价格基期测算，目前深圳人均可支配收入仍处于 3000—3500 美元区间。对应钱纳里和塞尔奎因的经济发展阶段划分，深圳经济发展总体上处于后工业化高级阶段向知识经济过渡阶段；若根据罗斯托的经济发展阶段理论判断，则深圳目前已跨入大众高消费阶段。在这一经济发展阶段，经济体系已具备工业重型化、高级化和服务业知识化、高端化的良好基础，但知识经济与服务业还处于起步阶段，创新经济、知识经济和信息经济正处于酝酿与发展阶段。而传统的经济发展观点认为，这一阶段汽车工业、服务业以及信息产业将成为主导产业和支柱产业。

表 5 – 11　　　　　　钱纳里和塞尔奎因生产阶段与人口收入发展对应

经济发展阶段		时期	罗斯托定位	人均 GNP（1970 年美元）	人均 GDP（1990 年美元）
农业经济	前工业期	1	传统社会	140—280	280—560
工业经济	工业化初期	2	起飞准备	280—560	560—1120
	工业化中期	3	起飞准备	560—1120	1120—2240
	工业化后期	4	走向成熟	1120—2100	2240—4200
服务经济	后工业化期	5	大众高消费	2100—3360	4200—6720
知识经济	—	6	追求生活质量	3360—5040	6720—10080

深圳的 GDP、人均 GDP 和人均可支配收入等指标属于绝对的收入定位方式，其目标是以此测算结果在钱纳里和塞尔奎因的生产阶段与人口收入发展维度进行阶段定位。其二，还需要对深圳经济发展与其他区域城市进行相对的经济定位，从而能够更综合、全面和立体地定位深圳在全国经济体系中所处的经济发展位置、梯度和层级，从而为主导产业的选择确定大概的产业范围。通过将深圳近几十年的若干经济发展指标进行整理，并对比表5–11，容易定位深圳目前发展的绝对阶段与发展过程，见表5–12。

表 5 – 12　　　　　　1995—2012 年深圳若干经济发展指标

年份	GDP（亿元）	人均 GDP(元)	DPI（元）	CPI	美元区间	美元区间（1990）
1995	842.5	19550	12771	117.1	2000—2100	1400—1500
1996	1048.4	22498	16293	108.3	2671—2716	850 —900
1997	1297.4	25675	18579	102.8	3046—3097	1900—1950
1998	1534.7	27701	19214	99.2	3150—3202	1750—1800
1999	1804.0	29747	17713	98.6	2904—2952	1650—1700

续表

年份	GDP（亿元）	人均GDP(元)	DPI（元）	CPI	美元区间	美元区间（1990）
2000	2187.5	32800	20906	100.4	3427—3484	1950—2000
2001	2482.5	34822	22760	100.7	3731—3793	2100—2200
2002	2969.5	40369	24941	99.2	4000—4150	2300—2400
2003	3585.7	47029	25936	101.2	4200—4350	2450—2500
2004	4282.1	54236	27596	103.9	4500—4600	2550—2600
2005	4950.9	60801	21494	101.8	3500—3600	1900—2000
2006	5813.6	68441	22567	101.5	3700—3800	2000—2100
2007	6801.6	76273	24301	104.8	4000—4100	2150—2200
2008	7786.8	83431	26729	105.9	4400—4500	2300—2400
2009	8201.3	84147	29245	99.3	4500—4800	2450—2500
2010	9581.5	94296	32381	103.3	5300—5400	2700—2800
2011	11505.5	110421	36505	105.4	6000—6100	3000—3100
2012	12950.1	123247	40742	102.6	6600—6800	3300—3500

资料来源：相应年份《深圳统计年鉴》与《中国统计年鉴》。

　　通过人均GDP或人均可支配收入指标定位区域经济发展阶段，以此参照钱纳里和塞尔奎因的标准体系，是经济发展阶段的绝对定位方式。若要考察深圳在全国市场的收入水平和消费水平，还需要相对收入的定位方式，即在同一截面进行平行城市收入水平的比较。相对收入水平的定位将通过对2013年国内10大城市GDP指标数据、5个早期特区城市的人均GDP发展趋势以及深圳内需和外需依赖份额定性与定量的比较。这样就可以通过人均可支配收入等指标考察该城市在整体城市体系中的消费水平，同时侧面反映产业效率以及市场竞争力，从而从产业梯度中获得主导产业选择的产业范围。表5-13将2013年中国大陆经济最发达的10个城市的国民生产总值指标进行降序排列。其中人均国民生产总值指标是进行城市相对经济发展阶段定位的核心指标。由表中所列数据可以发现深圳在人口聚集方面、市场消费潜力以及产业发展方面的显著优势。深圳人口规模在10个大城市中仅列第8位，但GDP位列第四，而人均国民生产总值则稳居榜首。这一数据的意义在于：其一，整体经济水平上升背景下居民可支配收入的同时上升，使国内市场的消费能力、消费层次逐渐上升，从需求角度出发可以促进产业结构的调整、消费层次的升级以及整体产业竞争力的优化；其二，深圳在所有大陆城市中具有最高的人均国民生产总值，也意味着深圳本地消费具有较大市场空间。

表 5 - 13　　　　　　　2013 年国内十大城市 GDP 指标数据

排名	城市	2013 年 GDP(亿元)	人口(万)	人均 GDP(万元)	个人可支配收入(元)
1	上海	21602.12	2380.43	9.07	43851
2	北京	19500.6	2069.3	9.42	40321
3	广州	15123	1275	11.86	42066
4	深圳	14500.23	1054.74	13.75	44650
5	天津	14370.16	1431.15	10.04	32658
6	苏州	13000	1065.4	12.2	39079
7	重庆	12656.69	2945	4.3	27730
8	成都	9108.89	1417.8	6.42	29968
9	武汉	9000	1012	7.92	29821
10	杭州	8343.52	884.4	9.42	39310

资料来源：相应年份《深圳统计年鉴》和其他地区统计年鉴。

深圳经济的奇迹起始于伴随改革开放而来的代工与外贸，以此契机打破传统的小农经济，实现从初级传统加工产业为主向高新技术产业为主的转变。代工与外贸本质属于对国际市场的开放和依赖，在经济发展早期是我国区域经济发展和整体国民经济发展的重要支撑。初期我国处于传统农业经济社会，一年人均国民收入仅数百美元，消费水平极有限，国内市场亦不足以形成强大需求从而快速拉动经济。而随着国民收入的快速提高，尤其是发达经济区域的崛起，正如北京、上海、广州与深圳等处于我国个人可支配收入顶层的区域，具有较强的市场消化能力与分化的差异性市场需求。2008 年金融危机发生以来，全球贸易受到冲击，深圳亦不例外。但受益于广阔的国内市场，深圳企业通过国内消费基本弥补金融危机所造成的外贸冲击。图 5 - 3 对 2008—2012 年深圳内需与外需的经济占比进行了图形比较，其中内需贡献是指深圳内需所形成的资本和最终消费，近五年一直保持相对稳定，占全市 GDP 的比重保持在 70%—72% 之间；外需贡献则指深圳外需求，包括国际市场需求和深圳以外的国内市场需求两部分，这一部分对深圳经济的贡献也较稳定，基本保持在 28%—29% 之间。[①] 图 5 - 3 较直观地反映了二者差距。

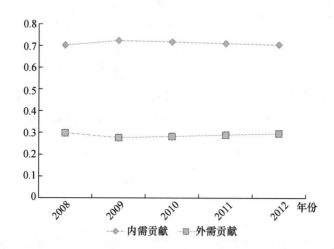

图 5 - 3　2008—2012 年内需与外需对深圳经济的贡献程度
资料来源：相应年份《深圳统计年鉴》。

　　此外，这一数据反映出排名前 10 位的大陆城市人均国民生产总值存在较大差距。这种差距体现在经济现象背后两个方面，一是消费和收入的正面差距，二是支撑区域经济发展的产业生产效率、市场竞争状态以及城市发展差距。具体城市发展趋势问题不是本书关注点，人均 GDP 的差异反映区域经济发展的产业生产效率、市场竞争状态以及城市发展差距，正是深圳主导产业选择城市结构的特殊性与功能定位特殊性的立足点。高梯度产业的效率差距与收入差距，给予深圳占据产业体系高端并实现稳步发展的空间，这也正是表 5 - 11 和表 5 - 12 对于深圳主导产业选择的意义所在。结合人均 GDP 定位的相对收入与绝对收入，以及国内市场和国际市场等因素，尤其是梯度的生产效率差距与消费能力差距，深圳经济发展现阶段对应罗斯托、钱纳里和塞尔奎因所概括的产业选择范围显然过窄，考虑市场的梯度和消费的差距，其重点产业范围应该在其标准基础上退后一档并向上全部兼容，这样的产业选择才更契合深圳面向国内较低收入区域市场的同时，也能竞争发达国家市场消费。因此，其产业范围应该包括较

---

①　于珺：《深圳的经济转型和产业升级》，《开放导报》2013 年第 2 期。

高层次的纺织业、建筑业、电力、钢铁以及汽车制造业等第二产业，而第三产业则贯穿整个产业结构优化过程的始终，包括金融服务业、保险业、批发零售业等。图5-4是对表5-13城市GDP发展数据的一个支撑，从图5-4中可以看出，深圳人均GDP不仅远超全国平均水平，即使在相应的特区城市中，人均GDP增速也最快。在相对收入定位中，深圳无疑已处于市场消费顶层，这与深圳区域中心城市战略定位契合。综合前文结论，显然目前阶段的深圳，其产业发展和生产效率的"供"，以及市场消费与市场容量的"需"，都处于国内产业体系梯度的顶端和消费市场层级的顶层。

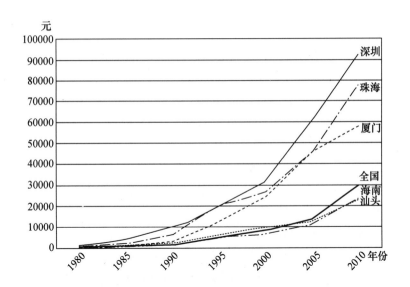

图5-4　全国及5个特区城市人均GDP增长趋势

资料来源：相应年份《深圳统计年鉴》和其他地区统计年鉴。

四　产业市场化能力基准的实证分析与结论

市场潜力基准与经济效益基准是衡量产业发展市场性绩效的重要尺度，其测度目标和分析工具具有较大程度一致性。如前所述，经济效益通常是对产业现状的描述与评价，而市场潜力则是更具发展倾向的总体趋势判断，但综合这些相关指标的特征与性质，最终具有决定产业市场潜力和经济效益的核心因素仍然是产业的技术进步效率。因此，从这个意义上说，市场潜力基准与经济效益基准是技术进步效率基准的扩展和支撑。

　　综合市场潜力基准和经济效益基准以及技术进步效率基准诸多共性因素，尤其是作为区域主导产业选择基准的特定功能，本书选择主营业务收入指标偏移度、成本费用利润率偏离度、总资产贡献率比例和产品销售率指标对深圳产业与全国同类产业的市场绩效进行相关测度分析。

　　主营业务收入是指企业从事某种经常性的、主要业务所产生的基本收入，如制造业的销售产品、非成品和提供工业性劳务作业的收入，商品流通企业的销售商品收入。产业层面的主营业务收入反映该产业的市场规模以及市场容量，选择产业层面的区域与国家主营业务收入偏离，能够判断区域若干产业间市场规模维度的强弱趋势，从而为产业选择展开市场视角的分析和判断。产业间主营业务收入偏移度指标计算公式如下：

$$RPO_{\partial} = \frac{\sum\limits_{i=1}^{m} P_i Q_i}{\sum\limits_{m=1}^{h} \sum\limits_{i=1}^{n} P_i Q_i}$$

　　其中，RPO_{∂} 表示 ∂ 产业的产品销售率，P_i、Q_i 分别代表样本区域 ∂ 产业的第 i 家企业的主营产品的销售数量和价格，m 代表全国范围内的不同地区。RPO_{∂} 是一个大于 0 小于 1 的比例值，越接近于 1 说明该地区产业 ∂ 的市场规模越具有强势影响力和控制力。实际上，在产业垄断和竞争规制领域，主营业务收入偏移度指标也是区域测度产业市场控制力常用指标。

　　成本费用利润率，通常是指企业一定期间的利润总额与成本、费用总额的比率。成本费用利润率指标表明成本费用为基础条件下企业的利润获得能力，体现企业经营耗费所带来的经营成果。同样，采用这一指标用于区域产业的效率评价，具有对产业运营能力与市场绩效评价的微观意义。通常该项指标值越高，表示该产业的利润挖掘能力就越大，也可以说明该产业的当前经济效益较好。企业成本费用利润率的计算公式为：成本费用利润率 = 利润总额/成本费用总额 × 100%，这一公式只适应企业内部分析，因此需要将其改良，使其适应产业研究维度的范围和目标，优化公式为：

$$RPE_{\partial} = \frac{\sum\limits_{\partial,i=1}^{n} (P_i Q_i - TC_i) \div \sum\limits_{\partial,i=1}^{n} TC_i}{\sum\limits_{m=1}^{h} \sum\limits_{m=1,i=1}^{n} (P_i Q_i - TC_i) \div \sum\limits_{m=1}^{h} \sum\limits_{m=1,i=1}^{n} TC_i}$$

其中，RPE_∂ 表示产业 ∂ 的产品销售率，P_i、Q_i 分别代表样本区域 ∂ 产业 ∂ 的第 i 家企业的主营产品的销售数量和价格，TC_i 是第 i 家企业的成本和费用总和，m 代表全国范围内的不同地区。产业级研究采用的 RPE_∂ 指标大都以 1 作为临界点，超过 1 说明该地区产业 ∂ 的成本效率极其高于我国同类产业的平均水平，同时还具有较强利润挖掘能力，这一指标的正向偏离程度代表该地区在这一产业较强的市场影响力和利润控制力。

总资产贡献率（Rate of Assets Contribution）是指反映企业全部资产的获利能力，也是评价和考核企业盈利能力的核心指标。这一指标与成本费用利润率具有类似的功能定位，但它的考察范围更大，考察指标从成本和费用的基础扩展到整体资产，是企业经营业绩和管理水平的集中体现。企业常用计算方式为：总资产贡献率 =（利润总额 + 税金总额 + 利息支出）/平均资产总额 ×100%，以此为基础进行产业研究导向的资产贡献率偏离度指标优化，其公式表达为：

$$RAC_\partial = \frac{\sum_{\partial, i=1}^{n}(TP_i + Tax_i + Int_i) \div \sum_{\partial, i=1}^{n} Assets_i}{\sum_{m=1}^{h}\sum_{m=1, i=1}^{n}(TP_i + Tax_i + Int_i) \div \sum_{m=1}^{h}\sum_{m=1, i=1}^{n} Assets_i}$$

其中，RAC_∂ 表示 ∂ 产业的资产贡献率，TP_i、Tax_i 和 Int_i 分别代表样本区域 ∂ 产业第 i 家企业的利润总额、税金总额与利息支出，$Assets_i$ 是第 i 家企业的资产总和，m 代表全国范围内的不同地区。产业级研究的 RAC_∂ 指标与上述指标类似，以 1 作为判断临界点，正向偏离 1 的程度高说明该地区 ∂ 产业的资产运营效率极高，同时也具有很高的内部管理水平，这一指标的正向偏离程度代表该地区在这一产业较强的市场影响力和利润控制力，如果是趋于 1 的负向，那这一产业显然已无任何市场发展优势与内部管理优势。

产品销售率是指报告期企业销售产值与同期全部产品总产值之比，是反映产品已实现销售程度，经常用于分析产销衔接情况，也是分析产品满足社会需求程度的重要指标。计算公式为：产品销售率 = 工业销售产值/工业总产值（现价）×100%。产品销售率是一个纯粹市场反应指标，可以十分直观地看出该产品的销售状况和市场需求状况，也是测度企业市场衔接程度量的重要参考。将指标优化为产业分析指标，优化公式为：

$$RPS_{\partial} = \cfrac{\displaystyle\sum_{\partial,i=1}^{n} P_i Q_i^s \div \sum_{\partial,i=1}^{n} P_i Q_i^p}{\displaystyle\sum_{m=1}^{h} \sum_{m=1,i=1}^{n} P_i Q_i^s \div \sum_{m=1}^{h} \sum_{m=1,i=1}^{n} P_i Q_i^p}$$

其中，RPS_{∂} 表示 ∂ 产业的产品销售率，P_i、Q_i 分别代表样本区域 ∂ 产业的第 i 家企业的产品数量和价格，m 代表全国范围内的不同地区，Q_i^s、Q_i^p 分别代表销售的数据与生产的数量。产业级 RPS_{∂} 指标是一个临界点为 1 的正向指标，在 1 的正向偏离程度高，说明该地区产业 ∂ 具有极高市场反应能力，产品与市场的衔接度和契合度高，同时也说明产业内部整体水平较高。根据上述优化的指标体系，选择相应层次的两位数工业产业数据代入，获得各相应指标的评测数据，详细数据见表 5-14。

表 5-14　　深圳工业两位数产业若干市场指标比较（2013）

行业	主营业务收入产业占比	成本费用利润率	总资产贡献率	产品销售
石油和天然气开采业	3.06	1.4923	1.8241	0.9874
开采辅助活动	1.22	15.6119	5.9916	1.0021
农副食品加工业	0.32	0.8779	0.7673	1.0272
食品制造业	0.38	0.6100	0.5201	0.9016
酒、饮料和精制茶制造业	0.69	0.3171	0.7369	1.0997
烟草制品业	0.72	1.6380	1.1576	0.9913
纺织业	0.18	1.1202	0.6449	1.0053
纺织服装、服饰业	1.26	1.1477	0.7892	0.9854
皮革、毛皮、羽毛及其制品和制鞋业	1.14	1.5608	0.5785	0.9927
木材加工及木、竹、藤、棕、草制品业	0.14	0.0865	0.1758	1.0324
家具制造业	2.54	0.4912	0.4322	1.0456
造纸及纸制品业	1.10	0.5824	0.5504	1.0183
印刷和记录媒介复制业	3.60	1.1427	0.6956	0.9869
文教、工美、体育和娱乐用品制造业	14.05	0.4618	0.4428	1.0076

续表

行业	主营业务收入产业占比	成本费用利润率	总资产贡献率	产品销售
石油加工、炼焦及核燃料加工业	0.10	30.0988	1.4788	1.5238
化学原料及化学制品制造业	0.33	1.3151	0.6851	1.0444
医药制造业	0.92	2.2802	0.6919	0.9612
化学纤维制造业	0.07	1.4363	1.6272	1.1022
橡胶和塑料制品业	2.49	0.2987	0.3361	1.0354
非金属矿物制品业	0.55	0.7852	0.5172	1.0034
黑色金属冶炼及压延加工业	0.08	0.0127	0.4974	1.0731
有色金属冶炼及压延加工业	0.61	1.5399	1.1654	1.0164
金属制品业	1.41	0.6489	0.5229	0.9895
通用设备制造业	1.50	0.5329	0.6748	1.0058
专用设备制造业	1.60	1.2035	0.7401	0.9993
汽车制造业	0.43	0.4826	0.2964	0.9520
铁路、船舶、航天和其他运输设备制造业	0.66	0.8472	0.7715	1.0145
电气机械及器材制造业	3.20	0.5408	0.5238	1.0445
计算机、通信及其他电子设备制造业	16.49	0.8004	0.9080	0.9857
仪器仪表制造业	3.74	1.1342	0.7795	0.9919
其他制造业	2.17	1.0822	1.1138	1.0147
废弃资源综合利用业	0.04	(0.2896)	(0.0295)	1.0300
金属制品、机械和设备修理业	1.82	2.7060	1.3257	1.0188
电力、热力的生产和供应业	1.44	2.4419	1.6332	1.0058
燃气生产和供应业	1.82	2.7685	2.1849	1.0012
水的生产和供应业	6.64	3.6396	2.2071	0.9971

资料来源：相应年份《深圳统计年鉴》，括号内数字为负值。

表 5 - 14 中提供了深圳两位数工业产业许多有意义的细节。在主营业务收入占比项目中，最突出的是目前深圳产业体系中具有举足轻重地位的计算机、通信及其他电子设备制造业，其主营业务收入占该产业全国收入的 16.49%，显然其产业规模、市场空间及生产能力已呈现高度集中的市

场优势。具有类似优势的产业还有文教、工美、体育和娱乐用品制造业，电气机械及器材制造业、印刷和记录媒介复制业以及仪器仪表制造业等。以城市级的产业规模和产能水平，能够在国家层面达到如此高的主营业务收入比，说明这些产业在我国目前市场具有极强的市场竞争力。此外，深圳的两位数产业开采辅助活动在成本费用利润率、总资产贡献率和产品销售率三个指标上都高于全国平均水平数倍。开采辅助活动（产业代码11）通常指为煤炭、石油和天然气等矿物开采提供的服务，包含3个三位数产业，目前深圳只有石油和天然气开采辅助活动（产业代码112）。基于技术效率和研发性质的改进，这是一个近年在深圳新增设的三位数产业，未来具有一定发展空间。与此类似，深圳的石油加工、炼焦及核燃料加工业也具有相应的指标特征。石油加工、焦炭生产属于高污染高耗能的资源性产业，而利用石油和焦炭生产过程中产生的副产品加工新产品、新材料以及核燃料加工属于高新技术产业。在未获得其他进一步产业信息的情况下，不能就此判断。但在市场效率基准前提下，深圳这些产业具有极强的市场空间与成本效率。与此类似，深圳拥有较多具有综合性市场优势、效率优势、竞争优势、管理优势的两位数产业，如医药制造业、化学纤维制造业、橡胶和塑料制品业、电力热力的生产和供应业、燃气生产和供应业、水的生产和供应业等。

五　环境友好基准的实证分析与结论

污染程度是环境友好基准的直接测度，因为污染控制是我国现阶段经济发展过程中平衡生产和环境的基本目标和主要手段，环境治理则是更高阶段的要求。环境污染的产生与城市生产方式、生活方式和自然资源禀赋相关，其中，城市生产方式占人为性质城市污染的绝大部分。[1] 因此，生产方式的绿色能源、低碳环保以及原材料循环使用等是未来生产方式的重要发展方向。

目前环境友好基准可供选择的测度指标较多，通常的做法是对能耗指标进行测定。针对不同的研究对象和研究目标，需要对指标进行选择与优化。对于区域经济发展而言，采用总量指标进行污染度量更具有实质意义。因为污染对于城市的影响不分产业大小，尤其是日积月累，对于城市

---

[1]　钟无涯、颜玮：《城市经济发展与PM2.5关系探析》，《生态环境与保护》（人大复印资料）2013年第5期。

居民而言，不管污染来源何处，其各种污染所形成的绝对量，对城市居民和自然环境的生活质量与可持续发展具有直接影响。因此污染的总量指标更符合社会民众与相关监管机构对城市环境质量关注的需要。但是，对于行业、产业的生产效率、污染程度以及能源依赖等方面研究目标，尤其是具有行业差异性的环境友好程度评价，总量指标便具有一定局限性。因为总量指标无法客观衡量产业间能量消耗和环境污染的差异；基于产业选择与产业发展目标，有效区别产业间能源效率差异与污染程度差异更有价值，因此必须选择个量指标。总量指标对城市发展而言存在优势，个量指标对于产业选择具有优势。基于此背景，深圳主导产业选择的环境友好基准采用个量指标对相关产业进行测度。

基于综合考虑，选择柴油消费量、燃料油消费量、天然气消费量以及电力消费量四个能耗指标为基础，进行产业间能耗效率的基准测度，以此作为对产业环境友好基准的表征。这一效率测度的基本方式是额定产值的能源消耗数量，并对全国该产业的平均能耗水平进行偏离度测定，其基本表达式如下：

$$Energy_\theta = \frac{\sum\limits_{\partial, i=1}^{n} E_{\theta, i} \div \sum\limits_{\partial, i=1}^{n} TR_i}{\sum\limits_{m=1}^{h} \sum\limits_{\partial=1, i=1}^{n} E_{\theta, i} \div \sum\limits_{m=1}^{h} \sum\limits_{\partial=1, i=1}^{n} TR_i}$$

在表达式中，$Energy_\theta$ 表示某区域 ∂ 产业 θ 能源相对全国该产业 θ 能源平均消耗的偏离程度，TR_i 代表样本区域 ∂ 产业的第 i 家企业的生产总量，m 代表全国范围内的不同地区。出于综合考虑深圳和全国统计指标、统计口径一致性因素，选择企业和产业生产效率的货币化指标主营业务收入作为产业内生产总量指标 $\sum\limits_{\partial, i=1}^{n} TR_i$。目前，$\sum\limits_{m=1}^{h} \sum\limits_{i=1}^{n} E_{\theta, i}$ 和 $\sum\limits_{m=1}^{h} \sum\limits_{\partial=1, i=1}^{n} TR_i$ 指标值已列入《中国统计年鉴》的常规公布数据范围，因此数据具有权威性和可比性，简化了公式和数据的计算过程。$Energy_\theta$ 指标是一个能耗评价的相对指标，在 1 的正向偏离程度高，说明该地区 ∂ 产业具有偏高的能源消耗。目前主要的生产性污染大部分来自工业体系，因此样本数据选择深圳工业体系中 34 个两位数工业行业，而不对第三产业的服务性行业进行相关能耗测度评价。根据深圳主导产业选择的环境友好基准分析思路，本书选择柴油消费量、燃料油消费量、天然气消费量以及电力消费量作为能源消耗的测度值，测算结果见表 5-15。

表 5 – 15　　　深圳工业两位数产业单位能耗偏离值比较（2013）

行业	柴油消费量	燃料油消费量	天然气消费量	电力消费量
农副食品加工业	3.238	1.825	5.757	1.082
食品制造业	5.696	0.212	4.399	1.752
酒、饮料和精制茶制造业	1.629	—	11.783	1.730
烟草制品业	0.035	—	3.020	0.795
纺织业	2.237	4.319	5.360	0.532
纺织服装、服饰业	1.503	0.243	4.273	1.882
皮革、毛皮、羽毛及其制品和制鞋业	2.248	—	7.940	1.839
木材加工及木、竹、藤、棕、草制品业	2.266	—	—	0.936
家具制造业	1.020	—	0.058	1.904
造纸及纸制品业	2.253	0.524	1.010	0.418
印刷和记录媒介复制业	1.093	—	0.119	1.115
文教、工美、体育和娱乐用品制造业	0.739	0.432	0.139	0.676
石油加工、炼焦及核燃料加工业	1.083	—	—	0.039
化学原料及化学制品制造业	2.842	0.001	0.011	0.246
医药制造业	1.583	0.005	2.009	0.640
化学纤维制造业	0.069	—	—	0.635
橡胶和塑料制品业	7.541	0.992	4.621	2.699
非金属矿物制品业	10.894	0.693	81.203	3.669
黑色金属冶炼及压延加工业	0.169	—	0.943	0.659
有色金属冶炼及压延加工业	0.782	—	0.106	0.039
金属制品业	1.480	0.060	0.959	0.220
通用设备制造业	1.232	0.007	0.146	0.446
专用设备制造业	0.439	0.143	0.148	0.901
汽车制造业	0.806		3.518	2.609
铁路、船舶、航空航天和其他运输设备制造业	1.435	0.360	0.301	0.515
电气机械及器材制造业	1.121	0.055	0.540	1.478
计算机、通信和其他电子设备制造业	0.574	0.247	0.188	0.833

续表

行业	柴油消费量	燃料油消费量	天然气消费量	电力消费量
仪器仪表制造业	0.291	—	0.117	0.950
其他制造业	0.461	0.006	0.650	0.120
废弃资源综合利用业	—	—	—	3.144
金属制品、机械和设备修理业	0.004	—	—	0.001
电力、热力的生产和供应业	0:110	—	7.302	0.355
燃气生产和供应业	0.496	—	1.467	0.575
水的生产和供应业	0.637	—	—	0.445

资料来源：相应年份《深圳统计年鉴》。

　　表 5 - 15 所测算的是深圳 2013 年 34 个两位数工业产业每万元柴油消费量、燃料油消费量、天然气消费量和电力消费量指标的国家平均标准偏离值。这些数据能够立体地反映该产业对相应能源的效率水平，从而侧面反映其环境友好的程度。某些产业的数据值呈现出较大的偏离度，如橡胶和塑料制品业，其每万元柴油消费量和天然气消费量超出国家平均水平数倍。这一看似不合情理的数据实际上基于多种差异，包括技术差异、能源偏好差异、生产方式差异以及产业效率差异等。而企业实际生产过程中，亦存在其主能源不在统计指标内的情况。因此，正如前文对于环境友好基准的理论分析所言，能耗指标和污染指标的主要意义在于对深圳产业发展的宏观评价，实践价值相对有限。

　　深圳两位数工业产业的能耗偏离数据基本反映深圳产业能耗水平与全国同类产业能耗水平的现状。总体而言，深圳的强势产业能耗指标与前文分析类似，都具有在全国该产业的领先优势，以深圳制造业中的领军行业计算机、通信和其他电子设备制造业为例，每万元柴油消费基准是国家平均水平的 0.574，燃料油天然气消费的消费基准更低，分别是 0.247 和 0.188，电力消费基准略高，也仅仅是全国该行业水平的 0.833。显然，深圳的计算机、通信和其他电子设备制造业在该领域拥有的不仅仅是技术进步效率、市场规模和市场潜力等优势，在能源消耗方面也具有显著的效率。

　　产业在生产过程中由于能源价格、区域禀赋、技术特点等因素，不同产业能源使用具有偏向性，而且全国的产业能源数据与区域产业能源数据诸多，因此并不存在非常严谨统一的能源效率基准，只能粗略判断。以每万元柴油消费量、燃料油消费量、天然气消费量和电力消费量指标衡量，目前深圳在能源效率方面具有显著优势的两位数产业分别是：计算机、通信和其他电子设备制造业，仪器仪表制造业，其他制造业，通用设备制造业，专用设备制造业、文教、工美、体育和娱乐用品制造业以及有色金属冶炼及压延加工业。

六　基于因子分析法的量化产业选择结论

本章的量化分析指标与实证数据从功能设置角度上是基于深圳主导产业选择的理论框架设定依据基准体系。因此，部分量化指标的分析是为定性分析模块提供量化支撑，如基于人均收入水平的经济阶段定位，从绝对收入定位可以在钱纳里和塞尔奎因体系中获得现有深圳经济发展阶段的参考，而与目前我国高收入城市的相对收入比较可以确定深圳的市场消费水准。产业发展选择仍需要进行类似量化数据与定性分析的结合，因为量化基准本身不能提供严谨而全面的主导产业选择样本群。基于这样的原因，本部分将采用因子分析法对量化数据中能够较好排序、比较和选择的相关指标进行评价，并根据现有研究的主流思路对相关基准进行选择，从而获得基于量化基准的产业选择。

首先，对量化指标进行因子提取，在此选择的量化指标有技术变化效率、技术效率、DEA-马尔姆奎斯特指数、EG指数、主营业务收入、成本费用利润率、总资产贡献率、产品销售率、柴油消费量、燃料油消费量、天然气消费量和电力消费量12个指标。为统一量纲，首先对变量通过标准化方法"（数值—均值）/标准差"进行处理，此外，柴油消费量、燃料油消费量、天然气消费量和电力消费量4个指标都是负向指标采用潘国营（2002）[①]方法处理。因子提取后利用SPSS 19计算出相关系数矩阵的特征值，选取特征值大于1的因子，同时得到各因子对于方差的影响度，其中特征值大于1并且方差影响度较大的因子有4个，见表5-16。

① 潘国营：《应用SPSS软件分析地下水污染》，《焦作工学院学报》2002年第5期。

表 5 - 16　　　　　　　　　　因子分析法的方差解释状况

成分	初始特征值			提取平方和载入			旋转平方和载入		
	合计	方差百分比（%）	累计百分比（%）	合计	方差百分比（%）	累计百分比（%）	合计	方差百分比（%）	累计百分比（%）
1	3.45	29.123	29.123	3.45	29.123	29.123	1.958	27.123	27.123
2	2.36	23.409	52.532	2.36	23.409	52.532	1.936	21.409	48.532
3	1.885	20.745	73.277	1.885	20.745	73.277	1.623	24.745	73.277
4	1.325	17.985	91.262	1.325	17.985	91.262	1.231	17.985	91.262
5	0.954	2.123	93.385						
6	0.684	2.003	95.388						
7	0.549	2.159	97.547						
8	0.512	1.593	99.14						
9	0.023	0.417	99.557						
10	0.011	0.311	99.868						
11	0.005	0.011	99.879						
12	0.003	0.005	99.884						

注：采取主成分分析法提取因子。

　　其次，通过因子分析法可获得旋转后的正交因子表，见表 5 - 17。主导产业选择的 12 个指标变量中，显然技术变化效率、技术效率和 DEA - 马尔姆奎斯特三个指标可以归结为因子 1；柴油消费量、燃料油消费量、天然气消费量和电力消费量可以归结为因子 2；EG 集聚指数是因子 3；主营业务收入、成本费用利润率、总资产贡献率和产品销售率可以归为因子 4。这些变量的集中情况可以为四个因子进行命名。第一个因子可以解释技术进步效率较高的产业；第二个因子可以解释为这类产业能耗较大；第三个因子说明产业的就业聚集能力；第四个因子主要针对产业的市场绩效评价。通过表 5 - 17 可以看出，主导产业选择各因子具有一定的偏向，主要倾向于技术进步效率和市场绩效指标，而就业聚集和能耗指标相对比重较小。

　　4 个主成分特征值已占总方差超过 91%，显然已提取出大部分有效成分。继续通过 component matrix 列系数和特征根，获得单位特征向量，其中 ZX_i 是标准化数据。具体函数表达为：

表 5 – 17   旋转成分

量化指标	成分			
	1	2	3	4
技术变化效率	0.966	0.073	− 0.111	0.006
技术效率	0.924	0.024	− 0.077	0.019
DEA – 马尔姆奎斯特	0.936	0.019	− 0.021	0.008
EG 指数	− 0.035	− 0.006	0.964	0.031
主营业务收入	0.008	− 0.068	0.067	0.913
成本费用利润率	0.027	0.070	0.064	0.906
总资产贡献率	− 0.015	0.009	− 0.070	0.943
产品销售率	− 0.026	− 0.013	− 0.043	0.974
柴油消费量	0.006	0.949	− 0.017	0.003
燃料油消费量	− 0.019	0.962	0.039	− 0.071
天然气消费量	0.001	0.911	0.006	− 0.098
电力消费量	0.074	0.906	0.025	− 0.061

注：采取主成分分析法提取因子，而后采用具有 Kaiser 标准化正交旋转。旋转在 4 次迭代后收敛。

$$F_1 = 0.966zx_1 + 0.924zx_2 + 0.936zx_3 - 0.035zx_4 + 0.008zx_5 + 0.027zx_6 - 0.015zx_7 - 0.026zx_8 + 0.006zx_9 - 0.019zx_{10} + 0.001zx_{11} + 0.074zx_{12}$$

$$F_2 = 0.073zx_1 + 0.024zx_2 + 0.019zx_3 - 0.006zx_4 - 0.068zx_5 + 0.070zx_6 + 0.009zx_7 - 0.013zx_8 + 0.949zx_9 + 0.962zx_{10} + 0.911zx_{11} + 0.906zx_{12}$$

$$F_3 = -0.111zx_1 - 0.077zx_2 - 0.021zx_3 - 0.031zx_4 + 0.067zx_5 + 0.064zx_6 - 0.070zx_7 - 0.043zx_8 - 0.017zx_9 + 0.039zx_{10} + 0.006zx_{11} + 0.025zx_{12}$$

$$F_4 = 0.006zx_1 + 0.019zx_2 + 0.008zx_3 - 0.031zx_4 + 0.913zx_5 + 0.906zx_6 + 0.943zx_7 + 0.974zx_8 + 0.003zx_9 - 0.071zx_{10} - 0.098zx_{11} - 0.061zx_{12}$$

最后利用综合主成分表达式：

$$F = 0.352F_1 + 0.113F_2 + 0.206F_3 + 0.297F_4$$

可得各行业得分情况，如表 5 – 18 所示。

表5-18　　　　　　　　相关行业因子得分情况

行业	因子1	排名	因子2	排名	因子3	排名	因子4	排名	总分	总排名
石油和天然气开采业	72.32	24	70.19	22	62.37	31	55.26	36	62.65	30
农副食品加工业	73.45	23	71.03	20	87.15	8	55.49	35	68.31	25
食品制造业	69.56	27	70.24	21	81.03	12	57.43	33	66.17	26
酒、饮料和精制茶制造业	68.39	28	66.31	29	74.33	19	61.25	31	65.07	28
烟草制品业	75.38	21	79.98	10	68.19	26	97.13	4	78.47	10
纺织业	94.69	4	64.12	31	98.33	2	93.21	8	88.52	3
纺织服装、服饰业	71.26	25	69.95	23	89.24	5	89.21	9	77.87	14
皮革、毛皮、羽毛及其制品和制鞋业	48.31	36	44.15	33	59.36	32	66.11	29	53.86	36
木材加工及木、竹、藤、棕草制品业	49.96	34	68.16	26	74.28	20	62.31	30	59.10	34
家具制造业	56.39	33	66.38	28	74.86	18	77.16	18	65.69	27
造纸及纸制品业	74.25	22	78.94	11	77.1	15	71.03	26	72.03	22
印刷业和记录媒介的复制	78.34	17	75.12	15	67.12	27	74.18	21	71.92	23
文教、工美、体育和娱乐用品制造业	83.24	13	68.32	24	87.49	7	88.34	12	81.28	8
石油加工、炼焦及核燃料加工业	83.69	12	88.9	3	81.02	13	73.25	24	77.95	12
化学原料及化学制品制造业	88.67	9	76.81	14	76.21	16	75.14	20	77.91	13
医药制造业	98.85	2	77.65	13	83.95	10	97.12	5	89.71	2
化学纤维制造业	93.68	6	86.27	5	71.36	24	94.58	6	85.51	5
橡胶和塑料制品业	76.34	19	74.69	16	82.49	11	81.31	15	76.45	16
非金属矿物制品业	77.46	18	86.97	4	72.11	22	74.1	23	73.96	21
黑色金属冶炼及压延加工业	59.61	31	88.95	1	48.35	36	70.25	27	61.86	31
有色金属冶炼及压延加工业	64.2	29	84.61	7	57.26	35	57.16	34	60.93	32
金属制品业	58.69	32	74.43	18	58.34	33	59.32	32	58.71	35
通用设备制造业	84.16	11	67.42	27	63.39	30	81.11	17	74.39	19
专用设备制造业	88.24	10	65.38	30	58.27	34	83.24	13	75.17	17

续表

行业	因子1	排名	因子2	排名	因子3	排名	因子4	排名	总分	总排名
交通运输设备制造业	78.49	16	74.61	17	71.98	23	81.27	16	75.02	18
电气机械及器材制造业	94.23	5	74.26	19	84.12	9	88.71	10	85.24	6
计算机、通信和其他电子设备制造业	94.8	3	78.12	12	100	1	97.31	3	91.70	1
仪器仪表制造业	91.27	7	62.17	32	73.1	21	81.49	14	78.41	11
废弃资源综合利用业	48.69	35	88.95	2	78.83	14	72.19	25	64.87	29
电力、热力的生产和供应业	76.23	20	84.19	9	75.13	17	75.32	19	74.19	20
燃气生产和供应业	70.04	26	85.36	6	67.12	28	74.18	22	70.16	24
水的生产和供应业	64.13	30	34.59	35	66.24	29	69.73	28	60.84	33
交通运输、仓储和邮政业	79.36	15	84.35	8	68.49	25	88.37	11	77.82	15
批发、零售业和住宿、餐饮业	79.68	14	68.21	25	89.36	4	99.12	2	83.60	7
信息传输、计算机服务和软件业	100	1	43.26	34	89.39	3	94.52	7	86.58	4
金融保险业	91.23	8	0	36	87.86	6	100	1	79.91	9

资料来源：根据因子分析结果得到，并进行标准化处理。

　　基于量化数据获得的表 5 - 18 排名结果，既有其合理性，也存在失真的可能性。这体现在三个方面：第一，从方法角度，因子分析的选取和赋权具有一定的局限性。产业数据的运输体现在过程中都是平等的，但事实上产业和产业间存在很强的关联性，也就是所谓的集群效应。第二，有些产业的数据不完整，如金融保险业等，一定程度影响排名。第三，部分行业在深圳显然规模和市场影响力都不大，但相对而言体量小的分析对象具有数据分析过程中的优势。但是，总体而言，排名结论仍较大程度与现实的产业发展状态吻合，即使存在上述原因，也并未实际干扰其产业的相关优势。当然，正如前文对于深圳主导产业选择的理论分析部分所确定的方法基准，对于分析结果仍需从定性分析角度对其合理性进行判断。

　　表 5 - 18 从 12 个基准选择效果来看，36 个行业当中，通信设备、计算机及其他电子设备制造业，医药制造业，纺织业，金融保险业，信息传输、计算机服务和软件业，批发、零售和住宿、餐饮业，化学纤维制造

业、电气机械及器材制造业等排名靠前。从因子分析的侧重方向分析，这些行业都具有技术效率和市场绩效，是基于量化基准分析选择出来的主导产业。从各个因子排序看，因子 1 主要是技术效率和技术变化效率，其中计算机、通信和其他电子设备制造业以及医药制造业等行业排名靠前；因子 2 主要是能源消耗指标柴油消费量、燃料油消费量、天然气消费量和电力消费量等，重化工、机械制造相关行业能耗较高；因子 3 主要代表就业的聚集程度，通信设备制造业，纺织业，信息传输、计算机服务和软件业和其他制造业得分较高；因子 4 主要代表包括主营业务收入、成本费用利润率、总资产贡献率和产品销售率等因素的市场绩效指标，金融保险业，批发、零售和住宿、餐饮业，计算机、通信和其他电子设备制造业等行业排名靠前。值得注意的是，基于此模型得出文教、工美、体育和娱乐用品制造业排名也比较靠前，这主要是因为该行业本身具有较显著技术优势、市场规模和竞争实力，另外，本书模型考虑资源、技术进步、就业聚集和市场绩效等因素，而且占据较大比重，文教、工美、体育和娱乐用品制造业能源消耗较低，单位能耗更小，因而环境友好度高；近年黄金首饰珠宝等工艺品生产、设计、品牌和市场发展都比较快。综合行业的市场容量和国际该行业的品牌化经营、高端化发展以及国际化竞争，以此为主导产业似有较大挑战，但规模化发展与集约化优势也是市场竞争的一种模式，因此工艺品及其他制造业也是一个具有主导产业潜力的入选行业。基于上述量化分析数据，选择计算机、通信和其他电子设备制造业，批发、零售和住宿、餐饮业，信息传输、计算机服务和软件业，金融保险业，医药制造业，纺织业和化学纤维制造业为主导产业。在此仍需强调，在未经对产业进行合理性分析之前，量化分析所获得的结论仅仅是基于数据的一些判断，与事实存在较大出入的可能，这正是定性分析模块对于产业分析的重要意义所在。

第四节　本章小结

本章根据定性研究模块和定量研究模块若干基准的内容、特点及相关性质，构建深圳主导产业研究量化分析指标体系，并采用链路图说明基准体系选择及其相互关系，并进一步对量化指标选择及数据来源进行阐述。

确定指标类别与数据来源后，根据数据性质选择相应实证工具。本章第二节主要针对基准指标的实证工具选择思路和依据进行说明，如技术进步指标的实证方法及数据处理、人口聚集指标的实证方法及数据处理依据环境友好基准等指标处理等。本章第三节对相关基准进行详细的实证过程，主要包括技术进步基准、就业人口发展趋势与行业就业聚集、基于人均收入水平的经济阶段定位、产业市场化能力的测度以及环境友好基准下的能源消耗指标等。在这些量化数据和结果的支撑下，通过因子分析法对 12 个量化指标进行主成分选择，从而获得主因子，以此展开对深圳主导产业选择的综合评价。初步获得基于量化框架下的现阶段深圳主导产业备选行业。

第六章　深圳主导产业选择的定性分析

本章将在基于量化分析结论的基础上，通过定性分析方式，结合深圳区位优势的立体性、功能定位的特殊性、城市结构的特殊性和发展阶段的特殊性，进一步探索现阶段深圳主导产业选择。

第一节　若干产业量化结论的定性分析补充

在上一章的量化分析过程中发现，部分传统强势产业仍具有成为现阶段深圳主导产业的显性优势，如通信、计算机及其他电子设备制造业，信息传输、计算机服务和软件业为核心产业构成的大电子信息产业群；此外还有金融保险业，批发、零售和住宿、餐饮业等目前已经占据深圳第三产业绝对比重的强势产业。部分非深圳的传统强势产业，如医药制造业，纺织业，化学纤维制造业，文教、工美、体育和娱乐用品制造业等产业，在量化分析过程中也呈现优异的量化特征和结论。对于这一类产业是否能够或者应该选入现阶段深圳的主导产业范围，仍需要进行相关的定性分析。为此，选择医药制造业、汽车制造业和文教、工美、体育和娱乐用品制造业三个产业门类进行定性分析的补充。

在深圳众多极具潜力产业中，需要重点关注医药制造业（行业代码27）。目前深圳的医药制造业行业规模不大，但已呈现若干潜力特征。见表6-1。

表6-1　深圳医药制造业三位数行业若干数据（2010—2013）

时期		2013 年		2012 年		2011 年		2010 年	
三位数行业名称	代码	产值	就业	产值	就业	产值	就业	产值	就业
化学药品原料制造业	2710	11.28	0.14	11.25	0.12	4.89	0.09	2.72	0.04

续表

时期		2013 年		2012 年		2011 年		2010 年	
三位数行业名称	代码	产值	就业	产值	就业	产值	就业	产值	就业
化学药品制剂制造	2720	62.17	0.67	80.82	0.60	83.3	0.63	74.03	0.71
中药饮片加工	2730	1.42	0.05	1.31	0.04	0.51	0.04	0.7	0.08
中成药生产	2740	49.26	0.27	29.47	0.20	24.99	0.2	20.99	0.21
生物药品制造	2760	54.99	0.37	46.4	0.35	49.95	0.29	41.76	0.23
卫生材料及医药用品制造	2770	10.34	0.12	9.93	0.13	9.31	0.13	7.08	0.12
总计		189.47	1.62	179.19	1.44	172.96	1.36	147.29	1.32

注：数据由政府统计部门提供，统计样本为规模以上企业，其中产值数据单位：亿元；就业数据单位：万人。

国家经济统计口径下的医药制造业下属7个三位数行业，深圳目前不含兽用药品制造（2750）。深圳的医药制造业2013年总产值接近200亿元，就业人数1.62万。目前的行业总体规模显然偏小，就业规模也不大。但是，行业主体集中在化学药品制剂制造（2720）与生物药品制造（2760），二者产值和规模超过行业50%。深圳的医药制造业技术效率、技术变化效率以及TFP变化都持续稳步上升，平均效率评价值在1.04以上，超过通信和计算机及其他电子设备制造业等现阶段的深圳强势产业。这两个三位数产业显然有别于传统医药制造业，尤其是生物药品制造，属于高新技术产业的重要组成部分，也是未来医药研究和开发的重要模块，因此，深圳的医药制造业总体规模不大，但是其核心构成部分却具有较强竞争力。

从定性分析角度，深圳医药制造业具有较多发展优势。首先，我国经济发展阶段与人口结构变化等因素，促使已跨入老龄化社会的我国必然增加对医药卫生事业的依赖，这一事实已被美国、英国等欧美国家和日本、韩国等亚洲国家证实。而且，随着经济发展、社会进步、收入提高以及健康意识的普及，以医药制造为载体的诸多绿色、环保、保健为表现形式的次级产业形态和市场营销理念将得到推广和普及，这是医药制造业未来发展的正向激励。此外，医药制造业与传统制造业在技术、能源、产品和生产环节等方面存在较大差异。目前的医药制造业，很大程度已经划入高新技术产业的范畴，其药品研发、药品制造工艺、药品提纯以及诸多基于药物和疾病相关的前沿研究等，是集合产业、技术、科研以及教育等多重目标的具体载体，这一单纯的药物制造产业已集成化、科技化和教研化，不再是传统概念下的医药制造企业形态。因此，一定程度上可以认为，医药制造业具有超出其单纯经济生产的溢出效应。从市场容量、行业前景及需求弹性等角度分析，包含老龄化社会、少子化社会对医疗保健的重视、医药制品需求增加等因素，必然增加医药制造业未来发展的推动因素。诚然，深圳的医药制造业发展依然具有一些不确定因素，主要表现在市场规模、创新科技、加工深度以及市场竞争等环节。与西方的大规模制药企业相比，目前我国制药产业整体落后，即使是围绕中药（Chinese Medicine）为基础的中医药产业，与日本、韩国等国家相比仍有较大工业差距、技术差距、理念差距和市场差距，一定程度增加了未来深圳医药产业发展的不确定性。总体而言，深圳现阶段应该重视和发展医药制造业的市场价值、产业价值与战略价值。

表 6 – 2   深圳汽车制造业三位数行业若干数据（2010—2013）

时期		2013 年		2012 年		2011 年		2010 年	
三位数行业名称	代码	产值	就业	产值	就业	产值	就业	产值	就业
汽车整车制造	3610	164.45	2.74	129.18	35653	103.95	3.72	2.52855	0.0516
改装汽车制造	3620	4.61	0.09	12.9	1681	19.36	0.18	103.0584	3.5553
汽车车身、挂车制造	3650	14.43	0.1	14.34	1280	19.24	0.11	16.34945	0.3614
汽车零部件及配件制造	3660	108.77	2.23	100.91	21663	85.71	1.9	71.89458	1.8808
总计		292.25	5.17	257.33	60277	228.26	5.91	196.2242	5.9527

注：数据由政府统计部门提供，统计样本为规模以上企业，其中产值数据单位：亿元；就业数据单位：万人。

与医药制造业的分析相似，汽车制造业则面临较为尴尬的国内市场前景。汽车制造业在 GB 2002 中并未单列，只是隶属于交通运输设备制造业（36）大类下的子行业，在 GB 2011 中开始以独立编号进行统计。总体上，深圳的汽车制造业产值规模和就业规模都要高于医药制造业，但是结合发展前景、政策规制以及国际竞争力等因素考虑，显然产业发展形势较为严峻。基于罗斯托的经济阶段论而言，当前处于工业化中高级阶段的我国，汽车工业显然应该是支柱产业和主导产业。但时，基于开放条件下的当今市场，具有极长"U"形平均成本曲线的汽车工业，规模越大其竞争优势就越显著，这已是产业经济学所认为的市场自然垄断形成的代表性行业。因此，从成本、技术和市场等角度选择发达国家汽车工业发展路径的深圳汽车制造业显然存在较大挑战。如果换一个角度，选择技术突破、创新突破、能源突破和市场突破等形式打破固有汽车工业发展路径，深圳的汽车工业发展，也完全有可能异军突起。诚然，市场的发展取决于多元因素，具体产业发展的研究已超出本书范围。从本书建构的深圳主导产业选择基准的定性研究与定量研究结论出发，深圳的汽车制造业具有极强的市场发展潜力，值得深圳进行进一步考察与推进。

深圳汽车制造业的产值与就业规模相比医药制造业具有显著优势。这一方面与其产业性质有关。汽车制造业属于重工业，资本投资规模较大，作为消费品的汽车一定程度契合目前我国的经济发展阶段。近年的全国范围汽车销售呈现"井喷"之势，对于某些城市，汽车的快速增长与城市化过程中相应的道路规划、功能区聚集等因素已然冲突，如北京、上海、广州等城市，其直接影响的是出现"限牌"和"单双号"政策。随着城市化进程的推进，城市的聚集趋势必然加强，人口密度因而增加。而环境友好、绿色生活以及健康理念等因素，客观上对于具有空气污染的汽车消费一定程度也存在市场限制。这些因素一定程度影响国内汽车市场未来发展空间。而基于新能源等为创新契机和市场入口的汽车制造业，仍然具有较大的市场空间。但客观而言，相比诸多其他可供选择的主导产业，深圳现阶段发展汽车制造业也存在一定市场风险。

此外，文教、工美、体育和娱乐用品制造业是基于量化分析基础获得的一个行业亮点。上一章量化分析结论中，已认为工艺美术品制造具有现阶段主导产业的发展潜力和选择必要。这一大类产业也是基于 GB 2002 和 GB 2011 两种标准之间进行调整的产业，现有分析数据已根据其差异进行校正。GB 2002 统计口径下，工艺品及其他制造业单列两位数行业大类，其中珠宝首饰及有关物品的制造是大类下一个四位数子行业；在 GB 2011 统计口径中，这个两位数行业进行了拆合，其中工艺美术品制造成为文教、工美、体育和娱乐用品制造业大类重要组成部分，而珠宝首饰及有关物品的制造也调整为工艺美术品制造的四位数子行业。这一产业具有若干值得发掘之处：其一，产业技术效率、技术变化效率和 TFP 变化显著超越产业平均水平。其三位数行业 TFP 维持在 1.05 左右，两位数行业的

TFP 达到年均 1.1 左右，远超制造业整体技术效率水平，显然正处于行业发展的上冲期。其二，产值规模与就业规模较大。尤其应该指出的是珠宝首饰及有关物品制造，2014 年产值 1364.52 亿元，就业规模 4 万余人，这一人均产值比显然具有极强市场优势。并且，深圳的珠宝行业，其市场份额、体量、品牌、工艺等已经具有极强的市场号召力。深圳以此为核心的制造加工类企业、贸易批发及零售类企业和其他配套类企业，也已形成较为完善的珠宝制造、批发产业链。

表 6 - 3　　　　　　深圳文教、工美、体育和娱乐用品
制造业行业若干数据（2010—2013）

时期		2013 年		2012 年		2011 年		2010 年	
三位数行业名称	代码	产值	就业	产值	就业	产值	就业	产值	就业
文教办公用品制造	241	13.82	0.57	10.46	0.56	10.72	0.53	10.89	0.68
乐器制造	242	5.04	0.32	5.18	0.34	2.85	0.29	4.56	0.33
工艺美术品制造	243	1378.82	4.88	1245.47	4.66	1058.04	4.37	702.82	6.51
珠宝首饰及有关物品制造	2438	1364.52	4.23	1234.7	3.98	1049.69	3.64	649.86	3.60
体育用品制造	244	30.45	1.86	31.23	1.97	31.92	2.34	31.84	2.43
玩具制造	245	102.28	7.81	83.91	7.69	74.08	7.98	75.92	7.73
游艺器材及娱乐用品制造	246	3.64	0.07	2.89	0.15	3.9	0.17	4.40	0.20
总计		1534.05	15.52	1379.14	15.38	1181.51	15.68	830.43	17.87

注：数据由政府统计部门提供，统计样本为规模以上企业，其中产值数据单位：亿元；就业数据单位：万人。

与医药制造业类似，这类商品属于经济发展到一定阶段后的市场消费品，具有较强收入弹性。从本书的量化分析模块，无论是技术效率基准、环境友好基准、就业聚集基准还是市场绩效，珠宝首饰及有关物品的制造（2438）都具有极显著的量化绩效。因此，基于经济发展阶段以及未来中国市场的消费趋势，考虑到深圳在文教、工美、体育和娱乐用品制造业的市场规模以及品牌控制力等因素，尤其是其低能耗无污染的环境友好型生产方式，都契合深圳现阶段城市生活方式、生产方式以及产业结构调整等方面要求，显然，这一产业具有入选深圳现阶段主导产业的相应条件。

第二节 深圳区域战略契机与主导产业选择

现阶段深圳主导产业选择的研究不能脱离深圳经济发展的特性。区域经济发展的阶段性、功能定位的特殊性、城市结构的特殊性主要侧重于深圳区域经济发展的历史、现状和功能，而深圳区域位置的特殊性，除了强调深圳的地理区位禀赋，更重要的是基于这一区域位置特殊性而获得的宏观发展契机。这一因素贯穿深圳兴起和发展始终，正如 20 世纪 80 年代初深圳毗邻香港，获得劳动密集型产业的转移，率先获得技术、资本和市场而实现经济快速发展；目前，深圳面临的则是湾区经济发展的战略契机，忽视这一重大现实因素进行的产业选择，都将具有一定的片面性和短期性。

在量化分析部分所选择的若干产业，是否适合现阶段的深圳产业发展，是否契合区域发展战略，是否具有较好的市场前景等因素，都需要定性的审慎和判断。从经济发展阶段定位出发，深圳目前正积极从工业化高级阶段实现跨越，面临城市定位与发展方向选择；从产业功能定位，第二产业与第三产业都具有在全国范围的竞争强势，具有较大范围和空间进行产业选择的平台。诸多因素促成深圳在未来城市发展方向的选择机会。深圳属于典型的湾区形态，而目前深圳面临着宏观、中观和微观不同层次的湾区经济发展契机。因此，对于已开放的经济结构、高效的资源配置能力、强大的集聚外溢功能和发达的国际交往网络的湾区经济，深圳现阶段对此形态具有选择必然性。现阶段的深圳主导产业选择，最大的区域位置特殊性即为承载湾区经济战略的地理禀赋。

一 区域发展路径与产业发展

从区域经济发展规律来看，一个城市或区域的经济发展到一定阶段以后，就不再取决于自身的资源条件，而是取决于其在大区域范围乃至全球的资源配置能力。交通效率、通信手段以及生产形式的推进，能够强化这一区域经济发展的趋势。世界城市化发展特征与趋势主要体现在三个方面：一是人口、经济向沿海地区集聚；二是沿海城市向大都市区扩张；三是核心城市发展成为具有重要国际影响力的世界级城市。深圳的区域经济发展自然也符合这一发展规律。

　　深圳区域优势的立体性体现在多个方面，交通效率、地理区位、重商传统以及大经济区背景等，能够综合体现在"湾区"这一地理经济学概念之中，因此得以实现区域经济和湾区发展契机的结合。湾区经济是一个在世界范围内具有成功经验的区域经济发展模式，其发生、发育和演化过程中，不断经历着产业内容、城市形态及区域文化更新。对于现代湾区经济而言，强大的经济规模、最先进的产业体系、全球化的资源配置能力、开放自由的市场环境、多元包容的文化氛围、发达的现代交通网络、现代化的都市形态共同构成区域经济发展的核心内涵。这些经济内容、形式与途径，正是现阶段深圳区域规划和产业发展的方向与愿景。

　　现代湾区经济的兴起与发展恰好反映世界城市化进程中人口与经济向沿海集聚——向沿海大都市区集聚的过程。世界沿海大都市群发展历史证明，城市规划愿景在以海洋为依托的湾区城市群中生根、发育，乃至最终实现相对容易。旧金山湾区、大洛杉矶湾区、纽约湾区、东京湾区、澳大利亚黄金海岸、地中海湾区等是湾区经济的典型代表。图 6 – 1 显示了湾区经济发展与相应产业阶段的对应发展路径。

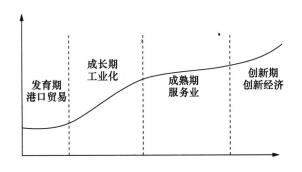

图 6 – 1　湾区经济发展阶段

　　开放的动态经济结构、高效的资源配置能力、强大的集聚外溢功能、发达的国际交往网络，是深圳现阶段迫切需要并正积极规划的重要内容。实现资源与产业集聚、城市快速发展和壮大，使城市格局、品位和区域迅速提升，同时带动周围众多中小城市共同发展，最终形成具有国际影响力的城市群，是现阶段深圳产业发展、区域经济发展和城市提升的重要目标与途径。在当前具有较大选择空间契机下，充分利用深圳区域位置特殊性，结合深圳特定经济发展阶段的产业转型契机，湾区经济成为深圳重新选择与规划相应主导产业与产业群的重要因素。

　　总结纽约湾、东京湾等国际成功湾区发展经验，可勾勒成功湾区经济的一般发展路径，为深圳湾区经济战略下主导产业选择提供案例依据。湾区经济大都从工业起步，经过聚集和分散，转向传统制造业和服务业的发展；随着第三次科学技术革命的兴起，特别是电子信息技术发展，传统制造业不断进行转型和升级，近年来，湾区经济的高端服务业和文化创意产业发展成为较典型的特征。以旧金山湾区的转型为例，制造、维修、批发业等工业化时期发展强劲的产业逐渐向周边转移，通过现代化产业重新布局，传统产业和高新产业都能在城市中心与郊区次中心成长，促成区域城市群发展的一体化进程，而旧金山市作为整个湾区的高端服务中心和高科技产业中心的地位得以巩固。迁往城市周边地区有利于改善部分制造业企业的发展条件，并且企业规模的稳定和扩大、技术研发的持续深入、产品设计不断革新以及异质性企业地域范围的适度集中等因素，也是制造业进一步发展的重要途径。与此同时，选择驻留市内核心区的制造企业大都具有较高的抗压能力以及远超行业平均水平的市场绩效，但在中心区更高要素成本、更强市场竞争等压力下，必然需要不断优化管理、调整生产以及集约资源，从而更加重视尖端产品、定制设计、特殊工艺的制造，工业化时期的强势产业并未衰退。东京湾发展也与此路径契合，其在产业升级过程中，其核心三个区千代田区、中央区和港区大力发展信息服务业、金融保险业以及高端服务业等知识密集型的高附加值服务行业。与此同时，第三产业中的商业服务业、房地产、资本市场服务等也逐渐由中心区向周边区域扩散，从而促进东京湾城市圈的服务经济化。① 在东京选择重点发展高附加值、高生产率的服务经济同时，其具有强大基础的制造业从中心城市转移至中心外围，既保持较高的技术进步效率和市场化能力，同时也有效降低运营成本。这一产业发展路径与城市群成长方式，对于积极规划湾区经济发展的珠三角地区具有重要的启发意义和借鉴价值。

　　二　深圳战略契机与深圳产业选择

　　深圳发展湾区经济，既与自身经济已发展到一定阶段，如生产形式、经济规模、工业基础、要素市场等条件成熟有关，也与空间区域重大发展契机密切相关。这一战略的形成与提出是依托于宏观的国家战略、中观的

---

　　① 郑京淑、郑伊静：《东京一极集中及其城市辐射研究》，《城市观察》2013年第5期。

省际区域发展战略以及微观的"城市—城市群"发展战略基础而形成，并具有自身发展的阶段性与适应性。

2013 年国家提出"丝绸之路经济带"和"21 世纪海上丝绸之路"的"一带一路"战略，成为相关区域进行经济规划和产业规划的宏观指导。海上丝绸之路是国家战略性通道，深圳无疑是这一通道的重要节点。在"一带一路"背景之下，深圳"湾区经济"建设依托大粤经济整体，成为这一宏大战略规划重要构成部分，是承担其节点与战略功能的"湾区经济"代表。提升节点质量，战略性通道便更加通畅，同时通过战略性通道的构筑、提升，深圳也可加强区域经济发展。显然，深圳"湾区经济"功能、定位、规划以及建设步骤，需以整体的国家宏观战略为基础、省际经济规划为指导，同时根据自身的客观实际，有步骤、分阶段地进行规划和布局。在这一过程中，深圳与同为"湾区经济"建设部分和内容的区域有机合作承载着重要功能。

作为中国东部沿海三大增长极之一，粤港澳大湾区协同发展上升为国家战略，将形成北有京津冀一体化、中有长江经济带、南有粤港澳大湾区的区域经济发展新格局，进一步丰富我国区域发展的内涵、层次和形式，在更大范围整合资源，促进要素资源更加高效的流动，带动中西部地区发展，消除区域不平衡，促进转型升级，提升整体竞争力。在当前不同层次战略背景下，深圳区域位置特殊性呈现的优势得以强化。深圳经济总量仅次于广州，人均产出则高出广州，具有强大的制造业、金融业与其他服务业，尤其通信设备的制造与研发等领域具有竞争优势；此外，深圳毗邻香港，综合了诸如港口、物流与资信等众多关键的经济发展因素，是我国最具"湾区经济"发展优势的城市。因此，深圳"湾区经济"发展具有区域合作必然性与优越性，实现区域、城市、产业以及行政等多领域有机协作，将是发挥深圳区位优势，建设深圳"湾区经济"，促进粤港澳大湾区的重要步骤。

相对于"六湾区一半岛"的大湾区概念，深圳政府提出以建设深圳为核心城市的"小湾区"区域经济发展规划，对深圳主导产业选择具有直接影响。其规划方向是以深圳现有的产业基础、区域规划以及经济影响，通过微观的"城市—城市群"发展战略基础把握湾区经济的发展契机，实现深圳的城市发展突破。

三　区域特殊性导向的深圳主导产业选择

深圳具有典型湾区地理特征，处于由整个珠江口东西两岸构成的大湾区之中，与中国香港特区形成西太平洋沿岸的双子城市——深港湾区组合；在内地，大粤双子城市——深圳和广州为中心的城市群趋于形成。深圳乃至整个珠三角都处于经济增长方式、产业结构与生产方式的转型期与临界点，同时面对世界分工的新一波浪潮的冲击，机遇与调整并存。从深圳区域位置的特殊性出发，如前所述，主观上具有强烈产业选择、快速转型升级的愿景，客观上，湾区经济发展的三个步骤，其中前两个步骤，即人口、经济向沿海地区集聚，以及沿海城市向大都市区集中等已经完成。因此，发展湾区经济，引领深圳化城市建设、提升深圳国际城市地位，在更大范围、更高层次参与全球经济竞争合作，实现更高质量、更高能级的发展是深圳当前必然选择。

现有工业体系的优势与强势，以及推进深圳服务业、商业等第三产业快速发展的愿景，是深圳目前主导产业选择和产业转型的取舍困境。从空间资源、人力资源等要素角度，深圳的工业体系虽然在技术进步、市场绩效等方面具有国家层面的竞争优势，但要素成本仍通过市场机制对其发展形成倒逼，加剧深圳目前产业转型和主导产业再选择的压力。因此，湾区经济发展战略、国际湾区经济的成功发展路径以及粤港澳湾区战略下"城市—城市群"发展策略，提供深圳主导产业选择的绝佳契机。基于以上战略背景，依据国际成功湾区的发展路径，并结合定量分析模块相关结论，对深圳湾区经济战略下的主导产业进行选择。从发展阶段与湾区战略的角度，目前深圳的产业选择可以从第二产业和第三产业分别选择。国际成功湾区经济发展路径在工业化后期转型期，主要侧重工业体系技术效率升级转型以及高端服务业如金融业等，这为深圳在湾区经济战略背景下主导产业选择设定了范围，选择结果见表 6 - 4。

表 6 - 4　　　　　　　湾区经济背景下深圳主导产业备选产业

发展阶段定位	技术进步效率与市场绩效较高的工业群和金融、商业服务业等第三产业
技术进步	文教、工美、体育和娱乐用品制造，计算机、通信及其他电子设备，互联网和相关服务，软件和信息技术服务，医药，纺织服装，金融，批发零售
市场绩效	计算机、通信及其他电子设备计算机，电子信息，互联网和相关服务，软件和信息技术服务，批发零售，金融业，文教、工美、体育和娱乐用品制造业，电气机械及器材制造业及仪器仪表制造业

续表

发展阶段定位	技术进步效率与市场绩效较高的工业群和金融、商业服务业等第三产业
人口聚集	计算机电子信息产业群、商业服务产业群、金融业
环境友好程度	计算机、通信和其他电子设备制造业，仪器仪表制造业，其他制造业，通用设备制造业，专用设备制造业，文教、工美、体育和娱乐用品制造业以及有色金属冶炼及压延加工业
"城市群"备选方案	工业选择：计算机电子信息产业群（计算机、通信及其他电子设备计算机、互联网和相关服务、软件和信息技术服务）、医药、电气机械及器材制造业、印刷和记录媒介复制业以及仪器仪表制造业 服务业选择：金融业、商业服务业、批发零售业

第三节　深圳功能定位特殊性与产业结构

　　诸多先发城市发展经验表明，在工业化前期向中期跃进时，制造业是产业升级过程的主要承载，同时也是城市经济结构的重要有机构成，但随着各产业的逐渐分化和发展，制造业由于其产业自然属性等原因，在工业化后期将趋于下降；制约和限制其市区发展的主要因素是城市功能定位与要素成本的快速攀升。[①] 因此，随着城市空间扩大的必然性，制造业等工业体系将出现空间资源的重新配置，通常迁往中心城市的周边地区，从而改变原有城区的产业结构。另外，也有利于改善部分制造业企业的发展条件。适度的企业规模、集中的技术研发、适度的地理集中与竞争性产品设计等因素，有利于激励产业链中异质性企业的发展。市内核心区的产业结构因而呈现出第三产业比例持续攀升，第二产业比例趋于下降的产业结构比例。这也将表现为：一方面，继续生存的制造企业在空间成本要素上升的压力下，必须不断调整管理和生产策略，呈现高端、特殊、个性和创新为主的产品，比如根据客户要求进行定制、小批量生产等。这并不意味着工业体系的衰退，而是朝向集约化、高端化和定制化发展，这对于深圳主导产业选择以及产业发展方向非常重要。另一方面，空间资源重新配置的

---

① 韩忠：《后工业化城市与制造业——以旧金山市为例》，《城市问题》2008 年第 11 期。

契机，使第三产业高附加值、高增长率以及高消费的特点得以显现，同时在产业结构中比例攀升。从原有空间区域考察产业结构，其必然表现为第二产业产值下降、产值占比下降的"双降"趋势，而与此相反的是第三产业"双增"，产值增加和占比增加。如果将考察空间放宽，从原有中心城市的考察空间扩展至城市产业群空间，这一"双降"和"双增"的趋势则并非必然而是不确定，因为工业的市场竞争力和市场影响力存在于更大范围市场空间，尤其是具有发展梯度的大市场环境，极有可能获得更高更快的发展。更重要的一点是，对于空间资源重新配置后的工业布局，其生产要素价格具有下降的趋势，如厂房、租金等。因此，这一结论的意义在于：城市化和工业化推进过程中，原有空间区域内工业产值"双降"是产业发展和市场机制的必然，产业结构调整也是发展趋势。但从更广阔的城市群空间考察，城市群的产业结构演进方向在区域产业功能定位的影响下，并非快速向第三产业"双增"放心推进，而是其推进的速度减缓地向前发展。事实上，经济结构的健康发展和产业结构的高级化二者并非因果关系，尤其是在区域城市为产业载体的背景下。

从区域发展路径分析，尤其是湾区经济战略下选择"城市—城市群"发展路径的深圳，其产业结构状态和产业结构发展路径应该是产业选择和产业发展的结果，并非原因。因此，在这一原则下，深圳主导产业选择应该坚持工业与服务业空间资源重新配置，从而在继续保持、推进和强化深圳工业体系的技术优势、创新优势以及市场优势前提下，促进深圳第三产业规模、质量并逐渐发展升级。这一发展战略的远景即实现"广州—深圳"为中心城区的大城市群建设，珠三角整体成为一个拥有较完整经济体系的湾区经济区域。基于此战略规划，深圳的产业结构发展路径虽然具有先发城市的相应特征与功能，但其产业结构发展的内容、时间节点、空间规划以及推进方式显然具有深圳自己的发展特色。

深圳产业功能的特殊性，对于深圳主导产业选择存在较大影响的因素有：其一是无须过多考虑体系性、基础性行业；其二是强化对技术进步和市场效率的选择；其三是对创新性产业具有偏向性。深圳作为产业研究的载体，相比其他产业研究和主导产业研究的对象而言显然偏小，因此与诸多针对国家层面和大省际层面产业选择的理论及实践方法相比，必然存在一定差异。基于以上这些因素考虑，综合而言，深圳产业功能定位的特殊性本质上放松了深圳主动产业选择的约束条件，而不是增加选择约束。尤其是从产业关联性等角度，侧重产业选择的横向关联、纵向关联等指标可以放弃。同样地，对于市场绩效和技术进步效率存在显著差异的产业，选择过程将更偏向于技术进步效率高的产业。而这一选择方法，在传统型产业选择过程中，将会因为市场绩效高、就业规模大、经济贡献高等理由被选择；相反，技术进步效率高的企业也有可能因为市场风险大、不确定性因素多等原因被放弃。

根据深圳"产业—产业群"的城市空间规划趋势以及产业结构演进方向等因素，深圳主导产业选择的目标产业包括：计算机、通信和其他电子设备制造业，信息传输、信息技术服务和软件业，计算机、通信和其他电子设备制造业为主的包括制造业的服务业计算机电子信息硬件与软件的产业群，以及传统制造业中的纺织服装、服饰业、化学纤维制造业，这些三位数行业虽分属不同产业，但本质属于服装行业体系的不同层级。和计算机电子信息与软件产业群一样，这些产业群并非关联性原则选择的结果，而结果却一定程度反馈出关联产业特征。这是一个例证，即这些产业群的技术进步效率不是偶然形成，而是基于产业链的技术优势，从产业链低端到高端整体都呈现出技术优势、市场优势和竞争优势。此外，汽车制造业、电气机械和器材制造业和仪器仪表制造业也属于选择范围。第三产业的选择与深圳目前战略发展规划的产业选择重合度较高，主要是货币金融服务、保险业、资本市场服务和商务服务业。其中值得关注的是深圳的批发业和零售业，虽然这两个行业的产值占比较高，但传统产业理论并不认为这些产业具有科技成分或者前向发展效率。但基于深圳产业功能定位的特殊性，对于选择的标准更倾向于市场效率和技术效率，深圳的批发业和零售业相比其他行业而言，其绩效评价总体列前，这也可以部分解释其经济绩效长期保持较大比重和较大增速的原因。

第四节　深圳主导产业选择结论与合理性分析

根据本书的理论分析框架，基于经济发展阶段与产业匹配、经济发展阶段与市场需求结构、市场竞争强度、市场竞争效率、产业结构绩效、经济发展与城市结构、要素聚集与产业发展偏向、深圳区域战略发展契机等定性模块，同时对发展阶段定位、行业规模、技术进步、经济效益、市场竞争力、市场潜力、人口聚集和就业贡献等方面的量化分析结论，本书获得现阶段深圳主导产业选择的若干行业。

　　基于量化分析的性质、数据质量和量化基准的偏向性等问题，量化分析选择具有一定缺陷，因此必然遗漏一些具有发展潜力、契合发展阶段以及区域战略契机的产业；相反，因为指标设计、量化基准以及选择体系的作用，同样存在部分产业不具备市场发展潜力和竞争优势的产业入选。因此，在定量基准约束下的深圳主导产业选择仍需经过定性的合理性分析。量化基准下深圳现阶段的主导产业选择见表6-5。

表6-5　　　　　量化基准下深圳现阶段的主导产业选择

发展阶段定位	建筑业、电力相关行业、钢铁相关产业、汽车制造业、金融服务业、保险业、批发零售业等
技术进步	计算机、通信及其他电子设备制造业，互联网和相关服务，信息技术服务和软件构建的产业群，纺织服装产业群，汽车制造业，仪表制造业，医药制造业，金融、批发零售业等
市场绩效	计算机、通信及其他电子设备，互联网和相关服务，信息技术服务和软件构建的产业群，电气机械及器材制造业，仪器仪表制造业，文教、工美、体育和娱乐用品制造业，批发零售、金融业等
人口聚集	计算机电子信息产业群，汽车制造业、仪表制造业、纺织服装产业群，商业服务产业群，金融业
环境友好	计算机、通信和其他电子设备制造业，仪器仪表制造业，其他制造业，通用设备制造业，专用设备制造业，文教、工美、体育和娱乐用品制造业以及有色金属冶炼及压延加工业
"城市群"备选方案	工业选择：计算机电子信息产业群（计算机、通信及其他电子设备计算机、互联网和相关服务、软件和信息技术服务）、医药制造业、电气机械及器材制造业、印刷和记录媒介复制业以及仪器仪表制造业 服务业选择：金融业、租赁和商业服务业、批发零售业
定量基准的深圳主导产业选择	选择组：计算机、通信及其他电子设备制造业、互联网和相关服务、信息技术服务和软件构建的产业群，电气机械及器材制造业，仪器仪表制造业、金融业、租赁和商业服务业、批发零售业 考察组：纺织服装产业群，汽车制造业、医药制造业

　　基于定量基准体系指标选择和数据分析，前文已对深圳第二产业和第三产业的相关行业进行选择，获得具有主导产业发展潜力的产业选择范围。综合而言，其中大部分入选产业符合预判，且与日常生活感知及经济景气等新闻报道符合。但不可避免存在不合理性，仍需进一步合理性分析：

　　第一，关于制造业在定量基准选出的入选产业中比重过大的问题。综观目前所有基于定量基准模块的主导产业选择研究，大都存在入选产业范围工业、制造业企业为主的倾向。事实上，这一现象具有普遍性，比如杜吉明（2013）①、张雷（2012）②、郭可（2012）③ 以及赵斌（2011）④ 等研究中，都存在类似问题。总的来说，造成这一现象存在三个方面原因：首先，定量基准体系的设计具有产业偏向。工业是我国大部分区域的重要产业，或正大力发展工业成为区域经济的重要支柱产业。这客观上符合我国当前工业化阶段的经济发展现状。我国目前除北京、上海、香港特区和深圳，大部分区域的经济增长仍依靠工业的技术提升、市场竞争绩效和整体运营效率。因此，针对产业经济的研究必然选择以工业研究作为重点，这一现象在国外产业研究中也普遍存在。诚然，这一分析框架存在针对全产业研究基准和架构设计的不完美。其次，数据性质的不兼容。制造业和其他工业行业的评价基准比较成熟，其中一些重要的指标和方法已得到广泛研究并采纳，并有许多有针对性的研究方法与研究工具，如 TFP 的效率测度与分解等。第三产业的产业构成，如金融业、仓储运输业、邮政业等，现有统计口径下，相关年鉴公布的仍是一位数大类宏观数据，数据挖掘空间有限。另外，第三产业间的比较和测度标准也存在不统一的情况，比如交通物流行业，其绩效表征指标大都是运输量、运输距离等指标，与其他相关产业进行比较必须进行无量纲化处理，从而失去了许多有意义的数据内容。

　　显然，这些因素一定程度弱化了第三产业在量化基准体系的产业选择

---

　　① 杜吉明：《煤炭资源型城市产业转型能力构建与主导产业选择研究》，博士学位论文，哈尔滨工业大学，2013 年。

　　② 张雷：《资源环境技术约束下我国主导产业选择研究》，博士学位论文，上海社会科学院，2012 年。

　　③ 郭可：《产业结构升级视角下的临港产业区主导产业选择研究》，博士学位论文，西北大学，2012 年。

　　④ 赵斌：《中国西北地区主导产业选择研究》，博士学位论文，北京交通大学，2011 年。

效果，但本质上并不影响主导产业的选择与发展。因为主导产业选择本身是建议参考性质的方向性指导，其选择大都具有区域经济原有的发展基础和发展路径。以西北内陆城市发展为例，其基于时间序列数据的量化基准体系所得出的主导产业发展目标，不可能是海洋型工业，其原因就在于支持基准选择的历史发展数据具有延续性。同理，量化基准体系的制造业占较大比重，其结论也正是因为制造业是区域经济发展重要产业，有时就是支柱产业。而第三产业相对弱化，并不代表其发展不强或者不能成为主导产业，只是客观来看，这一基准体系并未展现强势发展产业。

第二，计算机、通信和其他电子设备，互联网和相关服务，信息技术服务和软件构建的产业群，事实上还包括第二产业中电气机械和器材制造业中下属若干三位数行业。此外，从产业关联角度，下游的金属制品业和上游的电信、广播电视和卫星传输服务都在这一体系之中，这一产业群成为主导产业选择范围符合预期。现实中这一产业群目前仍是深圳的支柱产业，其市场绩效、技术效率以及环境友好等指标都具有极强优势。但是，也应该看到，随着科技发展、创新推进以及市场演化，这一产业群的未来发展也可能存在变数。基于深圳当前的发展现状，优化现有产业结构已被提上议程，尤其是第三产业产值实现60%，客观上需要一定程度弱化第二产业发展的支撑力度。因此，从这一视角分析，计算机、通信和其他电子设备产业群中部分子产业不符合深圳现期发展规划。基于前文对于深圳区域位置特殊性以及湾区战略的发展契机的分析，深圳在湾区经济背景下积极拓展"城市—城市群"的发展路径，能够以空间重新配置的方式获得更大的产业发展空间，基于这样的战略安排之下，深圳具有市场绩效、技术进步、人口聚集以及环境友好的基准优势的产业完全可以获得与第三产业一样的发展契机。因此，从深圳湾区经济的战略发展契机视角，计算机、通信和其他电子设备，互联网和相关服务，信息技术服务和软件构建的产业群在深圳推进空间配置的前提下，完全可以确定为主导产业加以扶植推进。

第三，第三产业的金融业、租赁和商业服务业以及批发零售业。金融业、批发零售业和房地产业是目前深圳第三产业的支柱产业，无论是从哪一个角度，金融业成为主导产业都不存在疑问。但是，金融业的问题主要在于这是一个具有较大政策性变动的行业。目前，深圳金融业包含货币金融服务、资本市场服务、保险业和其他金融业，在湾区经济发展契机下、适逢前海打造"金融中心",而深圳目前的金融业规模、人员、地位等因素,具有发展相关产业的实力与潜力,因此这一产业入选符合预期和现实。租赁和商业服务业也同样契合深圳着力打造总部经济,增加商业服务附加值的建设理念,但其现有规模和竞争力仍需持续加力。值得关注的是批发零售业的入选,其未来发展具有较多不确定性。批发零售业下属两个两位数行业批发业和零售业,都属于深圳传统强势行业。深圳的批发零售业面临发展的若干挑战,其一是交通效率,其二是电子商务模式,其三是生产产业的支撑。批发和零售虽然目前市场强势,但是它建立于相关商品原产地与中转地地理空间与市场供需状态,这些因素都有可能在交通效率以及电子商务模式的冲击下被改变。珠三角传统的贸易集散地是广州,而深圳批发零售业的强大在于深圳也是诸多商品的全国性生产基地,这是深圳批发零售业之所以能够保持市场强势的关键。在目前政策倾斜第三产业发展的环境下,以及深圳生产要素价格的逐渐攀升,诸多生产型企业被迫转型,这将成为未来批发零售业主导产业效率的一个挑战。

第四,纺织服装产业群,文教、工美、体育和娱乐用品制造业及医药制造业潜力巨大。这些产业在定量分析基准体系中若干重要基准中效率较高,尤其是医药制造业,在深圳众多的产业中并非特别瞩目,但是在测度和评价过程中指标良好。从定性分析角度,深圳倾向医药制造业的发展,将具有在未来成为重要产业、深圳支柱产业的潜力。这一结论由以下理由得以支撑:其一,老龄化中国的医药需求。本书构建的定量分析指标并未具体测试需求的收入弹性指标,但这一产业的弹性指标以及在诸多研究中证明,属于大众性认知常识。其二,国际成功湾区的产业发展路径提供医药制造业,包括医疗器械、药物研发、医药制造等一系列环节的产业,成为具有控制力、竞争力、辐射力和研发能力的产业链高端。因此,这一产业具有较大发展潜力。其三,从罗斯托的经济发展阶段论出发,工业化中后期市场消费意识提高的同时,也更加注重个人生活质量,医药制造业无疑是契合阶段发展要求的产业。更重要的一点,这一产业的关联行业绿色保健行业同样是下一阶段值得重点关注的产业。此外,被广泛认为是深圳低端劳动密集型产业的纺织服装产业群,目前的定量分析也呈现出较强劲的发展趋势,这存在较大不确定性。根据目前深圳下属区域经济的发展情况,龙华大浪时尚创意城是深圳传统的服装加工基地,其着力于品牌、质量与市场的结合与拓展,从产业发展角度分析应正处于积极转型升级过程。但定量指标无法反映其细节，因此从现状判断，这一产业的入选存在风险。如果基于湾区经济的"城市—城市群"大深圳概念，这一深圳传统优势产业应该具有主导产业潜力。对于文教、工美、体育和娱乐用品制造业，本章第一节已对此进行了较为详细的分析。客观上，这些产业都是深圳现阶段应加以重视并扶持发展的主导产业之一。

第五节　本章小结

本章从定性角度结合区域经济发展战略、地理空间规划以及产业结构发展倾向等方面进行分析。尤其是结合目前深圳区域经济发展的重大战略契机，即"一带一路"大环境与湾区经济的发展契机下，深圳主导产业选择在量化选择基础上的定向偏向问题。在对前文基于因子分析法量化选择的若干可能的现阶段主导产业进行了针对性分析后，展开对入选产业的合理化分析，并重新对现阶段深圳主导产业的选择进行考察和审视，得出目前深圳主导产业发展应该重视和选择的部分产业。

第七章 结论与展望

本书基于产业研究理论和目前国内外主导产业选择的相关文献，对区域主导产业选择的基础理论、发展脉络及其局限性进行梳理和总结，对区域主导产业的概念、内容与选择方向进行界定，并基于区域特殊性和阶段特殊性等方面对区域主导产业选择的理论进行一定修正，以适应深圳现阶段主导产业选择的应用需要。

第一节 研究结论

本书基于深圳经济发展的阶段性、功能定位的特殊性、城市结构的特殊性和区位优势的立体性的区域特点与经济发展基础，对深圳目前阶段如何进行主导产业研究进行了思考和探索。沿着产业研究和主导产业选择的主流理论框架，采用主流的实证分析工具，本书根据深圳经济发展基础，将现阶段深圳主导产业选择的框架体系分为三个层次：1 个理论框架、基于 4 个分析基础的 9 个基准以及 12 个量化指标，构建了深圳现阶段的主导产业选择框架体系。主导产业选择的基本程序为：首先，从效率、行业和结构的视角分析并掌握深圳经济产业发展的特点及相关产业发展路径。根据深圳现实经济和产业特点，立足其四个特殊性的基础，建立主导产业的选择基准并确定 12 个测度指标，从而确定现阶段深圳待选主导产业的大致范围。其次，运用因子分析法对战略契机与产业结构等方面考量，进一步缩小选择范围。最后，通过定性与定量分析，综合深圳主导产业选择的市场因素与非市场因素，进行前向化的筛选，并通过定性分析和定量分析对主要入选产业进行合理性的判断。

本书主要结论：

第一，区域主导产业具有持续带动和激励区域产业发展、促进产业结构升级、强化产业分工的功能，往往能够自发形成具有动态演进趋势的产业群。产业功能上，区域主导产业是产业结构升级动力；空间维度上区域主导产业是区域产业分工标志；历史趋势上区域主导产业是动态演进的产业群。从一定意义说，目前阶段的深圳主导产业选择重心侧重于效率维度和市场绩效维度，从实证结果分析，这两个维度上量化分析占优的产业入选概率较高。目前，深圳计算机、通信及和他电子设备，互联网和相关服务，信息技术服务和软件构建的产业群具有显性市场绩效和效率绩效，无疑是主导产业的较优选择；而纺织服装产业群，从行业类别、生产形式及生产效率等方面，也具有一定发展潜力与效率。这两个产业群分别代表显性和隐性的制造业主导产业升级趋势。

第二，区域性经济发展中对于第三产业高占比的偏好，与经济增长速度和整体经济绩效不存在确切的因果关系。目前深圳第二产业与第三产业整体都呈现出较强的市场发展能力，同时拥有相比国内其他区域诸多明显的发展优势。由于本书也存在目前大部分全产业研究的类似问题，即主导产业选择过程中的制造业选择偏向。基于本书的研究过程可以发现，深圳的制造业基础在市场绩效、技术进步等维度呈现显著的优势，在未来市场潜力等指标，包括其能耗水平趋势等方面，也都具有极强前向发展趋势。但是，基于本书构建的主导产业分析框架与选择模型分析过程发现，深圳的制造业，尤其是类似纺织业产业群，以及文教、工美、体育和娱乐用品制造业，与预判存在一定差异。事实上这些产业群仍处于高速发展之中。以目前阶段的发展形势判断，未来仍将在深圳的产业大类中获得较显著的产业发展。

第三，深圳强势产业持续高效，制造业仍保持技术和市场优势。计算机、通信和其他电子设备，以及互联网和相关服务、信息技术服务和软件构建的产业群的强势发展趋势仍将持续。同时，深圳医药制造业等具有高科技研发基因和传统制造风格的产业逐渐呈现出其市场竞争优势。此外，电气机械和器材制造业等产业竞争优势将由隐性转为显性，但其发展趋势相对于电子信息互联网、计算机以及金融业等产业发展而言，未来发展成为主导产业的前景仍存在较大市场风险和发展不确定性。

第四，金融业、批发零售业等第三产业市场效率极高。由于研究框架、研究方法和分析指标的原因，第三产业的诸产业分析尚不够细致。但就现有分析结论，深圳的金融业和批发零售业无疑是发展重点。深圳的金融业发展历史、现状以及发展规划等，显然，足以支撑深圳金融业未来更加集中和强大发展走向；但深圳的批发零售业，其主导产业发展路径仍存在较大调整与发展变化，这与其产业性质具有密不可分的特点。批发零售业的发展较大程度依赖深圳的制造业以及深圳在"城市—城市群"发展过程中的空间重新规划效率。但深圳金融业的相关影响因素和发展路径，本书尚未展开深入探讨。

第五，区域主导产业的选择与区域战略发展契机等非市场因素密切相连。现阶段深圳区域经济构思与主导产业选择必须基于湾区经济战略进行。因此，深圳产业发展过程中若干强约束，如空间资源、土地成本、交通效率等因素得以一定程度放松。体现在现阶段深圳主导产业选择方面，即有效放松约束条件。其中最大的突破在于第二产业与第三产业结构平衡问题和主导产业选择过程中服务业与制造业偏向问题。基于国际成功湾区经济的产业发展路径与战略规划，深圳的主导产业选择应倾向继续保持并提升优势制造业比重与规模，而不应该放弃具有技术和市场优势的制造业，如劳动密集型和技术密集型的计算机、通信及其他电子设备，互联网和相关服务，软件和信息技术服务为核心构建的大产业群，以及电气机械和器材制造业等传统优势制造业。此外，金融业、批发零售业等第三产业，分别代表新、旧服务业发展的方向，也仍需继续推进发展。湾区经济的"城市—城市群"战略，能够从空间、资源以及信息等维度整合产业间发展协调，因此本质上在更大的视阈下，产业的选择和产业的共生发展具有同质性。

第六，深圳第二产业和第三产业的发展趋势，使深圳产业结构维持现状的可能性较大，尤其在"城市—城市群"的湾区经济背景下，空间重构伴随着产业规模扩张，从而形成总体经济规模扩大而产业结构维持基本稳定；但与此同时，由于产业技术效率与产业空间调整等因素，就业聚集从第二产业逐渐转移至第三产业的趋势必然加强。近十年深圳第三产业的人均产值都高出第二产业10%—20%，随着产业集聚状态的变化，以及第二产业转型升级的推进，这一趋势可能出现一些新的变化。

第七，根据本书理论框架、选择基准以及定性分析和定量分析的结合，既锁定了部分已经在深圳产业体系中发挥支柱产业功能的强势产业与优势产业和产业群，同时也筛选出文教、工美、体育和娱乐用品制造业等一部分轻工业产业。这一结论与预想显然具有一定偏离，具体的产业选择仍需要更多的数据进行分析。这一分析过程给予对主导产业选择的思维一定程度的观念更新。传统主导产业选择范围基本锁定在制造业中偏重部分,部分理论根据经济发展阶段演化,也将主导产业定位于服务业中部分高端产业。事实上,城市产业体系的演化发展是一个动态的互动过程,主观选择与客观发展必须达到相应的平衡,如果大部分区域经济发展过程中都偏向重型制造业或化工业或高端服务业,从产业发展生态以及经济结构的平衡等视角分析,也存在较大不合理。因此,深圳产业发展中不应该忽略一些轻工业产业。

第二节 政策建议

深圳作为我国的区域中心城市,分布在第二产业和第三产业的诸多行业和产业,都具有显著的区域竞争优势,而经济发展阶段的特殊性、功能定位的特殊性、城市结构的特殊性以及区域位置的特殊性给予深圳在进行产业选择更放松的条件约束。在这些基础上,国家层次、省际层次以及深圳区域层次的湾区经济发展战略也为深圳产业的转型升级和结构调整提供了极佳的发展契机。深圳无疑是一个拥有稳定选择基础、良好发展契机、丰富可供选项的区域经济体。作为对区域经济发展和产业选择具有极大影响的政府,有必要从产业发展理念和现代产业结构优化等方面调整认识,在规划与政策方面细加斟酌,从而在市场与规划方面平衡,在探索和反馈中审视。

第一,对于产业结构演化路径客观规律的认识。近年来,以经济增长为目标导向的 GDP 指标评价考核办法在诸多领域推广,导致许多城市在制定发展战略时把第三产业产值占比作为一个重要的评价指标。这一指标在衡量产业结构发展阶段以及城市发展层级中具有一定的静态指向意义。但以此作为推动产业结构路径的发展方向,却需因地制宜、因时制宜。深圳目前的产业结构与 20 年前接近,始终接近于 50:50 比例,2013 年第二产业与第三产业比重为 45:55,已经非常接近"十二五"规划所设定的第三产业占比 60% 的目标。但是,产业结构的演化是基于产业发展过程和产业发展趋势所形成,是市场资源配置机制和产业竞争发展的自然结果。产业结构是市场体系的一个部分,不同的产业发展阶段,具有相应的产业形态和产业布局，因此其形成必然存在生产与消费的合理性。政府对于产业结构调整思路下的产业扶持，如果契合区域经济和市场发展的发展方向，无疑具有加速产业结构优化的激励作用；反之，就可能存在破坏现有优势产业发展机遇的弊端。产业结构是诸多产业发展的结果，并非区域经济发展过程中高级化、高端化的原因。因此，在主导产业选择和产业扶植政策制定过程中，对于产业结构的偏向性应该谨慎，尽量使产业发展由市场选择和市场淘汰。

第二，积极培育符合基准的主导产业，在发展高端服务业同时，不轻易放弃先进制造业。产业政策能够根据政策导向，对不同产业进行激励或者约束。运用非市场化手段，如法律法规、税收优惠等措施，给予符合具有发展潜力的主导产业相应培育空间与时间，尤其应对先进制造业给予适当倾斜。通过产业政策调整与区域发展重新规划，尽量减轻主导产业运营成本、协助其提升运转效率、促进产业关联演化为产业群，逐渐提高产业集聚度，从而从形式到质量打造拥有核心技术的一批市场占有率高、综合实力强的产业群。通过产业集中和市场资源集聚，一方面，有利于降低研发成本、信息成本和生产成本；另一方面，也可通过前向、后向和旁侧等效应带动相关产业发展。通过具有一定倾向性的主导产业激励措施，对传统优势产业进行技术革新、管理优化以及市场转型，提高产品设计、技术研发、人才培养以及市场竞争等方面的能力；加强产业发展过程中的横向和纵向联系，培养产业群的规模与质量，从而加速产业内结构的调整与升级，实现区域经济的产业转型。政府是市场的"守夜人"，需要为区域主导产业的微观主体，即产业的有机构成细胞企业的市场化行为营造良好环境，使企业能够专注核心技术研发、产品生产、品牌塑造以及市场开拓，从而提高市场竞争绩效。制造业为主的工业体系，大都存在能耗高、污染大和附加值低的问题，因此政府需要切实加强和落实企业生产运营的环境友好要求，以市场手段倒逼企业注重能源效率提升，促进产业集约化经营，形成规模化项目、产业和基地。注重新技术应用、新工艺推广、新设备改造。提升企业和产业的核心竞争力，促进区域产业结构优化升级。一方面鼓励新能源和新材料等高附加值的环境友好产业发展，另一方面严格限制能耗高、污染大和附加值低的传统产业，从而有效推进产业集群发展。[①]

第三，产业升级政策和前瞻性结构调整。产业结构升级，通常指顺应未来技术发展方向和经济社会发展趋势，调整现有产业布局和产业结构以适应市场变化和方向，从而实现产业结构的合理化和高度化。产业结构政策的制定，通常需要具备经济、政治、历史、文化等多方面条件。从经济条件来看，一个国家要具备市场经济的基本体制和运行机制，才可通过市场手段对产业结构不合理之处进行调控。因此，进行产业升级政策的制定，其基础还是尊重市场规律、依靠市场机制，而制定政策的政府本身并不直接干预产业的转型、升级和发展。产业升级政策的制定，必须具有前瞻性，能够切实地对现有产业结构调整、优化和升级产生效果。深圳的产业体系奠定了深圳在改革开放过程中崛起的资本具有一定优势。但是，后发优势以及世界分工调整等因素，有可能使深圳现有的产业体系成为深圳未来进一步发展的负担。在已有产业体系与产业结构竞争优势逐渐下降、新产业体系和产业结构尚未成熟的背景下，利用"湾区经济"发展契机，主动调整现有产业结构与产业体系，既能获得相应的调整时间与调整空间，也可以具有更多的发展选择权，无疑是抢占发展先机的明智之举。"腾笼换鸟"需要空间和时间，而不同层次的"湾区经济"发展战略提供了历史契机。因此，主动对现有深圳产业体系进行前瞻性的结构调整，从技术角度、效率角度、市场角度、需求层次等多维角度，采用优胜劣汰和主导产业选择等方式，强化现有产业体系的优势，弱化甚至强行去除落后的产业体系与生产方式，使深圳的产业结构与产业体系更加契合未来发展的趋势，并使其更加完整，从而在空间和时间上更新与壮大现有深圳的产业体系。

第四，立足优势产业，加强产业创新效率，培育壮大主导产业。深圳承接国外先进生产方式和管理经验，获得具有竞争力的区域产业体系，这种成功很大程度是由于国内与国际两个市场较长时间被分割所导致的市场隔离与技术梯度。随着全球化、市场化的逐渐深入，目前这些基础条件已随着市场开放及经济增长逐渐瓦解。这显然对深圳的产业竞争力和市场影

---

① 张雷：《资源环境技术约束下我国主导产业选择研究》，博士学位论文，上海社会科学院，2012年。

响力带来极大挑战。

目前在市场竞争背景下，市场不再停留于低质低价的粗放运营与竞争。而在我国整体创新效率仍较低下的大环境下，珠三角的广州、深圳已经具有一定的研发创新基础和能力。但创新的投入成本、研发周期与产出效率具有较大的不确定性，因此其风险是客观的。创新是产业崛起无法绕开的必由之路，欧美发达国家也以大量的时间成本、资金投入、人力资源以及政策激励突破这些限制。因此深圳需要相关产业政策向研发和创新方面倾斜与支持。

深圳的创业环境具有吸引力和竞争力，这是扩大创新基础、推进创新效率的前提条件。基于产业发展和市场竞争力的创新推进，必须营造良好的创新氛围、扩大创新研发的规模、资助创新项目以及多样化教育类型为主要促进手段。这就需要政府从政策和资金的角度予以扶持。以营造良好创新氛围为例，类似深圳的创业环境从无到有、从有到优，社会对于创新的意识、接纳和推崇，是深圳进行有质量、有效率创新的前提条件，也是深圳能够跨入世界一流湾区经济区域的必经之路。目前我国唯有上海、广州和深圳在企业研发方面具有一定优势，若深圳能在诸多产业获得研发突破和技术创新，必将获得先发优势从而转化并确立其市场优势。以此为契机获得投资领域的聚集与创新等外溢优势。政府可以营造良好创新氛围、扩大创新研发的规模、资助创新项目以及多样化教育类型等方法与手段，仍需配合相应的政府激励措施，才有可能将机遇转化为扩大市场影响力、提高产业竞争力和增强区域经济影响力的实际能力。

第五，发展高端制造业相关的现代服务业，获得全方位产业竞争优势。生产性服务业主要是指金融业、交运仓储和邮政业、批发零售业和信息传输、计算机服务和软件业等行业，这类行业大都从制造业分离，逐渐演化为制造业提供专业化服务的产业，主要通过增值服务获得产业收入。生产性服务业虽寄生于制造业，但为制造业提供专业化服务，有效提高制造业运行效率，是制造业能够高速发展的必要基础。目前，服务业的产值规模、服务质量与竞争水平往往是一个国家或地区经济发达程度的重要标志。现代生产性服务业具有高成长性、高附加值、高技术和高就业的特性，其契合经济发展阶段的服务内容与服务模式，逐渐朝专业化、标准化、外包化、规模化、网络化、品牌化方向发展，具有良好的增长潜力和发展趋势。显然，面对这一全球普及且竞争加剧的趋势，我国必须发展与主导产业相关的现代服务业和生产性服务业。相比全国其他城市，深圳的服务业模块具有显著的竞争优势、品牌优势以及创新能力。但是，深圳的竞争不仅仅在于国内，由于目前服务和商品的生产、复制和品牌战略等因素，服务业竞争早已步入全球化竞争的时代。因此，深圳对于发展高端制造业相关的现代服务业，仍存在许多挑战和不确定性。

可以采取弹性的市场规范与引导代替计划经济体制下的简单行政干预。借鉴成熟的市场引导方法，政府可以联合行业协会、产业组织等第三方联合制定相关产业政策，推动基于提升制造业效率的现代服务业与生产性服务业的发展。可供参考的成型制度包括：金融保险业参与主体的多元化与适度开放、现代综合立体物流体系等竞争与合作规范、商业服务业以及科学研究和实验发展等行业的法律法规健全，包括产权明确以及产权保护等方面。同时，必须推进某些服务业的运营模式和管理体制的市场化改革，通过市场竞争形式，促进服务业服务水平和整体效率。尤其对于深圳目前产业关联度较大的互联网和相关服务、信息技术服务和软件以及第三产业的计算机、通信和其他电子设备制造业，无论其产值规模、产业效率以及集群状态，都必须加以重点关注；深圳服务业的重要构成部分，现代批发零售业和商业服务业同样具有成为深圳人强势产业的条件，需要有意识打造服务业集聚区，并以此作为突破口，提升整体服务水平，形成主导产业群的一体化。

第三节　研究不足与展望

限于信息数据的数量与质量，以及个人思考深度与工具选择等方面局限，本书必然存在诸多不足。许多方面仍有待于进一步完善和深入。具体表现在：

（1）依然无法突破现有主导产业选择体系中制造业比重较大倾向。

（2）产业研究领域宽度有限。传统产业研究的对象，大都集中在以制造业为核心的工业领域，显然，研究范畴相对有限。随着经济阶段的上升，服务业产值比重日渐增加，本书研究领域虽然包含第二产业和第三产业（深圳目前已无第一产业），尤其是把批发零售业、金融业等服务业纳入研究范围。但由于现有统计数据口径标准差异和数据完整性、连续性、可比性等多方面原因，研究尚不够深入。

（3）本书的结果是基于现有量化分析得出的，并配合相应定性分析进行选择。因此在一定程度上，对于未来主导产业预见性效果缺乏定量判断。虽然定性分析可以进行一些弥补，如区域战略机遇、产业结构发展路径等方面，但后续研究还可以通过统计方法等手段，加强这方面的预测性研究和动态研究。

（4）各个产业的具体特征只是通过一些数据指标进行了刻画，但对于各个产业定性方面的分析并不深入，需要对定量分析的结果进行深入的调研进行定性判断。

希望能在未来的研究工作中逐渐完善相关方面的问题，并从以下方面展开工作：

（1）关于深圳主导产业选择的理论模型框架设计。评价指标虽然综合了定性分析和定量分析，但实际操作中，部分基准指标对于产业的测度效率不均衡，加上部分经济统计数据不完全，一定程度影响了评价指标的测度准确性。因此，在未来对此问题的分析过程中，应加强理论框架中定性研究对于部分定量基准准确性问题的弥补，同时寻找更适合的指标进行区域经济与产业发展的测度和评价。

（2）关于产业"国际标准结构"与区域发展梯度差异的研究。近年来，关于"国际标准结构"对我国适应性的研究较多，但研究对象基本是基于我国的整体经济。[①] 对于深圳这样一个空间较小却具有功能定位特殊性的区域，其经济结构、产业结构的判断研究，仍值得深入探索。限于研究主体和文章篇幅，本书对此未能从理论深度和实证支持等维度深入，这应该是后续研究的一个方向。

（3）关于区域主导产业选择的风险分析。区域主导产业选择只是产业发展过程的第一步，选出的主导产业在后续发展中必然存在分化。主导产业的成长虽需要政策扶持和引导，但其自身技术进步、竞争效率及核心技术研发等方面也相当关键。作为区域经济产业研究，区域创新和区域产业群集聚效率等方面，以及产业选择和产业发展风险等领域仍值得今后继续研究。

---

① 吕明元、李彦超：《产业结构"国际标准模式"的适用性研究：1952—2008 年中国经验的实证分析——兼对"产业结构偏差"的一个解释》，《经济经纬》2011 年第 6 期。

附　录

年份	深圳名义 GDP（万元）	深圳 GDP 平减指数	全国人均 GDP 增长率	全国 GDP 平减指数
1980	27012	1.00	106.5	1.00
1981	49576	1.20	103.9	1.02
1982	82573	1.25	107.5	1.02
1983	131212	1.26	109.3	1.03
1984	234161	1.41	113.7	1.08
1985	390222	1.88	111.9	1.19
1986	416451	1.95	107.2	1.25
1987	559015	2.09	109.8	1.31
1988	869807	2.40	109.5	1.47
1989	1156565	2.68	102.5	1.60
1990	1716665	3.01	102.3	1.69
1991	2366630	3.05	107.7	1.81
1992	3173194	3.07	112.8	1.96
1993	4531445	3.35	112.7	2.25
1994	6346711	3.58	111.8	2.72
1995	8424833	3.84	109.7	3.09
1996	10484421	4.08	108.9	3.29
1997	12974208	4.32	108.2	3.34
1998	15347272	4.43	106.8	3.31
1999	18040176	4.54	106.7	3.27
2000	21874515	4.76	107.6	3.33
2001	24824874	4.72	107.5	3.40

续表

年份	深圳名义 GDP（万元）	深圳 GDP 平减指数	全国人均 GDP 增长率	全国 GDP 平减指数
2002	29695184	4.88	108.4	3.42
2003	35857235	4.94	109.3	3.51
2004	42821428	5.03	109.4	3.75
2005	49509078	5.06	110.7	3.90
2006	58135624	5.09	112.2	4.05
2007	68015706	5.19	113.6	4.36
2008	77867920	5.30	109.1	4.70
2009	82013176	5.04	108.7	4.67
2010	95815101	5.25	109.9	4.98
2011	115020600	5.73	108.8	5.36
2012	129500600	5.91	107.1	5.47

附表2　　　　　　　　　深圳技术效率分解基础数据　　　单位：万元、万人

年份	固定资产投资	就业人数	私营个体劳动者	深圳 GDP
1980	13801	14.89	0.38	27012
1981	29684	15.36	0.13	49576
1982	73750	18.49	0.11	82573
1983	108320	22.37	0.22	131212
1984	194572	27.26	0.5	234161
1985	333235	32.61	0.64	390222
1986	248551	36.04	0.93	416451
1987	285193	44.3	1.1	559015
1988	436191	54.53	1.69	869807
1989	499919	93.65	2.19	1156565
1990	623380	109.22	3.36	1716665
1991	912324	149.32	4.87	2366630
1992	1782322	175.97	12.33	3173194
1993	2477875	220.81	38.84	4531445
1994	2819413	273	54.63	6346711

年份	固定资产投资	就业人数	私营个体劳动者	深圳 GDP
1995	2758243	298. 51	72. 17	8424833
1996	3275270	322. 12	87. 14	10484421
1997	3930657	353. 53	103. 59	12974208
1998	4803901	390. 33	114. 79	15347272
1999	5695878	426. 89	120. 86	18040176
2000	6196993	474. 97	139. 88	21874515
2001	6863749	491. 3	152. 68	24824874
2002	7881459	509. 74	166. 88	29695184
2003	9491016	535. 89	187. 72	35857235
2004	10925571	562. 17	204. 16	42821428
2005	11810542	576. 26	210. 87	49509078
2006	12736693	647. 52	267. 4	58135624
2007	13450037	655. 58	283. 74	68015706
2008	14676043	682. 35	296. 35	77867920
2009	17091514	723. 61	326. 52	82013176
2010	19447008	758. 17	376. 6	95815101
2011	20609180	764. 54	408. 35	115020600
2012	144982812	771. 03	430. 71	129500600

附表 3　　　　　　表 3 –5 至表 3 –7 基础数据

年份	深圳生产总值	第一产业	第二产业	第三产业
1979	19638	7273	4017	8348
1980	27012	7803	7036	12173
1981	49576	13343	16019	20214
1982	82573	18960	31439	32174
1983	131212	22614	55848	52750
1984	234161	25932	106606	101623
1985	390222	26111	163586	200525
1986	416451	32907	163185	220359

年份	深圳生产总值	第一产业	第二产业	第三产业
1987	559015	46519	220463	292033
1988	869807	57005	359230	453572
1989	1156565	68615	505361	582589
1990	1716665	70220	769319	877126
1991	2366630	80836	1126084	1159710
1992	3173194	105914	1522432	1544848
1993	4531445	108615	2420214	2002616
1994	6346711	134152	3357972	2854587
1995	8424833	124122	4221435	4079276
1996	10484421	148796	5065924	5269701
1997	12974208	147660	6174083	6652465
1998	15347272	151764	7434976	7760532
1999	18040176	150445	9005486	8884245
2000	21874515	155656	10860852	10858007
2001	24824874	160413	12297665	12366796
2002	29695184	166587	14647171	14881426
2003	35857235	142048	18174235	17540952
2004	42821428	123264	22112353	20585811
2005	49509078	97385	26425255	22986438
2006	58135624	69675	30600890	27465059
2007	68015706	69412	34165740	33780554
2008	77867920	82896	38604708	39180316
2009	82013176	66894	38270762	43675520
2010	95815101	64670	45233688	50516743
2011	115055298	65541	53433220	61556537
2012	129500601	63018	57376373	72061210

附表4　　　　　大类行业固定资产投资数据（1980—2012）

年份	采矿业	制造业	电力、煤气及水的生产和供应业	建筑业	交通运输、仓储和邮政业	信息传输、计算机服务和软件业	批发和零售业	住宿和餐饮业	金融业
1980	89188	5502	267	248	1300	200	706	470	77
1981		6270	311	107	314	273	1315	876	142
1982		6979	327	373	2421	374	4538	3025	263
1983	1350	12721	520	1261	5627	1304	6916	4610	492
1984	381	19019	10937	3979	8136	1885	14521	9680	1728
1985	1140	44108	15702	9682	17730	4108	24720	16480	4955
1986	1472	53675	4423	2962	12436	2881	11747	7831	7178
1987		51266	7568	1827	13871	3213	6888	4592	5205
1988		110542	16243	3771	26629	6169	13451	8967	245
1989		117117	16081	27549	51206	11863	9744	6496	3824
1990		174876	89188	8907	61162	14169	4956	3304	227
1991	1218	143202	92008	3334	93946	21764	10011	4290	602
1992	750	215431	113037	8758	154369	35763	15894	6812	510
1993	400	185472	173144	41103	187473	43432	11570	4958	7228
1994		210708	139951	76569	299651	69421	16283	6979	8335
1995		220538	172412	41884	249416	57783	52302	22415	18831
1996		301243	225157	11608	294605	68252	86951	21738	25269
1997		499175	199653	23626	398958	92427	31722	21148	5521
1998		514783	97153	49719	417028	96613	45386	13590	2700
1999		827523	62005	59999	282095	65353	44934	13290	4300
2000		982095	88508	60416	367972	85249	93452	12302	
2001	18232	921987	225730	1860	308935	71572	68760	12467	
2002	28302	1155888	255944	8628	261890	60672	72290	6534	12201
2003	14200	1322534	300911	142764	823019	190670	41454	390	7405
2004	14500	2217311	584674	129666	734274	274577	113253	25358	8368
2005	25480	2573646	1145628		1265170	208461	191192	29645	35183
2006	18800	3076921	1177081		1674594	130074	122476	68756	16012
2007	4128	3299384	867973		2477602	143341	158903	35388	20353
2008		2922701	937328		2819570	102947	158967	79945	87431
2009		2585970	1270305		3936762	185047	93534	69205	125028
2010		3713345	1095246		3650747	399191	97562	56945	268366
2011	89697	3735060	874776	35300	3362286	439977	232832	159983	134437
2012	10856	4015619	836118	8254	2400099	460735	239608	250995	546453

年份	房地产	租赁和商务服务业	科技服务地质勘查业	水环公设施管理业	居民服务和其他	教育	卫生保障社会福利	文体娱乐	公共管理社会组织
1980	924	198	163	742	49	178	152	520	1448
1981	4976	2163	335	8112	541	346	179	1018	1689
1982	14171	3898	473	14788	975	889	430	9070	8750
1983	23283	5573	632	21185	1393	800	909	9202	11250
1984	68750	3601	1611	13566	900	6550	1845	11447	14751
1985	111786	6739	1623	25416	1685	6476	5135	14250	17550
1986	72621	4135	1994	15778	1034	8417	2400	18028	18269
1987	125492	2211	3210	18945	553	4555	2124	13033	16347
1988	159157	6771	4095	25516	1693	4660	3072	10442	29340
1989	129225	4995	4196	19649	1249	10501	3746	46549	32422
1990	183965	3952	4197	19119	988	7284	2978	25935	15767
1991	360664	15451	8100	61600	3863	10378	15133	41972	22565
1992	1015721	15009	7413	64934	3752	11543	11175	61041	34363
1993	1349517	70612	8265	269784	17653	11164	17390	45541	22336
1994	1549057	56036	9486	219584	14009	15189	17801	45443	54354
1995	1372717	59129	10585	244839	14782	25420	25368	66758	96811
1996	1684223	50300	14605	215867	12575	36422	26595	73602	116478
1997	1868125	83618	11696	369717	10905	69645	34224	80337	116179
1998	2456547	85012	12603	642082	8253	84941	59412	75140	126929
1999	2892745	73386	18361	914870	3346	93427	59706	119484	133746
2000	3235320	62707	25653	672651	2677	94846	57998	92867	216280
2001	3804223	53577	42027	812146	1394	101440	53614	161057	185767
2002	4767812	34236	25896	702155	1559	115296	39970	144006	175625
2003	5476471	12035	18851	511305	797	128813	27734	245927	186385
2004	5333539	20958	35088	805325	440	143475	67599	222613	187193
2005	4722441	80085	23347	881581		122200	76925	170055	257303
2006	5081415	97864	20124	816526	233	117027	43507	163889	111394
2007	5065939	20232	23591	525399	5025	82554	70585	166525	483115
2008	5332191	25067	183067	1242672	17890	64773	88256	309706	302560
2009	5576991	124738	165492	1630780	21466	114297	216342	408172	566773
2010	5683900	129478	314390	2624514	1679	297274	220735	536523	350758
2011	6921631	194986	166843	2953149	7515	441901	205028	418773	234446
2012	9266212	518084	125359	1997906	13513	425652	238894	230715	320765

附表5　　14个第三产业大类行业 DEA – 马尔姆奎斯特测算过程

Results from DEAP Version 2. 1

Instruction file = scy – ins. txt

Data file　　　　= scy – dta. txt

Output orientated Malmquist DEA

DISTANCES SUMMARY

year =　　　1

firm	crs te rel to tech in yr			vrs
no.	*********************			te
	t – 1	t	t + 1	
1	0. 000	0. 124	0. 127	0. 278
2	0. 000	0. 216	0. 273	0. 319
3	0. 000	1. 000	0. 140	1. 000
4	0. 000	0. 276	0. 086	0. 296
5	0. 000	1. 000	1. 328	1. 000
6	0. 000	0. 181	0. 184	0. 551
7	0. 000	0. 242	0. 139	0. 242
8	0. 000	0. 102	0. 123	0. 107
9	0. 000	0. 088	0. 090	1. 000
10	0. 000	0. 553	0. 082	1. 000
11	0. 000	0. 098	0. 101	0. 099
12	0. 000	0. 120	0. 122	1. 000
13	0. 000	0. 151	0. 154	1. 000
14	0. 000	0. 124	0. 127	0. 151
mean	0. 000	0. 305	0. 220	0. 575

year　=　　2

firm	crs te rel to tech in yr			vrs
no.	*********************			te
	t – 1	t	t + 1	
1	0. 191	0. 194	0. 212	0. 292
2	0. 656	0. 669	0. 729	0. 761
3	1. 190	1. 000	0. 905	1. 000
4	0. 402	0. 372	0. 307	0. 374
5	0. 981	1. 000	1. 090	1. 000
6	0. 405	0. 413	0. 450	0. 483
7	0. 261	0. 290	0. 220	0. 290
8	0. 209	0. 213	0. 233	0. 240
9	0. 202	0. 206	0. 224	0. 455
10	7. 141	1. 000	4. 734	1. 000

11	0.137	0.140	0.153	0.147
12	0.144	0.146	0.160	0.165
13	0.401	0.409	0.446	1.000
14	0.133	0.136	0.148	0.148
mean	0.890	0.442	0.715	0.525

year =　3

firm no.	crs te rel to tech in yr ***********************			vrs te
	t − 1	t	t + 1	
1	0.124	0.135	0.123	0.280
2	0.236	0.254	0.359	0.327
3	0.143	0.425	0.802	0.804
4	0.119	0.125	0.367	0.150
5	1.356	1.000	3.224	1.000
6	0.307	0.335	0.306	0.571
7	0.114	0.145	0.400	0.214
8	0.145	0.113	0.313	0.117
9	0.179	0.196	0.178	1.000
10	0.271	1.000	1.304	1.000
11	0.118	0.129	0.118	0.139
12	0.149	0.162	0.164	1.000
13	0.278	0.303	0.277	1.000
14	0.162	0.153	0.276	0.156
mean	0.264	0.320	0.586	0.554

year =　4

firm no.	crs te rel to tech in yr ***********************			vrs te
	t − 1	t	t + 1	
1	0.142	0.129	0.000	0.274
2	0.292	0.433	0.000	0.434
3	0.501	0.950	0.000	1.000
4	0.087	0.277	0.000	0.279
5	1.096	1.000	0.000	1.000
6	0.397	0.362	0.000	0.652
7	0.077	0.213	0.000	0.227
8	0.147	0.460	0.000	0.884
9	0.171	0.156	0.000	0.558
10	0.899	1.000	0.000	1.000
11	0.155	0.141	0.000	0.156
12	0.144	0.162	0.000	0.384
13	0.296	0.270	0.000	1.000
14	0.150	0.219	0.000	0.262

mean	0. 325	0. 412	0. 000	0. 579

[Note that t − 1 in year 1 and t + 1 in the final year are not defined]

MALMQUIST INDEX SUMMARY

year = 2

firm	effch	techch	pech	sech	tfpch
1	1. 563	0. 981	1. 049	1. 490	1. 533
2	3. 104	0. 881	2. 384	1. 302	2. 733
3	1. 000	2. 913	1. 000	1. 000	2. 913
4	1. 347	1. 866	1. 262	1. 067	2. 513
5	1. 000	0. 859	1. 000	1. 000	0. 859
6	2. 282	0. 981	0. 876	2. 604	2. 239
7	1. 198	1. 252	1. 195	1. 003	1. 500
8	2. 081	0. 903	2. 249	0. 925	1. 878
9	2. 339	0. 981	0. 455	5. 138	2. 295
10	1. 807	6. 933	1. 000	1. 807	12. 530
11	1. 422	0. 978	1. 479	0. 961	1. 390
12	1. 223	0. 981	0. 165	7. 392	1. 200
13	2. 701	0. 981	1. 000	2. 701	2. 649
14	1. 092	0. 981	0. 976	1. 120	1. 072
mean	1. 613	1. 269	0. 985	1. 638	2. 047

year = 3

firm	effch	techch	pech	sech	tfpch
1	0. 696	0. 917	0. 958	0. 726	0. 638
2	0. 380	0. 924	0. 430	0. 884	0. 351
3	0. 425	0. 610	0. 804	0. 529	0. 259
4	0. 336	1. 075	0. 402	0. 836	0. 361
5	1. 000	1. 115	1. 000	1. 000	1. 115
6	0. 812	0. 917	1. 183	0. 686	0. 744
7	0. 500	1. 018	0. 739	0. 676	0. 509
8	0. 529	1. 084	0. 488	1. 083	0. 573
9	0. 952	0. 917	2. 196	0. 433	0. 873
10	1. 000	0. 239	1. 000	1. 000	0. 239
11	0. 922	0. 917	0. 948	0. 973	0. 846
12	1. 110	0. 917	6. 044	0. 184	1. 018
13	0. 742	0. 917	1. 000	0. 742	0. 680
14	1. 124	0. 986	1. 054	1. 067	1. 109
mean	0. 698	0. 851	0. 980	0. 713	0. 594

year = 4

firm	effch	techch	pech	sech	tfpch
1	0. 956	1. 096	0. 978	0. 977	1. 048
2	1. 704	0. 691	1. 327	1. 284	1. 178

续表

3	2.235	0.528	1.245	1.796	1.181
4	2.217	0.327	1.853	1.196	0.726
5	1.000	0.583	1.000	1.000	0.583
6	1.081	1.096	1.142	0.947	1.185
7	1.472	0.362	1.061	1.387	0.533
8	4.080	0.340	7.544	0.541	1.386
9	0.799	1.096	0.558	1.432	0.876
10	1.000	0.830	1.000	1.000	0.830
11	1.094	1.096	1.119	0.978	1.199
12	0.999	0.939	0.384	2.605	0.939
13	0.890	1.096	1.000	0.890	0.976
14	1.433	0.616	1.682	0.852	0.883
mean	1.337	0.698	1.187	1.127	0.933

MALMQUIST INDEX SUMMARY OF ANNUAL MEANS

year	effch	techch	pech	sech	tfpch
2	1.613	1.269	0.985	1.638	2.047
3	0.698	0.851	0.980	0.713	0.594
4	1.337	0.698	1.187	1.127	0.933
mean	1.146	0.910	1.046	1.096	1.043

MALMQUIST INDEX SUMMARY OF FIRM MEANS

firm	effch	techch	pech	sech	tfpch
1	1.013	0.995	0.994	1.019	1.008
2	1.262	0.825	1.108	1.139	1.041
3	0.983	0.979	1.000	0.983	0.963
4	1.001	0.869	0.980	1.022	0.870
5	1.000	0.824	1.000	1.000	0.824
6	1.261	0.995	1.058	1.191	1.255
7	0.959	0.773	0.978	0.980	0.741
8	1.650	0.693	2.023	0.815	1.143
9	1.211	0.995	0.823	1.472	1.206
10	1.218	1.113	1.000	1.218	1.356
11	1.128	0.994	1.162	0.971	1.121
12	1.107	0.945	0.727	1.523	1.046
13	1.213	0.995	1.000	1.213	1.207
14	1.207	0.842	1.200	1.006	1.016
mean	1.146	0.910	1.046	1.096	1.043

[Note that all Malmquist index averages are geometric means]

参考文献

[1] 安虎森：《产业转移、空间聚集与区域协调》，南开大学出版社 2014 年版。

[2] 曾伟鹏：《区位优势与临港产业集聚》，南开大学出版社 2012 年版。

[3] 陈刚：《区域主导产业选择的含义、原则与基准》，《理论探索》2004 年第 2 期。

[4] 陈昆亭、周炎、曾铮：《我国经济周期性波动对产业结构的影响》，《财经问题研究》2008 年第 4 期。

[5] 陈韶华：《战后日本产业政策研究》，博士学位论文，武汉大学，2011 年。

[6] 程广斌、张乐：《生态环境约束下新疆工业主导产业的选择研究》，《科技管理研究》2014 年第 7 期。

[7] 党耀国、刘思峰、翟振杰：《区域主导产业评价指标体系选择与数学模型》，《经济经纬》2004 年第 6 期。

[8] 邓伟根：《产业经济：结构与组织》，暨南大学出版社 1990 年版。

[9] 丁凯、鲁亚运、原峰：《区域主导产业选择理论研究综述》，《当代经济》2014 年第 4 期。

[10] 杜吉明：《煤炭资源型城市产业转型能力构建与主导产业选择研究》，博士学位论文，哈尔滨工业大学，2013 年。

[11] 费宇、关赟、李娟：《区域主导产业选择的定量分析——以云南省为例》，《云南财经大学学报》2009 年第 4 期。

[12] 傅为忠、代露露、潘群群：《基于主成分与灰色聚类相结合的安徽省主导产业选择研究》，《华东经济管理》2013 年第 3 期。

[13] 盖翊中：《产业生命周期中产业发展阶段的变量特征》，《工业技术经济》2006 年第 12 期。

[14] 辜胜阻、李正友：《创新与高技术产业化》，武汉大学出版社 2001

年版。

[15] 郭克莎：《工业化新时期新兴主导产业的选择》，《中国工业经济》
2002 年第 2 期。

[16] 郭佩颖：《产业结构变动与经济增长的收敛性》，博士学位论文，吉
林大学，2013 年。

[17] 国务院发展研究中心：《我国产业结构升级面临的风险和对策》，
《经济研究参考》2010 年第 13 期。

[18] 韩庆江：《临港产业发展路径与发展趋势研究》，博士学位论文，上
海海事大学，2007 年。

[19] 韩小明：《从工业经济到知识经济：我国发展高新技术产业的战略
选择》，《中国人民大学学报》2000 年第 3 期。

[20] 韩艳红：《我国欠发达地区承接发达地区产业转移问题研究》，博士
学位论文，吉林大学，2013 年。

[21] 何景明、卢旭：《主导产业选择基准的探讨》，《西南师范大学学
报》（哲学社会科学版）1998 年第 1 期。

[22] 贺正楚、张训、周震虹：《战略性新兴产业的选择与评价及实证分
析》，《科学学与科学技术管理》2010 年第 12 期。

[23] 胡建绩、张锦：《基于产业发展的主导产业选择研究》，《产业经济
研究》2009 年第 4 期。

[24] 胡立君：《产业结构与产业组织互动关系的实现机理研究》，《中国
工业经济》2005 年第 4 期。

[25] 黄继忠：《地区主导产业选择基准与方法》，《经济理论》2000 年第
6 期。

[26] 黄勤：《论区域主导产业》，博士学位论文，四川大学，2002 年。

[27] 黄亚生：《中国之路的政治——对乔尔·安德里亚斯的回应》，《国
外理论动态》2011 年第 6 期。

[28] 黄燕：《主导产业：基本理论、现实偏差及近期发展思路》，《中央
财经大学学报》2001 年第 4 期。

[29] 黄禹铭：《后金融危机时代资源枯竭型城市产业结构与主导产业选
择研究》，博士学位论文，中国地质大学（北京），2011 年。

[30] 姬超、袁易明：《中国经济特区差距的变动趋势及其影响机制》，
《亚太经济》2013 年第 5 期。

[31] 菅青、吴骏、解晨晨：《对皖江示范区主导产业选择的分析方法探讨——以芜湖市为例》，《华东经济管理》2013 年第 5 期。

[32] 江世银：《我国区域产业结构形成及其趋同的历史分析》，《中国经济史研究》2005 年第 1 期。

[33] 江小涓：《经济转轨时期的产业政策》，上海三联书店、上海人民出版社 1996 年版。

[34] 蒋昭侠：《主导产业选择分析》，《兰州大学学报》2007 年第 7 期。

[35] 李国海、漆多俊：《西部开发与沿海开放法律环境建设之比较》，《武汉大学学报》（社会科学版）2002 年第 2 期。

[36] 李国学、张宇燕：《资产专用性投资、全球生产网络与我国产业结构升级》，《世界经济研究》2010 年第 5 期。

[37] 李龙新：《基于劳动力发展的主导产业选择研究》，博士学位论文，复旦大学，2006 年。

[38] 李平龙、胡求光：《浙江省海洋战略性主导产业的选择及其价值链延伸研究》，《农业经济问题》2013 年第 11 期。

[39] 李晓华、吕铁：《战略性新兴产业的特征与政策导向研究》，《宏观经济研究》2010 年第 9 期。

[40] 李新：《区域主导产业选择方法研究述评》，《技术经济与管理研究》2008 年第 5 期。

[41] 李永：《我国目前产业结构关联结果的实证分析》，《广西社会科学》2003 年第 3 期。

[42] 李增欣：《开放条件下中国制造业发展路径及其经济效应的实证研究》，博士学位论文，中南大学，2007 年。

[43] 厉以宁：《让信息化带动工业化，而不是代替工业化》，《中国制造业信息化》2005 年第 S1 期。

[44] 林毅夫、刘明兴、刘培林、章奇：《经济发展战略与经济增长的实证分析：关于技术选择指数的测量与计算》，http：//www. usc. cu-hk. edu. hk/PaperCollection/Details. aspx？ id = 7613. 2010。

[45] 刘键初、周琴：《沿海开放区域市场体系建设的制度创新》，《生产力研究》2003 年第 6 期。

[46] 刘克利、彭水军：《主导产业的评价选择模型及其应用》，《系统工程》2003 年第 5 期。

［47］刘思峰、李炳军、杨岭、朱永达：《区域主导产业评价指标与数学模型》，《中国管理科学》1998 年第 6 期。

［48］刘彦会、梁兴辉、吴秀青：《中国沿海开放城市经济差距的变动趋势和内部构成研究》，《统计与决策》2009 年第 5 期。

［49］刘颖琦、李学伟、李雪梅：《基于钻石理论的主导产业选择模型的研究》，《中国软科学》2006 年第 1 期。

［50］刘运、余东华：《科学发展观下的区域主导产业选择：原则、基准与约束条件》，《山东社会科学》2009 年第 1 期。

［51］刘志彪、安同良：《现代产业经济分析》，南京大学出版社 2002 年版。

［52］刘志迎、丰志培：《产业关联理论的历史演变及评述》，《产业与科技论坛》2006 年第 1 期。

［53］卢林：《基于产业集聚的城市中心区功能结构优化研究》，博士学位论文，大连理工大学，2009 年。

［54］鲁兵、徐冰：《从海南特区现状看经济特区的新定位》，《经济前沿》2004 年第 1 期。

［55］鲁志国、林勇志：《深圳高新技术制造业结构的偏离—份额分析》，《珠江经济》2008 年第 1 期。

［56］罗清和、尹华杰：《经济特区与中国模式》，《深圳大学学报》（人文社科版）2012 年第 5 期。

［57］罗斯托：《从起飞进入持续增长的经济学》（中译本），四川人民出版社 1988 年版。

［58］吕明元：《论具有国际竞争力的产业成长》，博士学位论文，南开大学，2005 年。

［59］吕余生：《改革开放是沿海开放城市发展的不竭动力》，《学术论坛》2009 年第 1 期。

［60］马利彪：《区域主导产业选择问题研究》，博士学位论文，吉林大学，2009 年。

［61］迈克尔·波特：《国家竞争优势》，华夏出版社 2002 年版。

［62］梅小安、喻金田：《县域经济主导产业的选择、评价及实证分析》，《科学学与科学技术管理》2003 年第 7 期。

［63］牛立超：《战略性新兴产业发展与演进研究》，博士学位论文，首都

经济贸易大学，2011 年。

[64] ［美］纽曼等：《新帕尔格雷夫法经济学大辞典》，许明月等译，法律出版社 2003 年版。

[65] 钱纳里：《工业化与经济增长的比较研究》，上海三联书店 1996 年版。

[66] 钱士春：《中国宏观经济波动实证分析：1952—2002》，《统计研究》2004 年第 4 期。

[67] 钱雪亚、严勤芳：《主导产业选择的原则及评价体系》，《统计与决策》2002 年第 1 期。

[68] 秦耀辰、张丽君：《区域主导产业选择方法研究进展》，《地理科学进展》2009 年第 1 期。

[69] 施蒂格勒、王永钦、薛锋译：《产业组织》，上海人民出版社 2003 年版。

[70] 施马兰西、威利格：《产业组织经济学手册》第 1 卷，李文溥译，经济科学出版社 2009 年版。

[71] 石磊：《主导产业及其区域传导效应分析》，《管理世界》1994 年第 2 期。

[72] 石灵云：《产业集聚、外部性与劳动生产率》，博士学位论文，复旦大学，2008 年。

[73] 宋继承：《区域主导产业选择的新思维》，《审计与经济研究》2010 年第 5 期。

[74] 苏东斌、钟若愚：《中国经济特区的时代使命》，《深圳大学学报》（人文社会科学版）2010 年第 3 期。

[75] 苏华：《地区专业化、多样化及其与城市经济发展关系的实证研究》，博士学位论文，湖南大学，2012 年。

[76] 孙洪波：《新兴产业的辨别与选择方法研究》，博士学位论文，吉林大学，2007 年。

[77] 唐国丽：《北部湾广西经济区主导产业选择的模糊评价模型》，Information Engineering Research Institute，USA，Proceedings of 2013 3rd International Conference on Education and Education Management（EEM 2013）Vol. 29，Information Engineering Research Institute，USA。

[78] 陶一桃、鲁志国：《中国经济特区史论》，社会科学文献出版社

・198・ 深圳主导产业选择研究

2008 年版。

[79] 王昌盛、周绍东:《基于区域分工的战略性新兴产业选择——以江苏为例》,《江苏社会科学》2014 年第 1 期。

[80] 王红梅、孟影:《资源型重工业城市主导产业选择研究——以河北省唐山市为例》,《河北经贸大学学报》2014 年第 2 期。

[81] 王利政:《我国战略性新兴产业发展模式分析》,《中国科技论坛》2011 年第 1 期。

[82] 王旭、陈嘉佳、林云:《区域生产性服务业发展主导产业选择模型研究》,《中央财经大学学报》2008 年第 3 期。

[83] 王永康:《论沿海开放城市创新系统建设》,《中国软科学》2002 年第 11 期。

[84] 王勇、杜德斌:《芬兰科技创新之路及对我国西部大开发的启示》,《经济地理》2007 年第 7 期。

[85] 王岳平:《中国工业结构调整与升级:理论、实证和政策》,中国计划出版社 2001 年版。

[86] 魏敏、李国平:《区域主导产业选择方法及其应用研究——一个关于陕西省主导产业选择的案例》,《科学学研究》2004 年第 1 期。

[87] 魏修建、崔敏:《西部现代服务业主导产业选择——基于技术进步的视角》,《华东经济管理》2014 年第 4 期。

[88] 文妮佳:《加工贸易产业结构的优化与珠三角临港产业集群的发展》,《中国水运》(学术版)2007 年第 4 期。

[89] 吴强:《基于生产效率的区域产业结构优化研究》,博士学位论文,华中科技大学,2013 年。

[90] 吴玉乾:《科技经济模式演变与我国主导产业发展的实证研究》,硕士学位论文,东南大学,2006 年。

[91] 肖峰:《中国技术发展的现状与动力分析》,《未来与发展》2001 年第 6 期。

[92] 小岛清:《对外贸易论》,南开大学出版社 1990 年版。

[93] 筱原三代平:《产业构造与投资分配》,一桥大学经济研究所,1957 年。

[94] 熊勇清、曾丹:《战略性新兴产业的培育与发展:基于传统产业的视角》,《重庆社会科学》2011 年第 4 期。

[95] 闫星宇、张月友：《我国现代服务业主导产业选择研究》，《中国工业经济》2010 年第 6 期。

[96] 颜鹏飞、马瑞：《经济增长极理论的演变和最新进展》，《福建论坛》（人文社会科学版）2003 年第 1 期。

[97] 杨戈宁、刘天卓：《区域主导产业概念辨析及选择指标的探讨》，《科学学研究》2007 年第 S2 期。

[98] 杨青、梁新：《高技术产业与传统产业协调发展模式及机制研究》，《科技进步与对策》2004 年第 3 期。

[99] 杨守鸿：《重庆市主导产业选择与产业结构调整研究》，硕士学位论文，重庆大学，2005 年。

[100] 叶安宁：《主导产业选择基准研究》，硕士学位论文，厦门大学，2007 年。

[101] 于光远：《论香港回归后深圳、珠江三角洲与香港优势互补》，《特区经济》1997 年第 6 期。

[102] 俞国琴：《我国地区产业转移的系统优化分析》，博士学位论文，上海社会科学院，2005 年。

[103] 袁易明、姬超：《资源约束条件下的经济增长方式转型路径：以深圳经济特区为例》，工作论文，广州，2013 年。

[104] 张雷：《资源环境技术约束下我国主导产业选择研究》，博士学位论文，上海社会科学院，2012 年。

[105] 张连城：《经济周期的制度特征与中国经济的复苏》，《经济与管理研究》2009 年第 7 期。

[106] 张娜：《煤炭资源型区域空间三元结构的形成及演变研究》，硕士学位论文，山西财经大学，2014 年。

[107] 张锐、郭涛：《日本主导产业演进及其对我国主导产业选择的启示》，《当代经济》2005 年第 11 期。

[108] 张少兵：《环境约束下区域产业结构优化升级研究》，博士学位论文，华中农业大学，2008 年。

[109] 张圣祖：《区域主导产业选择的基准分析》，《经济问题》2001 年第 1 期。

[110] 张征超、张婷婷、刘宇：《资源环境约束下工业主导产业选择研究》，《兰州学刊》2014 年第 6 期。

[111] 张征华、柳华、彭迪云:《低碳城市主导产业选择研究——以江西南昌为例》,《江西社会科学》2013 年第 2 期。

[112] 张志英:《产业关联分析法与我国主导产业选择分析》,《上海统计》2000 年第 3 期。

[113] 赵斌:《中国西北地区主导产业选择研究》,博士学位论文,北京交通大学,2011 年。

[114] 赵成柏:《发展主导产业路径选择》,《生产力研究》2005 年第 5 期。

[115] 赵健:《开放度度量指标体系的构建——基于内陆省份的差异研究》,《天中学刊》2012 年第 2 期。

[116] 赵艳轲、余兴厚:《基于投入产出和 DEA 的重庆主导产业选择研究》,《重庆工商大学学报》(社会科学版)2011 年第 3 期。

[117] 中国人民大学区域经济研究所:《产业布局学原理》,中国人民大学出版社 1997 年版。

[118] 钟坚:《全球背景下中国经济特区的发展》,《教育部人文社科重点研究基地区域经济发展研究中心协作联谊会暨"区域经济合作与互动"研讨会论文集》,中国深圳,2007 年。

[119] 钟若愚:《中国资源生产率和全要素生产率研究》,《经济学》2010 年第 7 期。

[120] 仲福森:《经济周期与产业波动》,硕士学位论文,中国社会科学院,2007 年。

[121] 周金涛:《工业化、中周期与主导产业演进——日韩的经验分析》,中信建投证券研究所,2011 年。

[122] 周明生:《经济周期与产业结构升级的政策选择》,《贵州财经学院学报》2010 年第 3 期。

[123] 周松兰、刘栋:《产业关联度模型及其理论综述》,《商业研究》2005 年第 5 期。

[124] 周耀东:《中国主导产业理论与实践的反思》,《上海经济研究》1998 年第 1 期。

[125] 周振华:《产业结构成长中的创新扩散与群集——兼论若干模型在我国的运用》,《南开经济研究》1991 年第 4 期。

[126] 朱欣民:《论主导产业选择标准》,《社会科学研究》1997 年第

4 期。

[127] 朱燕:《对外开放条件下中国产业结构升级研究》，硕士学位论文，山东师范大学，2010 年。

[128] 朱迎春:《政府在发展战略性新兴产业中的作用》，《中国科技论坛》2011 年第 1 期。

[129] 祖强:《经济全球化与发展中国家主导产业的演替》，《世界经济与政治论坛》2002 年第 6 期。

[130] Arshanapalli, B. G., Switzer, L. N. and Panju, K., "Equity Style Timing: A Multi – Style Rotation Model for the Russell Large – Cap and Small Cap Growth and Value Style Indexes", *The Financial Management Association Conference*, January 2005.

[131] Bemstein, J. L., Nadiri, "Inter Industry R&D SPillovers, Raises of Return, and Production in High – Tech Industries", *A Papers and Proeeedings*, 1988 (78): 429 – 434.

[132] Bums, A. M. and W. C. Mitchell, *Measuring Business Cycles*, New York: National Bureau of Economic Research, 1946.

[133] Chenery, H. B., Syrquin, M., Elkington, H., *Patterns of Development*, 1950 – 1970, London: Oxford University Press, 1975.

[134] Chenery, H. B., Elkington, H. and Sims, C., *A Uniform Analysis of Development Patterns*, *Economic Development Report*, Cambridge, MA.: Harvard University Center for International Affairs, 1970.

[135] Clements, Benediet J., "On the Position and Normalization of Lnter Industry ", *Economics Letters*, 1990 (33): 337 – 340.

[136] Czayka, L., *Qualitative Input – output Analysis*, Mcgraw Hill Press, 1972.

[137] Dietzenbacher, E., "Invindication of the Ghosh Model: A Reinterpretation as A Price Model", *Journal of Regional Science*, 1997, 37 (4): 629 – 651.

[138] Dominig, Ues E. A., Haddadand, G. L. D. Hewing, S., *Sensitivity Analysis in Applied General Equilibrium Models: An Empirical Assessment for Morcus or Free Trade Areas*, Mc Graw Hill Press, 2003.

[139] G. Grossman, E. Helpman, *Innovation and Growth in the Global Econo-*

my, MIT Press, Cambridge, MA (1991) .

[140] Golley Jane, "Regional Patterns of Industrial Development during Chian's Eeonomic Transition", *The Eeonomics of Transition*, 2002, 10 (3): 4 – 10.

[141] Groenewegen, H. J. , der Zee, E. , Te Kortschot, A. et al. , Organization of The Projections from The Subiculum to The Ventral Striatum in The Rat. A Study Using Anterograde Transport of Phaseolus Vulgaris Leucoagglutinin, *Neuroscience*, 1987, 23 (1): 103 – 120.

[142] Hewing, "Coefficient Change in Input – output Models: Theory and Application", *Economic Systems Research*, 1992 (4): 143 – 157.

[143] Hirsehman, A. O. , *The Strategy of Economic Development*, Yale University Press, 1958: 77 – 132.

[144] Hou, K. , "Industry Information Diffusion and The Lead – lag Effect", *Review of Financial Studies*, 2007 (20): 1113 – 1138.

[145] Hyvarinen, A. , Karhunen, J. and Oja, E. , *Independent Component Analysis*, New York: John Wiley & Sons Inc. , 2001.

[146] King, M. , Oscar, S. and Guo, B. , "Passive Momentum Asset Allocation", *The Journal of Wealth Management*, 2002, Winter.

[147] Kojima, Kiyoshi, "The Flying Geese, Model of Asian Economics V Development: Origin, the Oretical Extensions, and Regional Policy Implications", *Journal of Asian Economics*, 2000 (11): 375 – 401.

[148] Levis, M. and Tessaromatis, N. , "Style Rotation Strategies: Issue of Implementation", *Journal of Portfolio Management*, Summer 2004: 160 – 169.

[149] Lewis, W. A. , "The State of Development Theory", *The American Economic Review*, 1984: 1 – 10.

[150] Mahadevan, R. , "To Measure or not to Measure Total Factor Productivity Growth", *Oxford Development Studies*, 2003 (31): 365 – 378.

[151] Massmann, M. , Mitchel, J. and Weale, M. , "Business Cycles and Turning Points: It Survey of Statistical Techniques", *National Institute Economic Review*, 2003 (1): 90 – 106.

[152] Mcgilvray, J. , Linkages, Key Sectors and Development Strategy, in

Leontief, *Structure*, *System and Economic Policy*, Cambridge: University Press, 1977: 49 – 56.

[153] Mesnard, L., "A Note on Qualitative Input – output Analysis", *Economic Systems Research*, 1995 (7): 439 – 451.

[154] Miller, Rolad E., Regional Science Perspective in Economic Analysis: A Festschrift in Memory of Benjemin H. Stevens, 2001 (3): 407 – 441.

[155] Olsen, J. A., "Input – output Models. Directed Graphs and Flows in Networks", *Economic Modeling*, 1992 (9): 365 – 84.

[156] P. Krugman, *Development*, *Geography and Economic Theory*, MIT Press, Cambridge, MA (1997).

[157] Pardo, R., *Design*, *Testing*, *and Optimization of Trading Systems*, New York: Wiley, 1992.

[158] Samuelson, P. and Nordbaus, W., *Economics* (16th Ed.), New York: McGraw Hill Inc., 1998.

[159] Scherer, F. M., "Inter – industry Technology Flows and Productivity Measurement", *Review of Economics and Statistics*, 1982 (64): 627 – 634.

[160] Schnabl, H., "The Evolution of Production Structure, Analyzed by A Multilayer Procedure", *Economics Systems Research*, Vol. 6, No. 1, 1994, pp. 51 – 68.

[161] Schnabl, H., "The Subsystem MFA: A Qualitative Method for Analyzing National Innovation Systems – the Case of Germany", *Economic Systems Research*, Vol. 7, No. 4, 1995, pp. 383 – 396.

[162] Schwager, J., The New Market Wizards, New York: Harper Business, 1992.

[163] Sonis, M. Guilhoto, "Linkages, Key Sectors, and Structural Change: Some New Perspective", *The Developing Economics*, 1995 (2): 223 – 270.

[164] Stater, P. B., "The Determination of Groups of Functionally Integrated Industries in the United States Using a 1967 Interindustry Flow Table", *Empirical Economics*, 1977 (2): 1 – 9.

[165] Sterlacchini, A., "R&D Innovations and Total Factor Productivity Growth in British Manufacturing", *Applied Economics*, 1989 (21): 1549 – 1562.

1549 – 1562.

[166] Sudaryanto, "A Fuzzy Multi – attribute Decision Making Approach for the Identification of the Key Sectors of an Economy in Indonesia", *Doctor Dissertation*, 2003.

[167] Sveilauskas, L. , "Technological Inputs and Multifactor Productivity Growth", *Review of Economics and Statistics*, 1981 (63): 275 – 282.

[168] Syrquin, M. and Chenery, H. , "Patterns of Development: 1950 – 1983", *World Bank Discussion Paper*, No. 41, 1989.

[169] Ten Raa, Thijs and Edward N. Wolff, "Engines of Growth in the US Economy", *Structure Change and Economics Dynamics*, 2000, 473 – 489.

[170] Terleckyj, N. , "Effects of R&D on the Productivity Growth of Industries: An Exploratory Study", *National Planning Association*, Washington D. C. , 1974.

[171] Waelbroeck, J. , "Half a Century of Development Economics: A Review Based on the Handbook of Development Economics", *The World Bank Economic Review*, 1998, 12 (2): 323 – 352.

[172] Whitman, *The Stages of Economic Growth*, Economic Science Press, 2004.

[173] Wolff, E. N. , Nadiri, M. I. , "Spillover effects, linkage structure and research and development", *Structural Change and Economic Dynamics*, 1993 (4): 315 – 331.

[174] Yotopoulos, P. A. and J. B. Nugent, "A Balanced – Growth Version of the Linkage Hyothesis: A Test", *Quarterly Journal of Economics*, 1973 (3): 157 – 171.

致　谢

　　博士论文写作是一个否定、肯定、否定又逐渐肯定的漫长反复，沉静和坚持便成为必不可少的因素。前人行过，今我跟随，而明天也自有后者。所谓薪火，即是传承。这是我从母校获得的人生经历，也是我与众多学术道路辛勤探索的师长和学者，以及同行学友们一段相似的求学记忆。

　　感谢经济学院和特区经济研究中心，这份归属感和荣誉感，是一名经济学学子的珍贵；个中情怀，欲言将语，而通者已然共情。缅怀苏东斌老师，您的宽容和蔼令人感怀；谢谢陶一桃老师、陈勇老师、袁易明老师、钟坚老师、韩彪老师、罗清和老师、钟若愚老师和曹龙骐老师，课堂内外你们都那么平易随和；感谢王曾老师，正是您的积极沟通，我们才得以实现更多。我的导师鲁志国老师，在繁重的行政、教学和科研工作之余，仍常给予我学习指导和生活关心。师恩厚重者，如是也。感谢朝夕相伴的小伙伴，面试之期我们相遇，学习之时我们相知，困境之际我们相助，而今我们相别。文山湖畔，畅饮抒怀；凛然冬日，围炉夜话……晚风星辰，盈语欢颜，跃然于胸，而此情谊，也终敛聚于无声。

　　最后，必须要深深感恩我的父母。从抚育我们兄弟始，便承受双倍于他人的生活压力；我漫长求学经历，更多的是乡镇中学工作几十年的你们一种精神负担。从未索求，甘愿为子女承受种种委屈；默默奉献，却经常不被我们理解；你们刻意而笨拙的言语宽慰，每每想起，总令我在漫漫长夜，愧羞不已，长涕难抑。平生无所欠，唯负父母恩。你们朴素、卑微，你们也坚忍、包容。我的弟弟，日常工作总是奔波繁忙，却常常周末之余劳顿前来，回忆过去，展望未来，一如幼时童年。而我，也难免端起兄长姿态，对你训斥批评。家人对我迁就宽容，只因爱我护我；而我沉闷无趣，拙于表达。但是我们都知道，因为你们，我更坚强；因为你们，我更勇敢；我一直都爱着你们，我的父母、我的兄弟、我的家人。

2014 年 12 月于结构楼